吉尔·莫拉雷斯（Gil Morales）　克瑞斯·卡彻（Chris Kacher）　著

罗熙昶　罗灿　译

像欧奈尔信徒一样交易（二）

我们在股市赚得**18000%**的策略

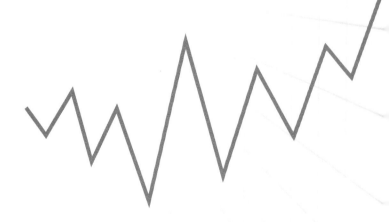

In the Trading Cockpit with the O 'Neil Disciples

Strategies that Made Us 18000% in the Stock Market

上海财经大学出版社
SHANGHAI UNIVERSITY OF FINANCE & ECONOMICS PRESS

图书在版编目（CIP）数据

像欧奈尔信徒一样交易. 二, 我们在股市赚得 18000％的策略/（美）吉尔·莫拉雷斯（Gil Morales），（美）克瑞斯·卡彻（Chris Kacher）著；罗熙昶, 罗灿译. —上海：上海财经大学出版社, 2024.5
书名原文：In the Trading Cockpit with the O'Neil Disciples：Strategies that Made Us 18000％ in the Stock Market
ISBN 978-7-5642-4339-5/F・4339

Ⅰ.①像⋯　Ⅱ.①吉⋯ ②克⋯ ③罗⋯ ④罗⋯　Ⅲ.①股票投资
Ⅳ.①F830.91

中国国家版本馆 CIP 数据核字(2024)第 056475 号

□ 责任编辑　李成军
□ 封面设计　贺加贝

像欧奈尔信徒一样交易（二）
——我们在股市赚得18000％的策略

吉尔·莫拉雷斯
（Gil Morales）　　著
克瑞斯·卡彻
（Chris Kacher）

罗熙昶　罗　灿　译

上海财经大学出版社出版发行
（上海市中山北一路 369 号　邮编 200083）
网　　址：http://www.sufep.com
电子邮箱：webmaster @ sufep.com
全国新华书店经销
上海华业装璜印刷厂有限公司印刷装订
2024 年 5 月第 1 版　2024 年 5 月第 1 次印刷

710mm×1000mm　1/16　20.5 印张(插页：3)　301 千字
印数：0 001—4 000　定价：88.00 元

图字:09-2013-281 号

In the Trading Cockpit with the O'Neil Disciples:
Strategies that Made Us 18000% in the Stock Market

Gil Morales Chris Kacher

致 谢

本书中有大量图表,正是这些图表构成了本书的翔实素材。我们要感谢罗纳德·布朗(Ron Brown)、乔治·罗伯茨(George Roberts),以及 HGS 投资者软件公司(highgrwothstock. com)的伊恩·伍德沃德(Ian Woodward),全书通篇引用了他们的优秀图表,同样感谢 eSingal 公司(www. esignal. com)无私地让我们使用图表。

我们还要感谢约翰威利父子出版社编辑艾米莉·赫尔曼(Emilie Herman)和埃文·伯顿(Evan Burton)给予我们帮助和指导;宣传人员达琳·玛赤(Darlene March)帮助我们避开了可能涉足的风险;比尔·高里菲斯(Bill Griffith)始终如一地给予我们支持;还有那些在各自不同圈子里的人们,每天都会给予我们爱和鼓励,在我们遇到难题时,他们就会帮助对付这些难题——你知道我说的是谁。

最后,与以往重点声明一样,重要的是要知道,本书的撰写和出版,绝对没有来自威廉·J. 欧奈尔(William J. O'Neil)以及任何欧奈尔相关机构的协助、支持或合作。这是一本独立著作。

前　言

　　21世纪前五年的股票市场,多数情况下处于横盘、无趋势状态,在此期间持续交易的投资者充满了挫败感。基部突破机会不像20世纪90年代那样多,并且,在这几年无趋势市场中,大多数突破都以失败告终。但是,人们必须抱定这样一种态度,经历的磨难只会让你更加强大。因此,就在2005年前后,我们开始寻求根本性难题的答案,难题是我们不再处于20世纪90年代平滑的、抛物线式的趋势市场之中了——我们在20世纪90年代初开启投资职业生涯后,这就是我们的"成长"环境。

　　因此,我们开始寻求解决这一难题的过程,为该难题寻求答案,对大众而言,通过其他方法在股票突破基部时买入,也已变得越来越明显。在2004—2005年横盘、方向不定的市场中,那些磨难会让你变得更为强大,并且口袋支点(pocket pivot)和可买入跳空缺口(buyable gap-up)的概念也诞生了,该概念是由克瑞斯·卡彻于2005年创造出来的,根源于20世纪90年代那种极少见到的、充满挑战性的市场。2005年前后,在我们两人的脑海中反复思考一些概念,即口袋支点和各种其他早期和可替代买入点技术的转换,这时,克瑞斯·卡彻通过复杂的统计分析以及数千份图表研究,最终形成了一套定义这些概念的规则和特性——口袋支点和可买入跳空缺口由此诞生了,同时,还诞生了七周规则(the seven week rule)所描述的卖出策略,设计该规则的目的是,让你在股价波动利润丰厚期持稳股票。

　　利用口袋支点的一个主要优势是,在股票突破之前,就可以在一组潜在龙头股中发现早期买入点,因此,在首次开始买入并建立初始头寸后,可以降低平均持股成本。如果该股最终在基部突破过程中失败,那么由于早期买入该股票而获得的较低成本,就会转化为较小的损失。首先,在基部买入龙头股,之后,在真正突破时采用金字塔式加码法,可以获得额外缓冲,这种情况与首次买入突破股票截然相反,可以转化为更大的风险管理优势。因此,如果某个投资者在突破失败时止损退出,因为在口袋支点买入的价格较低,凭借更低的平均持股成本,就可以降低损失。实践证明,口袋支点买入点是一个强大的工具。

　　在基部应用口袋支点买入点的特点及其规则,还确认了持续口袋支点买入点,当股票爬升到更高位置时,该买入点能够为龙头股中有效金字塔式投资头寸提供连贯的、易于定义的框架。在股票价格走高时,这为金字塔式增加盈利头寸提供了一个非常实用和简洁的方案,在我们看来,与欧奈尔提供的方案相比,即当某只股票自初始买入点上涨一定百分比时,比如说 2%,就增加筹码,我们这种方案更为有效。另外,有的投资者只依赖盈利头寸首次回调到 50 日或 10 周移动均线增加头寸,对他们来讲,与其原本可以利用的买入点相比,持续性买入点更详细地描述了买入点的数量,在此点位就可以增加盈利头寸。

　　口袋支点和持续性口袋支点为我们的技术指标库增添了两个强有力的交易指标,第三个技术工具是可买入跳空缺口。2005 年前后,我们还注意到,通常情况下具备强势上涨缺口的股票,会自该点上涨到更高价位,对投资大众而言,事实是他们经常认为其价格太高而放弃买入。我们观察到,在交易中仅仅基于杰西·利维摩尔(Jesse Livermore)的观点,即突破"最小阻力线",就已经高效地利用了可买入上涨跳空缺口,但是,还没有创造出一套以事实为基础的规则来确认和处理可买入跳空上涨缺口。在这种交易案例中,我们提出可买入跳空缺口的概念之后,我们真正理解了 2004 年 10 月买入苹果公司(AAPL)股票过程中所发现的现象,那时,该股由于盈利而出现跳空上涨,启动一轮迅速上涨行情(参见图 0.5)。

　　所有这三种买入技术和概念,与七周规则相配合,首次在我们的著作《像欧奈尔信徒一样交易——我们如何在股市赢得 18 000％的利润》中予以阐述,得到该书读者以及投资咨询网站 www. VirtueofSelfishInvesting. com 会员的热情响应。该书中,我们的意图是,让读者理论与实际相结合,可以这么说,利用周密的训练和相应的研讨,能够形成并增强读者对威廉·J. 欧奈尔、理查德·D. 威科夫(Richard D. Wyckoff)和杰西·利维摩尔所信奉交易方法和思想的理解。这被我们称之为欧奈尔-威科夫-利维摩尔方法论,或简称为 OWL 方法论。

学会如何交易,就是学会亲自动手交易——最好是通过实践,这是所有书籍的局限性。它们可以通过洋洋洒洒的文字告诉你所有自己想知道的事情,但你的大脑并不会真正应用这些知识,直到你切实在实践中使用真金白银参与到交易之中。因此,让所有作者苦恼的是,如何把内容转化到读者有机会着手去做的情景中,从而对这些讨论中的概念产生发自内心的认同。由于我们业已从追随者那里获得了数以千计的问题,因此,我们开始理解这些实际问题,即投资者在试图使用我们的方法时所遇到的问题。在本书中,我们利用初步理解,尝试阐明理论与实际相结合的关键点。我们知道,读者需要进一步澄清和解释的内容在不断增加,因此,我们相信,这仍然是一项进行中的工作。本书的未来版本,或者我们在未来撰写的类似著作,会致力于将读者带到我们自己的"交易场",基于读者、网站 www. VirtueofSelfishInvesting. com 会员以及普通追随者的反馈,现在,北部某些地方会员高达 80 000 人,我们不断地学习,并不断地深入研究。我们鼓励你提出反馈,无论好坏美丑,建议你通过电子邮件给 info@virtueofselfishinvesting. com 发送所有反馈意见。

第一要务是迅速更新并回顾本书内容:口袋支点买入点、可买入上涨缺口和七周规则。我们之前的著作是本书最好的引言,但是快速浏览"信徒训练营",会让本书的其余内容更加有意义、更加实用。

信徒训练营

涉及欧奈尔式方法论时,我们著作的独特之处在于,我们确认并利用了与买入股票相关的拓展技术,与此同时,应用了更加明确、更加可控的风险管理系统。最终,我们确认并归纳了口袋支点买入点和可买入上涨跳空缺口的特征,用以买入并增加龙头股头寸。这些是早期或相对不明显的买入点,投资大众不愿意据此操作。与所有欧奈尔式交易者和投资者一样,我们依据标准新高基部突破买入,但是,在涉及买入龙头股时,我们认为,口袋支点和可买入上涨跳空缺口是更为强大的工具。口袋支点和可买入上涨跳空缺口能够让我们在某个领域内获得优势,这里,所有交易者和投资者都可以随时查阅图表,与此同时,每个人都可以看到每次技术性突破。众所周知,在股票市场中,对投资大众而言很明显的事情,通常情况下,都是过犹不及。

基于新高基部突破买入一只龙头股,之后,当它自初始买入点上涨 2% 时增加头寸,我们发现这种方法存在缺陷,而我们的买入方法正是基于该发现。即便做最乐观的估计,这种方法也是不准确和不现实的。股票做出突破并开始强势上涨,吸引你增加仓位,只是因为该股票自初始买入价位上涨了一点点。在很多情况下,投资者因为自其突破后上涨了一定的百分比而买入大量初始头寸,不料看到该股票跌回到了突破点,在该点位,股票头寸会立马出现缩水。

(1)如何在潜在龙头股中发现早期或不明显的买入点,以及(2)如何在高度确定的低风险点使用金字塔式加码策略,解决这两个问题正是我们系统的作用。在确定哪一条移动均线可用作可靠的卖出指标过程中,我们已经证明,欧奈尔式交易者和投资者,而不是其他形形色色的交易者和投资者,只要利用口袋支点、可买入上涨跳空缺口,以及七周规则这些创新性的技术工具就可以获得优势。在接下来的章节中,我们回顾一下这些基本工具,在我们的著作《像欧奈尔信徒一样交易——我们如何在股市赢得 18 000% 的利润》中曾进行过详细讨论。

口袋支点买入点

牛市期间,我们最初买入龙头股,之后采用金字塔式加码策略,这时,我们用以获得优势的主要武器之一就是口袋支点买入点。口袋支点是一个独特的量价标志,其出现要么作为股票基部或盘整中的早期买入点,要么作为在该股票趋势走高,并自其前期基部或盘整中产生持续性口袋支点买入点。

图 0.1 中,我们从背景因素角度描述了口袋支点的结构。一般情况下,基部口袋支点出现时,我们希望看到,当该股票平稳下跌到某种程度时,由于量能开始衰竭,开始出现相对稳健的横盘波动。出现在嘈杂、波动不定且不稳定图表形态中的口袋支点更容易失败,因此,我们希望口袋支点出现在股票图表形态中具有建设性意义的技术区域。通常情况下,这会是在盘整区域的右侧,如图 0.1 所示,在这里,该股开始窄幅波动,并持续围绕某条移动均线波动,诸如10 日或 50 日移动均线。之后,该股出现上涨,向上突破 10 日或 50 日移动均线,抑或是在某些情况下同时突破两条移动均线,并且只有出现特殊的量能标志时,口袋支点买入点才会出现。

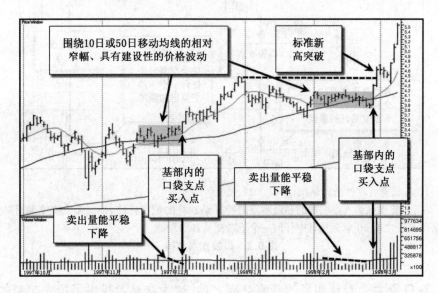

HGS 投资者软件公司供图,版权 2012。

注:包含了有效口袋支点买入点的基本背景因素。伴随着量能下降,具有建设性的横盘价格波动为口袋支点处的井喷提供了充分条件。

图 0.1 口袋支点结构

所有口袋支点买入点的基本特征都是其量能标志,口袋支点要想成为有效的正确买入点,量能标志就必须出现。这种量能标志规则说明,口袋支点交易日量能必须高于该形态之前 10 个交易日中任何一个下跌交易日的量能(如

图 0.2 所示)。在该形态中之前的 10 个交易日中,可能会出现更高的量能上涨交易日,既然这是一个积极的波动,为了确定口袋支点买入点,量能就必须高于之前 10 个交易日中任何一个下跌交易日的量能。

图 0.1 和图 0.2 阐明了出现在股票基部或盘整区域的口袋支点,也解释了为何口袋支点能提供早期买入点,只有该点出现之后,该股才会产生标准欧奈尔式基部新高突破。

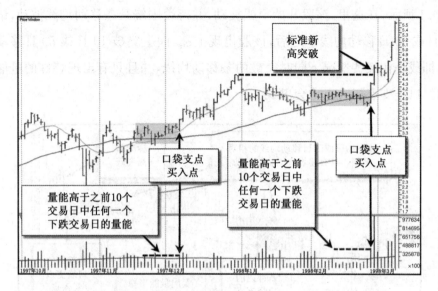

HGS 投资者软件公司供图,版权 2012。

注:口袋支点买入点明确的和最本质的特征是独特的量能标志,即口袋支点交易日的量能必须高于之前 10 个交易日中任何一个下跌交易日的量能。

图 0.2　口袋支点结构

在投资大众看到明显的新高突破之前,这为交易者提供了抢先起步的优势。请注意,在图 0.2 最右侧,我们可以看到,新高突破如何引致回调,这可能会吓退那些在突破当天交易区间顶部买入的投资者。与此同时,在图 0.2 新高突破之前出现口袋支点时进入,会让投资者在随后回调过程中摆脱恐惧心理。

图 0.3 阐明了,在潜在龙头股中,持续性口袋支点买入点如何提供一种高度确定的、低风险的方法,让投资者采用金字塔式加码策略增加初始头寸。股票已经突破并且价格出现略微上涨,自其初始基部突破买入点出现较大涨幅,

之后,当股票上涨或向上突破10日或50日移动均线时,就会出现持续性口袋支点。在本例中,我们看到,谷歌公司(GOOG)在2004年7月上市之后自其短"IPO旗形"形态中突破,并且坚定走高。随着该股沿着10日移动均线上涨,几个口袋支点量能标志出现在沿10日移动均线的上涨趋势中。在欧奈尔的文献中,没有把这些关键持续性买入点看作可付诸实施的机会,但是,我们发现,它们在涉及增加初始盈利头寸时,是最强力的工具,当该股再次上涨2⅟₈时,也并不依赖于最简单的加仓方法。至少从我们自己的实践经历来看,这种方法使我们过于武断,并且也不精确,因为一些股票比其他股票更易于波动,所以2%的波动对某些股票来说只是另一种"波动性起伏"。

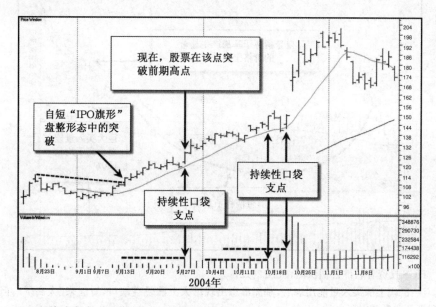

HGS投资者软件公司供图,版权2012。

注:口袋支点买入点把重要的第二目标作为持续性口袋支点,此时买入风险更低,可以加仓。在本例中,基部突破源自谷歌公司短"IPO旗形"形态,就出现在2004年7月上市之后。

图0.3 口袋支点结构

可买入上涨跳空缺口

龙头股大幅跳空上涨,提供给交易者一些最具潜力和盈利性的机会。尽管巨大上涨缺口通常让股价看起来太高,但残酷的交易现实或许就是,这种上涨非常值得买入。因此,当它出现在适当条件下时,我们就称之为可买入上涨跳空缺口。可买入上涨跳空缺口是一个点位,此时,牛市看涨决定性地赢得了与熊市看跌的争论,其证明就是这种上涨性波动会表现出巨幅上涨量能。以图0.4苹果公司(AAPL)为例,它在2012年年初启动一轮迅速上涨行情。这种加速上涨行情恰好出现在可买入上涨跳空缺口之后,该缺口代表了自带柄杯子基部形态的突破,杯柄在短的一边,但仍然具有可行性。就标准新高突破买入方法看来,该股股价或许过度远离10日移动均线。然而,使用可买入上涨跳空缺口规则,人们能够轻易地在刚开始的时候买入该股。

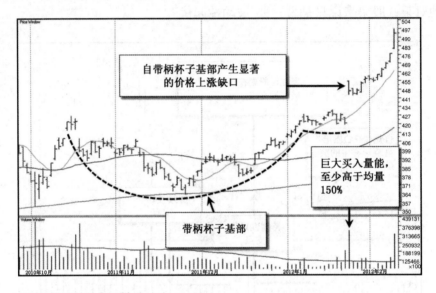

HGS投资者软件公司供图,版权2012。

注:巨幅上涨买入量能出现后,基部形态出现巨大上涨跳空缺口,看起来"太高了",但这实际上是非常值得买入的。

图0.4　可买入上涨跳空缺口结构

可买入上涨跳空缺口的确认标准相对简单。波动本身应该是显著的,并且,我们曾经用过一个计算公式,上涨跳空缺口至少是股票真实波动区间内40日均量的0.75倍,实际上,这足以"目测"上涨跳空缺口,在标准的日线走势图中,缺口看起来非常大。更为重要的是,其所呈现出来的量能规模,应该是50日交易均量的1.5倍,或者说150%。因此,如果股票的50日移动平均成交量是 100 万股,那么,你希望看到,该股在出现上涨跳空缺口交易日的成交量至少为 150 万股,而且,成交量越高,上涨跳空缺口的力度越强。在强有力的上涨跳空缺口中,投资者可以直观地理解价格变化幅度以及买入成交量的增长力度,尤其是投资者业已研究过历史上可买入上涨跳空缺口的众多案例。我们认为,辨别苹果公司在 2012 年 1 月的巨大上涨跳空缺口,是一件很简单的事情,因为该股出现了"光速飙升"式上涨,在图 0.4 中,既表现为相对于整体形态的巨大缺口,又表现为明显的巨幅上涨成交量。

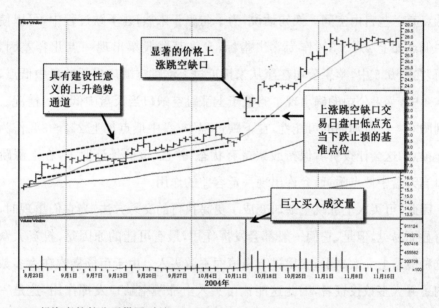

HGS 投资者软件公司供图,版权 2012。

注:在股票价格走势图中,可买入上涨跳空缺口能够出现在任何点位,缺口产生在一个具有建设性的背景下,诸如持续性的上升趋势。在本例中,上升趋势通道中的上涨跳空缺口出现后,股价加速上涨。

图 0.5 可买入上涨跳空缺口结构

可买入上涨跳空缺口,不是必须源自具有建设性的基部形态。很多龙头股将要启动大幅价格上涨时,通常会出现完整基部形态的可买入上涨跳空缺口,这时,可买入上涨跳空缺口出现在形态结构良好且持续上升趋势中。图 0.5 中 2004 年年末的苹果公司(AAPL)案例可以阐明这个概念,在平缓的上升趋势通道中,该股在缓慢上涨。在巨量跳空上涨之前,该股票试探了趋势通道低点,自此,该股票再未出现回调。

让可买入上涨跳空缺口成为简单易行交易信号的是,与缺口同时产生的是内部卖出指标,这就是上涨跳空缺口交易日盘中低点(如图0.5所示)。一旦苹果公司跳空上涨,就再也没有回调到该交易日盘中低点下方,因此,投资者可以在跳空上涨当日或次日买入该股,因为它仍然在合理范围中。图0.4显示了苹果公司在2012年1月的上涨跳空缺口,请注意,该股票只是略微下跌到了上涨跳空缺口交易日低点下方,可以用该盘中低点作为卖出点位,并且允许围绕盘中低点有一些自由空间。换句话说,为了防患于未然,在下跌过程中,可以使用盘中低点加上2%~3%作为卖出指标,允许某些股票出现一点儿容差因素。然而,在图0.5中,苹果公司甚至从未接近过上涨跳空缺口当天的盘中低点,在图0.4中,苹果公司的确出现了略低于上涨跳空缺口当天盘中低点的情况。考虑到图0.4中所阐述的可能性,在下跌过程中,盘中低点加上2%~3%作为卖出止损点,这会让投资者保持股票持有状态,并且,该例子证明了,在上涨跳空缺口当天盘中低点附近,允许出现一定容差的作用。

因此,可买入上涨跳空缺口变成了更易执行的交易方法,当它们出现时,会变得显而易见,但是,它们一般都会发挥作用,最有可能的原因是,投资大众认为这种股票上涨太高了,变得过于谨慎而不敢买入。由于市场喜欢在大多数时间内愚弄大多数投资者,因此这能让可买入上涨跳空缺口发挥作用,这是一种关键的逆向式理性(即与大众的想法相反的投资方向)。

移动均线背离

很多交易者和投资者普遍使用移动均线。因此,它们具有一种被投资大众追随的倾向,并且,从逆向角度来看,人们可能会假定,投资大众容易被愚弄或欺骗。由于很多人指望某条移动均线会为股票提供精确支撑,因此,可能存在一种逆向理性,事实上,人们经常看到股票价格跌破之前的移动均线。在重新反弹到移动均线上方之前,略微跌破移动均线的这种情况,就被称为容差。如果它出现在10日移动均线附近,就是围绕10日移动均线的容差。考虑到这一点,我们并不会把股票首次跌破移动均线看作移动均线背离。图0.6显示了具有伴随 10 日移动均线倾向的股票。尽管它确实曾收盘于 10 日移动均线下方，但是它并不是 10 日移动均线背离。为了确定背离移动均线，现在必须跌破其首次收盘于 10 日移动均线下方当天的盘中低点。这或许有点拗口，但是，在图 0.6 中，我们能够看到，该股票在接下来的两个交易日内，迅速上涨到了 10 日移动均线上方。并且，在此过程中，从来没有跌破首次收盘于 10 日移动均线下方当日的盘中低点（如图 0.6 中虚线所示）。

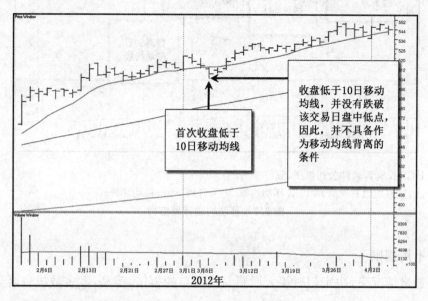

HGS 投资者软件公司供图，版权 2012。

注：股票首次收盘于移动均线下方，并不代表移动均线背离。

图 0.6　移动均线背离结构

　　基于如上所述的移动均线背离必要标准，图 0.7 在单一图表内使用两个例子，说明了真正的移动均线背离是什么样的情况。在该图左侧，我们看到一个 10 日移动均线背离的例子，而在该图右侧，我们看到一个 50 日移动均线背离的例子。聪明的读者或许会注意到，右侧的移动均线背离，并不仅仅是 50 日移动均线背离，还是 10 日移动均线背离。在我们的风险管理策略中，移动均线背离是一项关键组成部分，并且，把它们与可买入上涨跳空缺口、口袋支点或其他龙头股买入点相结合，能为我们提供简单头寸管理规则的基础性模块，该系统被称为七周规则。

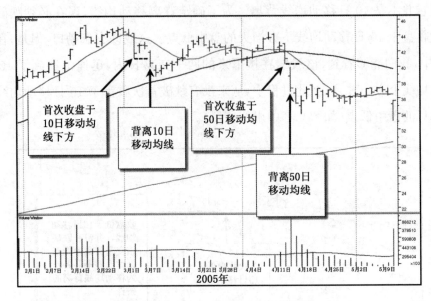

HGS 投资者软件公司供图,版权 2012。

注:这只股票首次背离 10 日移动均线,之后背离 50 日移动均线。

图 0.7　移动均线背离结构

七周规则

通常情况下,决定何时买入股票是件简单的事情,但是,大多数投资者遇到的麻烦是,何时卖出股票。投资者可以采用金字塔式加码策略买入重要龙头股头寸,但是,如果投资者没有建立一套卖出并兑现账面利润的系统,那么所有一切都有可能是徒劳的。七周规则基于这么一种想法,股票将显示出一种“遵从”其 10 或 50 日移动均线的倾向或特性。这取决于是否观察到该股票在买入点之后,能够维持在 10 日移动均线上方至少七周时间,并且不会背离该移动均线。图 0.8 中,我们可以看到,到 2012 年 4 月,苹果公司(AAPL)自其 1 月买入点开始,从未背离 10 日移动均线,并且,到 3 月初,已经维持这种状态至少七周时间。由于苹果公司显示自买入点开始,遵循 10 日移动均线至少七周时间的倾向或特性,因此,10 日移动均线可用作卖出指标,这样,移动均线背离会让你卖出自己的头寸,或者至少卖出一部分头寸。

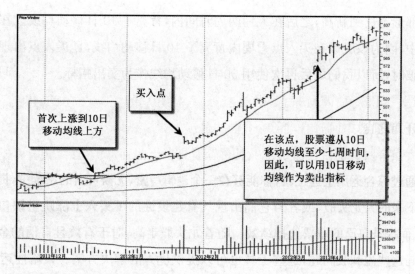

HGS 投资者软件公司供图,版权 2012。

注:自买入点开始,苹果公司遵从 10 日移动均线至少七周时间,因此,10 日移动均
线可以用作该股票的卖出指标。

图 0.8　2012 年苹果公司日线

图 0.9 中,我们看到苹果公司的另一个例子,这次时间始于 2010 年,它突

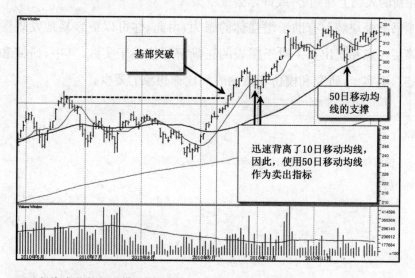

HGS 投资者软件公司供图,版权 2012。

注:苹果公司突破基部,但是在股价走高之前,迅速背离了 10 日移动均线。由于它并
没有显示出遵从 10 日移动均线的倾向,因此我们再次使用 50 日移动均线作为卖出指标。

图 0.9　2010 年苹果公司日线

破基部形态达到新高,之后在大约两周时间内,背离了 10 日移动均线。在这个例子中,因为该股票在买入点七周内背离了 10 日移动均线,且买入点出现在基部突破时,所以我们之后再次使用 50 日移动均线作为卖出指标。

开篇之言

通过综合运用上述工具,你能够在一个逻辑严密、无懈可击的系统中,提早买入接下来的大龙头股,或者当它们出现具有建设性的可买入上涨跳空缺口时买入,从而提升自己的股票选择绩效。随着龙头股走高,对于有效且自信的金字塔式加码这些盈利股问题,这些工具也可以提供优秀的解决方案。策略性运用 10 日和 50 日移动均线,能够让你持有仓位数月或数周时间,以便捕捉该股票的中线趋势。之后,该股票在一轮大幅上涨后,不可避免地会出现盘整,这时,你业已卖出,能够把交易资金投入另一只产生买入信号的龙头股。稍后,第一只股票,恰好在它完成了一轮长期的、无趋势盘整之后产生新口袋支点或买入点,可能再次启动一轮新的大幅上涨趋势,或许你会重新买入。

本书的模块练习有助于增强你的眼力,由此,你可以更容易地发现图表中的正确买入点和卖出点。对于图表的正确解释依赖于实践,其中,研究和模仿是关键。事实上,研究和模仿花费的时间比你想象的要少。

目 录

第一章

OWL 思想
——确定该方法论是否适合你

最基本的交易和投资原理之一是，人们应该选择并坚持适合自己心理特征的方法论。一个简单的例子是，那些在买入股票后晚上睡觉不安稳的人，就不应该使用积极进取的系统，即应用杠杆或投资于具有很大价格波动性的证券。作为欧奈尔式交易者和投资者，我们发现，自己投资的心理和态度，或称之为投资思想，是我们现在喜欢称之为 OWL 的思想。你可能会问，为何是 OWL？因为它代表近 100 年内三位最伟大交易者姓氏的首字母——威廉·欧奈尔、理查德·威科夫和杰西·利维摩尔。这三位具有类似的投资思想，并且，他们的交易策略和思想在很大程度上相互重合。我们在本书第一章讨论了这三位交易者的投资方法和投资哲学。

OWL 方法论的成功在于，从某种程度上讲，人们的心理特征和股市投资方法能够与 OWL 思想和谐共存。因此，对学习我们的总体方法论感兴趣的投资者，需要扪心自问，OWL 思想是否真正适合自己。我们认为，"了解自己"是投资的核心原则之一，并且，随后的测试和图表练习，有助于揭示你天生的敏感性在哪里。

快速小测验

请你尽可能快地回答下列问题。

1. 欧奈尔方法论最直接派生自和/或类似于(　　　)的投资哲学和著作。

a. 本杰明·格雷厄姆(Benjamin Graham)

b. 吉姆·克拉默(Jim Cramer)

c. 理查德·D. 威科夫

d. 老约瑟夫·肯尼迪(Joseph Kennedy,Sr.)

e. 杰西·利维摩尔

f. 米尔顿·弗里德曼(Milton Friedman)

g. 伯纳德·巴鲁克(Bernard Baruch)

h. a 和 f

i. b 和 c

j. c 和 e

k. c、e 和 g

2. 尼古拉斯·达瓦斯(Nicholas Darvas)最初使用哪一个技术指标,确定其所持有股票还是考虑买入的股票,正在出现"正确"行为。这个技术指标体现了与现在图表基部或盘整技术概念相关的一个概念。达瓦斯把这些技术指标称为(　　　)。

a. 窗口

b. 通道

c. 界限

d. 箱体

e. 阶梯

f. 楼梯

g. a 和 d

h. d 和 f

3. 买入股票,之后股票价格下跌,这时,市场在告诉你( )。

a. 买入更多股票

b. 最初买入股票的依据和决策可能是不正确的

c. 现在必须长线持有股票,因为价格肯定会重新反弹到最初买入价上方

d. 可能有必要卖出该股票,降低损失

e. 离开市场,顺其自然,不再观看自己股票的下跌,因为这只会"恐吓"你出局

f. a 和 c

g. b 和 c

4. 取得投资成功的最好方式是( )。

a. 使股市投资成为自己的重要爱好

b. 以低市盈率买入股票

c. 拥有减少投资情绪影响的完善计划和方法

d. 跟踪消息发展动态,以及它们如何影响单只股票和大盘走势

e. 为了掌握理解股票市场波动的必备专业知识,花费大量时间进行适当的研究和准备

f. c 和 e

g. b 和 r

5. 为了资金增值,投资者应该将买入股票任务当作( )。

a. 购物调查,寻求在股票最便宜的时候买入

b. 爱好,投资者凭此涉足市场,并由此避免过度参与的压力

c. 一种业务,以成本价买入原材料,将这些原材料加工成高需求产品,以远高于成本的价格卖出,使该业务产生利润

d. 一种长线配置,投资者必须买入股票,在取得利润之前耐心持有,多年坚持固定的股票投资组合

e. 一种受异性欢迎的方法

6. 投资成功取决于(　　)正确投资。

a. 在所有时间内

b. 大约50%的时间内

c. 尽可能多的时间内

d. 2/3以上的时间内

e. 以上都不正确

7. 杰西·利维摩尔总是遵守严格的止损规则,即(　　)。

a. 12%

b. 7%~8%

c. 10%

8. 威廉·J. 欧奈尔建议通过(　　)斩仓。

a. 当股票自买入价格下跌12%时卖出

b. 当股票自买入价格下跌7%~8%时卖出

c. 当股票自买入价格下跌10%时卖出

d. 下跌到睡眠点时卖出

9. 涉及兑现利润和亏损时,最好(　　)。

a. 兑现利润,而不兑现亏损

b. 兑现利润,等待亏损转变成利润

c. 迅速止损,但让利润继续扩大

d. 为了避免纳税,把利润保持到最低限度

e. 根据保持亏损尽可能小的基本哲学操作

f. a和b

g. c和e

10. OWL方法论主要是(　　)。

a. 日内交易系统

b. 趋势跟踪系统

c. 长线策略投资系统

d. 价值导向投资系统

e. 非波段操作的充分投资策略

11. OWL 方法论是（　　）。

a. 对称策略

b. 不对称策略

12. 杰西·利维摩尔说，"非凡的人"能够（　　）。

a. 通过不断交易取得成功

b. 在大幅下跌过程中稳坐钓鱼台

c. 坚持自己的主张并判断正确

d. 读懂市场节奏背后每一次波动和反转的含义

13. 支点和关键点的区别是（　　）。

a. 两个字母，"a"和"l"

b. 一个实时可见，另一个事后分析才会发现

c. 一个局限于上涨突破，另一个局限于显著的量价信号，显示出一个或另一个潜在的强势价格波动

14. 19 世纪早期,利维摩尔知道大投资者协调一致的"共同资金"是市场的主要推动力量。下列某些或所有能够看作利维摩尔时代"共同资金"的资金是（　　）。

a. 养老基金

b. 投资俱乐部

c. 庞氏骗局

d. 共同基金

e. 对冲基金

f. 公司内部人

g. 银行

h. 信托

i. 保险公司

j. 财经有线电视

15. 集中在少数股票,而不是广泛投资,但是,决定你应该使用的确切头寸,要基于(　　)。

a. 个人风险容忍度,请牢记,持有太多头寸(例如,平均头寸规模少于10%)可能会由于忽视或相互对冲,导致较差回报

b. 股票和整体市场的力量

c. 卖出止损点与买入点的距离

d. 所有上述选项

16. 机构投资者的认同对所有股票都是重要因素,因为(　　)。

a. 它代表着所有投资者投入其资金的地方

b. 当股票下跌到特定价格,机构会支持其股票,这是图表基部和盘整产生的原因

c. 这种持续大规模资金流入股票现象,可能让价格随着时间上涨几倍

d. a 和 c

e. b 和 c

17. 打听小道消息和报道头条消息可能会导致亏损,因为(　　)。

a. 小道消息听起来很好,然而,实际上它或许不在你自己独特的交易纪律和策略之内,因此与你的交易心理无关

b. 小道消息听起来很好,但它只是错误的谣言

c. 通常情况下,小道消息是错误的,但是,如果你认为一条小道消息是正确的,并且最终依据该消息赚到钱,那么你更有可能在未来听取更多的小道消息

d. 通常情况下,头条消息具有夸大特定事件正反面的倾向,这种轰动效应要么恐吓你,使你提前退出市场或某只股票,要么刺激你提前进入市场或某只特殊股票

e. 头条消息和小道消息可能使你的专注点脱离自己的交易策略

f. 所有上述选项

18. 避免过度交易可以通过（   ）。

a. 把注意力从市场上移开

b. 把关注点和注意力放到其他地方

c. 训练耐心并等待正确的形态，要么做空要么做多，在形态刚刚够好之前，忽视并选择不参与其中

19. 尽管预测市场趋向极有诱惑力，但这是一种失败策略，因为（   ）。

a. 尽管在考虑市场时感到满意，但很多变量会在未来一段时间内出现变化，这导致预测失败

b. 存在一种虚假安慰，认为你知道市场前进的方向，这是一种让你变得过度执着于自己预测的危险。这种情况导致僵化，让你忽视客观的、实时市场信息或者对其产生一种偏见，而这些信息与最初预测相互矛盾

c. 对交易者而言，未来并不存在，只有现在，因此，最好是关注市场现在、当前告诉你的信息，并且相应调整头寸，而不是认为你可以告诉市场未来要趋向何方

d. 所有上述选项

20. 与"大牛股理论"有关的思想是（   ）。

a. 人们应该寻求投资处于既定市场周期最前沿位置的那些股票

b. 人们应该寻求只投资大盘股

c. 人们应该寻求投资大机构投资者"必须持有"的那些股票

d. 人们应该寻求投资"当日发行的龙头股"

e. 人们应该寻求避免投资更小的、更具有创新性的公司

f. a、b 和 e

g. a、c 和 d

h. b、d 和 e

i. 所有上述选项

图表练习

确认基部

在下列图表中,用圆圈标出你认为代表达瓦斯箱体的区域,以及你认为代表欧奈尔式基部的区域。在你认为同时代表了二者的区域,画出正方形或长方形。

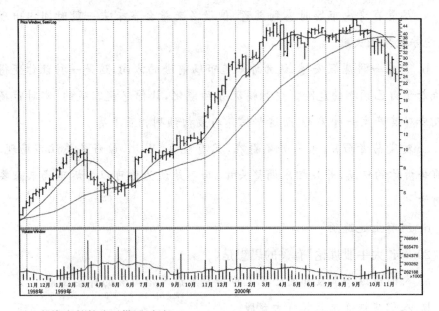

HGS投资者软件公司供图,版权 2012。

图 1.1　1998—2000 年甲骨文公司(Oracle Corp. ,ORCL)走势

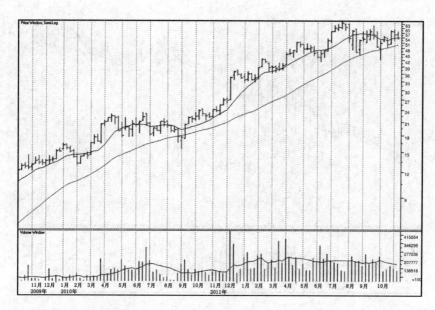

HGS 软件公司供图,版权 2012。

图 1.2　2009—2011 年露露柠檬(Lululemon Athletica,Inc.,LULU)走势

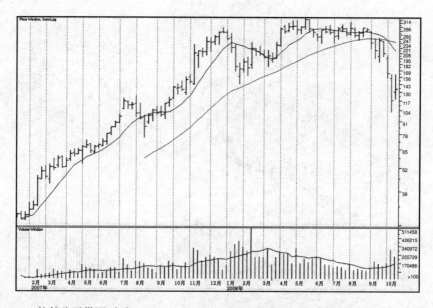

HGS 软件公司供图,版权 2012。

图 1.3　2007—2009 年第一太阳能(First Solar,FSLR)走势

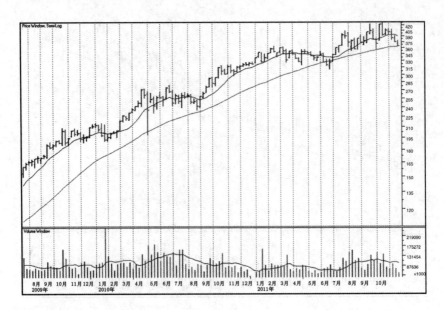

HGS 软件公司供图,版权 2012。

图 1.4　2009—2011 年苹果公司(AAPL)走势

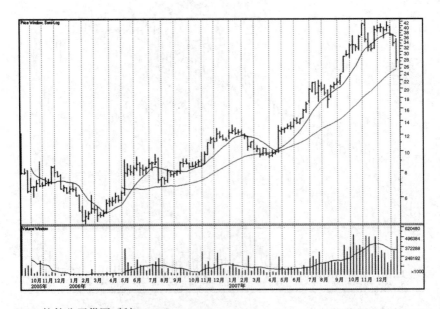

HGS 软件公司供图,版权 2012。

图 1.5　2006—2007 年百度(Baidu,BIDU)走势

最小阻力线

欧奈尔和利维摩尔式投资的一个重要方面是,充分利用即将出现的快速价格波动。个股在某个点位会出现重要的且快速的上涨或下跌,杰西·利维摩尔称之为最小阻力线。一旦股票价格突破这条线,就被认为是获得了关键点。OWL 思想专注于,为这种股票波动定位并建仓,并且,在任何市场周期内,重点关注盈利的最大股票,这有助于让投资者将其注意力集中到那些具有最大迅速上涨潜力的股票上。在下列图表中,画出你认为与图表中所示价格行为及趋势相关的最小阻力线位置。

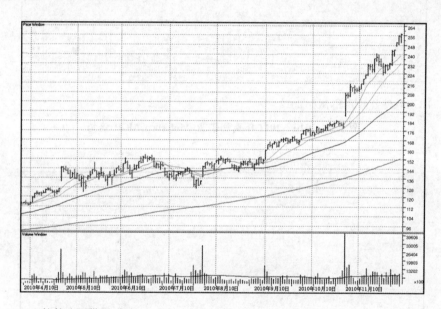

HGS 软件公司供图,版权 2012。

图 1.6　2010—2011 年墨西哥连锁快餐(Chipotle Mexican Grill,CMG)走势

HGS 软件公司供图,版权 2012。

图 1.7　2010—2011 年莫利矿业(Molycorp,MCP)走势

HGS 软件公司供图,版权 2012。

图 1.8　2004 年苹果公司(AAPL)走势

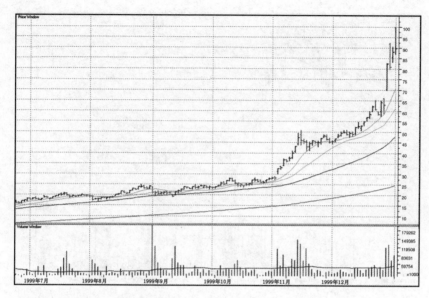

HGS 软件公司供图,版权 2012。

图 1.9 1999—2000 年高通公司(Qualcomm,QCOM)走势

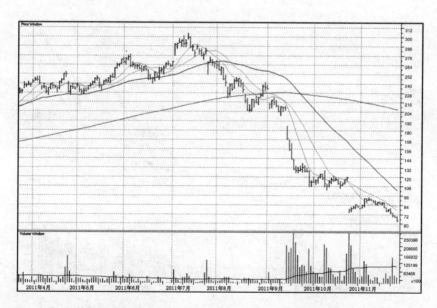

HGS 软件公司供图,版权 2012。

图 1.10 2011 年奈飞公司(Netflix,NFLX)走势

图 1.11　2011 年绿山咖啡烘焙公司(Green Mountain Coffee Roasters,GMCR)走势

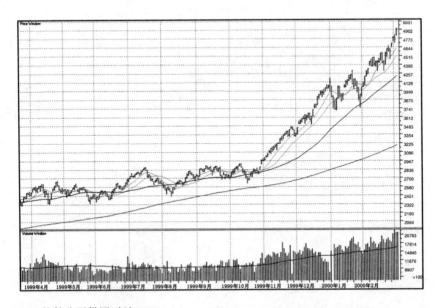

图 1.12　1999 年纳斯达克指数走势

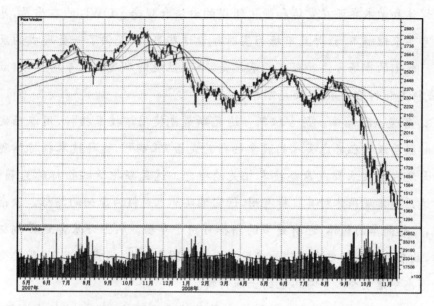

HGS 软件公司供图,版权 2012。

图 1.13　2007—2008 年纳斯达克指数走势

快速小测验答案

1. 答案:(j)。欧奈尔方法始终如一地源自/或类似于理查德·D. 威科夫和杰西·利维摩尔的投资哲学和著作。正如我们在《像欧奈尔信徒一样交易》中所述,我们的观点是,很多欧奈尔的著作,基于文字记录以及我们在为欧奈尔公司管理资金任期内与其并肩作战的经历,均源自普遍的常识性哲学、策略、交易规则和杰西·利维摩尔的纪律。

利维摩尔的交易思想及其交易职业生涯,起初由市场最早的图表技术分析师理查德·D. 威科夫记载和记录,同时,他是早期《华尔街杂志》(*Magazine of Wall Street*)出版商。所有这三位的著作及其讨论,存在共同的基础,就是与市场基本心理方法相关的共同脉络,因此,采用他们名字的首字母组合词 OWL (欧奈尔-威科夫-利维摩尔)。很多 OWL 思想的根源非常简单,却与很多普遍接受的看法以及与股市真正行为相关的错误观念截然相反。甚至在今天,很多财经媒体和学术界还在宣传和强化错误的看法和观念。OWL 的本质是,基于具体事实来理解市场,并且市场为实时接近这些事实,提供了一套现成的反馈机制。我们的市场方法和研究的基础是,共识性规则以及三位市场天才(欧奈尔、威科夫和利维摩尔)的市场观察。

2. 答案:(d)箱体。尼古拉斯·达瓦斯最先使用该技术指标,用以确定其持有的股票或正在考虑买入的股票的行为是否"正确"。这种技术指标体现出一种与现在图表基部或盘整技术相关的概念。达瓦斯把这些指标称为箱体。尽管达瓦斯发现箱体对其目标有用,但它们实际上是极为原始的指标。欧奈尔发现,比起简单的箱体,还有更多的指标可用于市场。从上升基部到带柄杯子形态,欧奈尔确认了更多可作为建设性盘整的图表形态,通常情况下,股票会自这种形态中启动令人兴奋不已的上涨行情。

3. 答案:(g)。买入一只股票,之后其价格出现下跌,这时,市场在告诉你,最初买入该股票的依据或许并不正确,并且,可能需要你卖出该股票止损。请记住,OWL 思想是寻求理解市场,把市场当作信息反馈系统。确定你买入某一特定股票数量是否正确的最佳指标,仅仅是该股票自买入价格上涨,还是下跌,事情就是这个样子。如果你无法注意到这种明显的市场反馈,就无法理解如何运用 OWL 方法论。

4. 答案:(g)。为了学习理解股市波动的必要专业知识,取得投资成功,你最好有一套完善的方法论,它可以消除投资情绪的影响,并为恰当的研究投入充分时间。如果你不愿意着手采取行动,反而寻求一种简单或轻松的方法,想在股市中赚钱,最有可能的结果就是失败。事实上,投资股市,没有精心准备,也没有制定完善的投资计划,就是走向一条自我毁灭的不归路。

5. 答案:(c)。就像其他业务一样,以成本价买入原材料,将这些材料制成高需求产品,以更高的价格卖出,为了资金增值,投资者应该着手买入股票。投资并不是无节制的购物行为。价格低的股票,并不同于市价下跌 10 000 美元的宝马汽车。股票只会从其价格走高中获取价值,而像宝马汽车类的产品,价值在于其功能,它是一种非常时髦并注重性能表现的交通工具,姑且不论价格高低。股票不是汽车、住房、衣服、手表或其他消费品。股票代表着"原始性商品",作为投资者,你以某一特定价格买入,希望最终能够以更高价格卖出,同理,服装生产商以某一价格买入纺织原材料,之后制成成衣,以更高价格卖出,也就是说,赚取到利润。

6. 答案:(e)。尽管你操作正确的情况或许是令人惊奇的,但你所谓的命中率,根本就不是投资成功的关键因素。1995 年,吉尔·莫拉雷斯在一连串操作失误之后,市值下跌超过 30%。最后他找到 C-Cube 微系统公司(CUBE),在这只股票上,获得超过 500% 的巨额利润,尽管其命中率或许大约为 10% 或20%。只要一次正确买入盈利股,之后进行恰当处理,通常情况下,就是赚大钱的机会,那些遵循 OWL 方法论的人们都知道这个道理。

7. 答案:(c)。杰西·利维摩尔始终遵守严格的 10% 止损规则。理查德·威科夫也提出这样的规则。为什么是 10%?我们猜测是,它正好代表一个方便的整数,利维摩尔不愿意容忍比它更大的损失。然而,这确实会迫使你倾听市场的声音,一旦市场开始告诉你——你错了,并且股票自最初买入价格出现下跌,就需要在这个规定点位止损。在股市中采取孤注一掷的方法,不可能生存下来。依据这种方法,如果股价出现下跌就卖出,你绝对不会买入股票。在运营过程中,投资者必须确定明确的退出点,不管它多么精确。

8. 答案(b)。威廉·J. 欧奈尔建议,当股票自买入价格下跌 7%~8% 时,及时卖出止损。与利维摩尔的 10% 止损规则不同,欧奈尔规则源于的事实是,他倡导当基部突破时买入,他声称自己的研究表明,在未来盈利的股票极少会下跌到基部突破买入点下方 7%~8%。然而,这里的问题是,就细节而言,根据欧奈尔规则,投资者在一个支点买入,股价上涨幅度超过实际支点价格 5%。在实践中,如果投资者买入这种上涨 5% 的支点,那么可能需要坐等高达 13%的下跌,欧奈尔的研究实际上是正确的,从统计学上讲,盈利股票极少从其精确买入点回调超过 7%~8%。这也是我们喜欢用头寸规则作为风险管理的部分原因。启动典型的欧奈尔式新高基部突破之前,为何我们喜欢在股票启动早期基部采用口袋支点买入点,这也是原因所在。

9. 答案:(g)。就兑现利润和亏损而言,依据使亏损尽可能小的基本思想,最好是快速止损,并让盈利持续下去。这是投资的最基本原则,但是,通常情况下,我们惊奇地看到,很多被认为知情的人士,会提出不太完善的方法。例如,我们听到某位财经有线电视主持人告诫投资者,他们应该"兑现利润,而不是兑现亏损"。意思就是:兑现你的小幅利润,让亏损把你彻底击垮! 我们觉得,这种做法并不是一种精明的投资方法。在市场中赚大钱的唯一方法就是:迅速止损,并让盈利尽可能地持续下去。

10. 答案:(b)。欧奈尔、威科夫和利维摩尔都参与过市场和个股的重要牛市和熊市趋势。当存在强趋势时,牛市做多熊市做空,是 OWL 投资赚大钱的方法。然而,无趋势市场是其痛苦之源,通常情况下,股票会在这种中性环境中忽上忽下地锯齿形波动。在这种环境下,OWL 唯一的防御策略是,耐心等待机会窗口打开,与此同时,避免参与市场的锯齿形波动。

11. 答案:(b)。OWL 方法论是一种非对称性策略。非对称性策略不跟随市场,因此,随着时间的推移,大盘的上涨和下跌也不是对称的。只要趋势得到确认,就寻求利用该趋势赚钱。在牛市中,非对称性策略寻求做多,而在熊市市场中,它会在市场下跌时寻求做空——当市场下跌时,非对称性策略不希望与大盘一同下跌。

12. 答案:(c)。杰西·利维摩尔说,非凡的人是"坚持自己的主张并判断正确"的人。毫无疑问,那些可以在一次又一次的交易中操作正确的人,可能是非凡的人,但是,据我们所知,要想在股市中获得成功,不必在所有时间内都操作正确。OWL 方法论是一种趋势跟踪方法,只要趋势持续下去,投资者就必须具有驾驭趋势的能力——本质是坚持自己的主张并判断正确。

13. 答案:(c)。支点和关键点的区别在于,一个局限于上涨突破,另一个局限于显著的量价信号,该信号预示着股票在某一个方向上的潜在强势价格波动。欧奈尔自己的支点,其突破点位于股票图表基部的顶端,在这里,该股票要么创出新高,要么非常接近创出新高,但是,利维摩尔对其买入点的解释更具有普遍性,一般情况下,把它们称为关键点。我们将两个点融合,产生其他类型买入点,即口袋支点买入点和可买入上涨跳空缺口。在我们看来,它们与利维摩尔关键点概念有许多共同之处,作为有意义的量价信号,可以提供有利的、及时的进入点,然而,结合欧奈尔式支点或新高突破使用时,它们又会成为处于恐惧状态交易者的强力指标。

14. 答案:(a)、(d)、(e)、(g)、(h)和(i)。在利维摩尔时代,他知道,大投资者协调一致的共同资金是市场的主要推动力量。在现代投资界,这些代表着可投入资金的主要来源,通常情况下,这些资金总是强制性投资于股票。因此,它们通常是股价背后的强大支撑,在某些点位可以创造出基部底部,同时,大部分资金流入某只股票,就会推动价格上涨。我们把共同基金和对冲基金,看成这里列示的机构投资者中最积极的资金,而保险公司、银行、养老基金和信托基金在机构投资群体中,行动通常较为迟缓。

15. 答案:(d)。投资者应该始终对持有的头寸规模感到满意。风险容忍度决定着满意程度,也就是说,在自己的情绪干涉交易之前,你能够容许股票下跌的幅度,这种情绪可能会导致你过早卖出,或在太长时间内持有头寸。当然,你应该知道,如果你愿意持有太多头寸(>20),那么,这种投资类型或许并不适合你。

答案(b)也是正确的,与大盘同步股票的相对强势,是持续价格上涨的最好预测指标,因为这种强势会产生更大的强势。大多数股票跟随大盘的运行方向。当然,如果股票正在产生顶点,那么投资者应该制定退出策略。

答案(c)也是正确的,例如,如果你买入头寸的最大亏损是7%~8%,并且该股在你的退出点上方10%交易,那么你既不要买入,也不要卖出少量头寸。

16. 答案(e)。在任何股票中机构投资者都是重要影响因素,它代表着大投资者和机构投资者的资金投向。我们不需要关注所有投资者,只需要关注大投资者(即机构投资者)。通常情况下,当股票下跌到某一特定价格水平时,机构为自己持有的股票提供资金支持,正是这种行动创造出了基部底部。大多数机构投资者愿意在3~5年内持有一只好股票,它们会持续注入大量资金,随着时间的推移,可将该股票价格推升几倍。

17. 答案:(f)。让我们逐一分析每个选项。

a. 即使小道消息正确,并且股票触及了预期价格水平,如果该股超出了你的风险容忍度,那么你可能无法持有足够长的时间来实现利润,一方面因为该股票波动性太高,另一方面因为你过早地兑现了利润。

b. 大多数小道消息是错误的谣言,你或许可以在某一个交易日获得股价飙升的好处,但终究会看到股价下跌,导致你亏损卖出。

c. 如果小道消息有效,那么你也许会习惯性地认为,小道消息是有效的,但在现实中,对投资者来讲小道消息有效的概率并不大,随着时间的推移,你最有可能的结果是,遭受净亏损。

d. 2009 年 3 月是一个完美的范例。当时头条消息报道,天正在塌下来,所有事情似乎与 20 世纪 30 年代一样糟糕,因此,很多人,包括作者本人,要么持有现金,要么站到空头一方。这是很好的学习机会,即使在最坏的环境中,你也应该遵循自己的规则,如果你有投资模型,就坚持遵循它。

e. 你身边的投资机会出现次数比想象的多,但是,利用它们的机会窗口或许只有一两个交易日,甚至更少。如果你的注意力被头条消息或市场小道消息所吸引,那么你可能会失去机会。

18. 答案:(c)。耐心等待正确的形态出现,要么做空要么做多,都要在形态刚刚够好时,先等一下,不要急于参与其中。这是防止过度交易的最佳方法。当然,良好的投资或交易,如何变成伟大的投资或交易,需要经验;换句话说,什么时候机会窗口打开。本书的训练有助于提升你在这方面的判断力。忽视市场,绝对不是一个好主意,尽管可以避免过度交易,但也会错失好的交易机会。这是因为,在你最意想不到的时候,新机会和趋势常常会自动呈现出来,因此,即使你持有现金,或者对股市环境非常厌恶,也要保持对股市的关注。

19. 答案:(d)。尽管试图预测市场趋势,极有诱惑力,但这是一种失败的策略,因为:

a. 很多交易者狂妄自大。这种狂妄自大源于知识上的自满,认为自己能够预测市场运行方向。不要落入这种陷阱。狂妄自大已经成为很多交易者失败的根源。

b. 我们是人类，难免受到观点情绪和偏见的影响。如果过度依赖自己的预测，并不知不觉地选择性地偏向预测，就会让你付出金钱的代价，因为逃避现实，往往代价高昂。

c. 无论今天、现在、当前正发生什么事情，市场都会告诉所有你需要知道的信息，让你做出明智的风险和头寸决策。

20. 答案：(e)。"大牛股理论"是投资者寻求投资那些在既定市场周期中处于经济发展最前沿股票的基本理论。相关范例有 2004 年以来苹果公司（AAPL）、20 世纪 80 年代沃尔玛公司、20 世纪 90 年代思科公司等。大牛股不一定是高市值股票，但是，在既定经济和市场周期内，作为具有最佳产品和管理的龙头公司，往往具有独特的作用和定位，因此，通常是大机构投资者"必须持有"的股票。由于上述情况，它们被杰西·利维摩尔和理查德·威科夫称为"当代龙头股"，机构资金持续注入这些股票，推动股价上涨。通常情况下，它们最初是较小规模的、更具创新性的公司，是一块可以寻找未来大牛股的沃土。像 2007 年卡路驰公司（CROX）、2009—2011 年绿山咖啡烘焙公司（GMCR）、1998 年美国在线（AOL）这样的股票，虽然初始市值小，但当它们获得成长型机构投资者大力追捧时，就会出现巨幅上涨。

图表练习答案

确认基部

1998—2000 年甲骨文公司（ORCL）。自左向右，我们看到一个清晰的箱体，之后，是一个带柄的杯子形态，其杯柄是另一个箱体。该股在柄部顶端又形成一个箱体，构成了步步为营形态。之后，股票开始上涨，一路上涨过程中接着出现两个箱体，形成另一个为期三周的箱体。紧随其后的是圆圈标注的双底基部，之后，是用圆圈标注的带柄的杯子形态。甲骨文公司在 2000 年年末突破失败后，开始反转下跌。

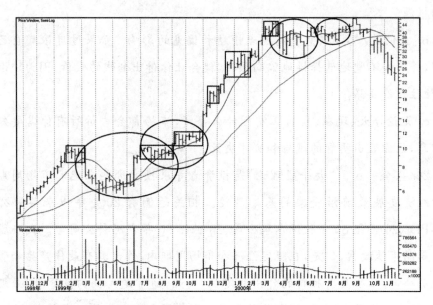

HGS 软件公司供图,版权 2012。

图 1.14　1998—2000 年甲骨文公司(ORCL)走势(答案)

2009—2011 年露露柠檬(LULU)。自左向右,我们看到一个箱体,之后圆圈标注出一个为期八周的带柄杯子形态,杯柄为期一周。之后,该股在一个大达瓦斯箱体中运行,该箱体后半部分是一个欧奈尔式双底基部,股票自此向上突破。随后是另一个箱体,在顶部的两个箱体,出现阶梯式堆叠,我们用圆圈标注了这两个箱体,因为它们构成了欧奈尔式步步为营形态。另一个箱体后,我们用圆圈标出一个大双底形态,股市从这个形态中开始反转下跌。

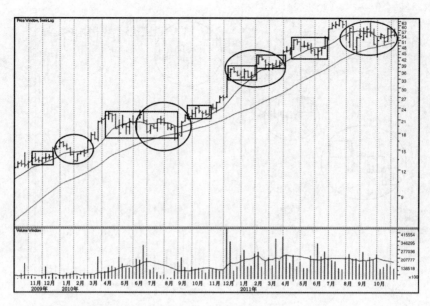

HGS 软件公司供图，版权 2012。

图 1.15 2009—2011 年露露柠檬（LULU）（答案）

2007—2009 年第一太阳能公司（FSLR）。左侧第一个大圆圈包含了三个箱体，里面是欧奈尔式上升基部形态。该股票上涨，突破这个上升基部，在出现调整之前，形成了一个小箱体，并形成了一个用圆圈标注出来的带柄杯子形态。该股票自这里突破，持续走高，形成了一个不标准的带柄杯子形态，大部分杯柄出现在形态的下半部分。在顶部，形成最后一个箱体，第一太阳能公司见顶回落。

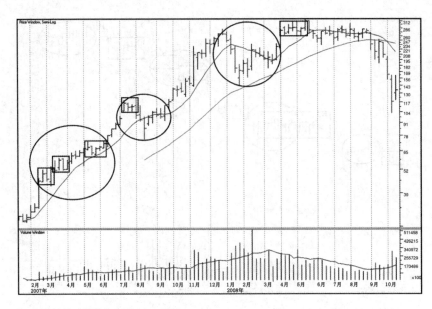

HGS 软件公司供图,版权 2012。

图 1.16 2007—2009 年第一太阳能公司(FSLR)走势(答案)

2009—2011 年苹果公司(AAPL)。21 世纪前十年,显然是属于苹果公司的时代,2004 年,该股票启动大幅上涨,一直持续到 2012 年。苹果公司脱离 2009 年 3 月市场低点,进入 2009 年 10 月,我们首次把它纳入图表。自此开始,该股票在走高之前,形成了两个箱体,之后形成了一个大箱体,包含两个欧奈尔式基部,第一个是奇怪的带柄杯子形态,在 2010 年 5 月第一周出现迅速下跌,并触及低点,第二个是双底形态,股票自此突破,在形成一个短箱体前,股价持续走高。股价上涨到 350 美元,苹果公司形成了一个长箱体,该箱体后半部分形成了一个大双底形态,股票自此突破,形成一个带柄杯子形态,之后反转下跌,跌破 400 美元。

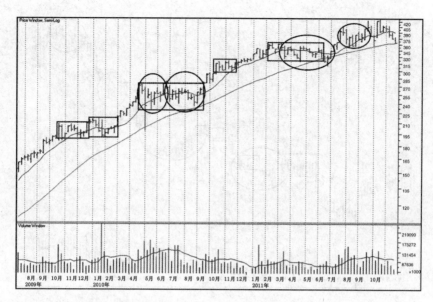

HGS 软件公司供图,版权 2012。

图 1.17　2009—2011 年苹果公司(AAPL)走势(答案)

2006—2007 年百度(BIDU)。尽管在 2005 年夏季出现了 IPO 热潮,但百度在 2007 年大幅上涨之前,花费了很长时间来构建形态。2006 年年初,该股筑底成功,股价开始上涨,形成了一个箱体,之后,在反弹形成另一个箱体之前,跌破了该箱体底部,这是圆圈标注带柄杯子形态的柄部。在该股再次拉升之前,形成了两个小箱体,构成一个大的带柄杯子形态,柄部处于高位,只有一周的持续期。高柄部也是一个小箱体。自左侧起,第三个圆圈是带柄杯子形态,其柄部仅在日线图中有所显示,持续期是 5 个交易日。实际上,该股自这个奇怪的基部出现迅速上涨。百度在顶部反转下跌前,形成了一个非常稳健的后期带柄杯子形态。

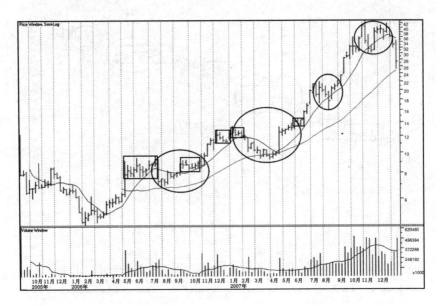

HGS 软件公司供图,版权 2012。

图 1.18 2006—2007 年百度(BIDU)走势(答案)

你在图表上画出的矩形及圆圈,与答案的匹配情况如何呢?与答案所示的那些基部相比,你找到了更多的基部,还是更少的基部?通过这种练习,你可以提升鉴别能力,理解盘整的含义,包括这些被称为基部和箱体的形态。另外,在为这些基部和箱体标注时,我们发现,尽管可以应用统一的标签,比如说,带柄杯子形态,但是,当我们相互比较时,发现这些带柄杯子形态并不总是规整统一。自 2006 年中期到 2007 年年末,百度股价显示出四种不同类型的带柄杯子形态。

我们发现,不必对基部进行统一的标注,实际上,它们不是统一的。我们不愿寻找并确认基部来判断"正确"突破,宁愿使用口袋支点买入点和可买入上涨跳空缺口作为关键性判断工具,它们甚至在基部还没有确定时,就让我们买入该股。直到你坐下来,给图表加上标注,确认了所有基部,才开始感觉到股票的阶段性上涨,在价格大幅上涨期间,它会上涨、盘整,接着再上涨和盘整。

最小阻力线

OWL 思想的重要内容是,不以最低价格,而以最恰当价格买入股票。恰当价格是股价启动大幅上涨的点位。因股票看起来便宜而买入，无法保证该股为投资者提供不菲的收益，然而，在正确的时间点买入股票，也就是说，股价大幅上涨启动点位就开始时买入，确实可以为投资者提供丰厚的回报。

2010—2011 年墨西哥连锁快餐（CMG）。该股自长期带柄杯子形态走出，突破第一条阻力线之后，开始长期缓慢的上涨，随着缓步走高，上涨波动保持在一条界线清晰的趋势通道中。在该过程中，趋势通道顶端形成了另一条最小阻力线，当该股跳空上涨，突破通道顶端时，果断地突破了这条最小阻力线，并且上涨急剧加速。突破第一条最小阻力线的前兆是，出现口袋支点买入点，突破第二条最小阻力线的前兆是，出现可买入上涨跳空缺口，在接下来的四到五周内股价迅速上涨。

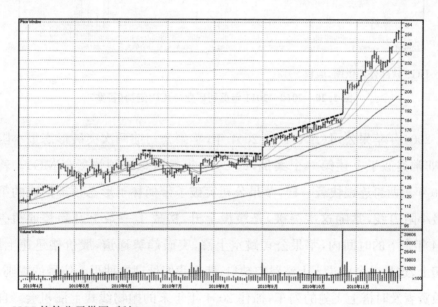

HGS 软件公司供图，版权 2012。

图 1.19　2010—2011 年墨西哥连锁快餐（CMG）走势（答案）

2010—2011 年莫利矿业（MCP）。莫利矿业两次突破顶部下行趋势线，每次穿透最小阻力线，都会启动迅速上涨行情。第一次突破趋势线前 5 个交易日，就出现了口袋支点买入点，第二次突破趋势线，本身就是口袋支点买入点。在两次突破范例中，口袋支点出现在突破趋势线当天或之前，突破最小阻力线后股价迅速上涨。

HGS 软件公司供图,版权 2012。

图 1.20   2010—2011 年莫利矿业(MCP)走势(答案)

2004 年苹果公司(AAPL)。2004 年,苹果公司前两次突破形态最小阻力线,非常类似于上述第一个案例,即 2010 年墨西哥连锁快餐(CMG)。就像 2010 年墨西哥连锁快餐一样,苹果公司突破了带柄杯子形态顶部形成的第一条最小阻力线,紧随这次突破,是缓慢上升,构成了一条上升趋势通道。在 2004 年余下的时间内,苹果公司跳空上涨,突破趋势通道,股价格迅速上涨。事实上,这是一个可买入上涨跳空缺口,使用我们处理这种买入信号的规则,会让投资者及时搭上飞驰的列车,抓住 2004 年年末的抛物线式上涨机会。自短期价格盘整开始的两次突破,是突破最小阻力线的小幅上涨,但是,从概念上讲,它们的作用是类似的,每次都会导致股价迅速上涨。

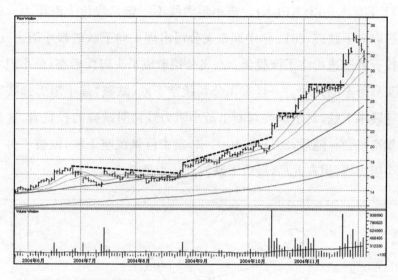

HGS 软件公司供图,版权 2012。

图 1.21　2004 年苹果公司(AAPL)走势(答案)

1999—2000 年高通公司(QCOM)。1999 年高通公司有两条清晰的最小阻力线,每次穿透最小阻力线,都会导致股价迅速上涨。在最小阻力线附近,都出现了口袋支点买入点。

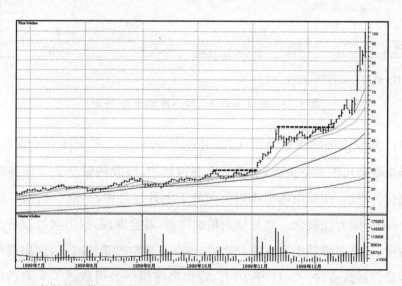

HGS 软件公司供图,版权 2012。

图 1.22　1999—2000 年高通公司(QCOM)走势(答案)

2011年奈飞公司(NFLX)。最小阻力线不一定是股价上涨阻力。最小阻力线也可以向下跌破,2011年中期奈飞公司出现了向下跌破最小阻力线情况,警惕的投资者迅速卖空了该股票。奈飞公司形成了头肩顶形态,最小阻力线变成了该头肩形态的颈线。一旦奈飞公司跳空下跌,跌破"最小阻力颈线",该股就会迅速跳水下跌,对于那些判断出最小阻力线何时跌破的投资者,这是极为有利的卖空机会。随后,2011年10月末,盘中巨量跳空下跌,跌破了另一条较短的最小阻力线,但在此后,股价下跌波动较为平缓。

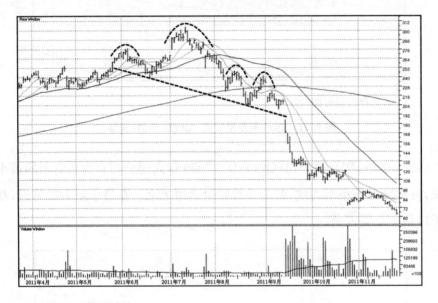

HGS软件公司供图,版权2012。

图1.23   2011年奈飞公司(NFLX)走势(答案)

2011年绿山咖啡烘焙公司(GMCR)。2009—2011年大部分上涨期间,绿山咖啡烘焙公司极受空头欢迎,整个上涨过程中,该股的做空头寸始终保持在相对高位。当然,在绿山咖啡烘焙公司处于上升趋势中,一直尝试做空的投资者,缺少最小阻力线概念。要是他们稍加注意,就会发现,绿山咖啡烘焙公司上升过程中,一路突破最小阻力线。当然,也存在做空股票的时机,这出现在最小阻力线最终被跌破时。2011年10月,绿山咖啡烘焙公司跌破了头肩顶形态的颈线,在一个月的时间内,跳水幅度超过50%。

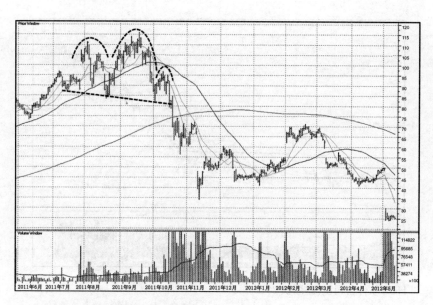

HGS 软件公司供图,版权 2012。

图 1.24 2011 年绿山咖啡烘焙公司(GMCR)走势(答案)

1999 年纳斯达克指数。市场本身也能够突破最小阻力线,我们在图表中看到,1999 年 10 月末,纳斯达克综合指数出现了这样的突破,启动了网络股大牛市,直到 2000 年 3 月。在这轮牛市中,出现了很多牛股,但是,你可以看到,一旦最小阻力线被突破,市场就处于上涨过程中,仅为精明的投资者保留了抓住这轮上涨的机会,市场承接了他们的繁重工作。

HGS 软件公司供图,版权 2012。

图 1. 25   1999 年纳斯达克指数走势(答案)

2007—2008 年纳斯达克指数。2008 年 9 月,我们看到,市场向下跌破最小阻力线,当这种情况出现时,空方聚集了大量资金。在这里看到两条最小阻力线,如我们在图表中画出的虚线,实际上,每一条线都是有效的。

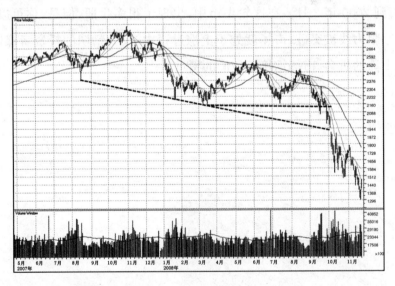

HGS 软件公司供图,版权 2012。

图 1. 26   2007—2008 年纳斯达克指数(答案)

小　结

利用大幅及相对快速的股价波动,是 OWL 思想的基本原则。投资者必须牢记市场基本定律,即强者恒强,例如,运动的物体会保持运动,一旦最小阻力线被突破,股价就会出现快速波动。能够识别这些线在哪个位置,以及何时突破这些线,是非常关键的。这种行为为交易决策提供了非常强势的信号,无论做多还是做空,都取决于最小阻力线的突破方向。

在看到股票坚定沿某个方向波动时,大多数投资者通常会陷入均值回归心态,他们认为,这种波动是过度的,肯定会出现回调。但是,如果他们缺乏行动力,就会经常落后行情。我们发现,口袋支点买入点和可买入上涨跳空缺口往往与最小阻力线的突破相关,可以作为常用的工具来完成投资任务。

市场的倾向性会对我们观察实际量价行为产生重大影响。上涨过程中突破最小阻力线,股价上涨看起来过于极端、过于迅速,但对我们来讲,一旦这种行情明朗,该股就会启动一轮明确的加速上涨行情。真正的问题是,你以某种方式观察事物,根据实时的手头信息行动,必须符合 OWL 思想。然而,为了了解所得到的信息,并获得清晰的前景,投资者必须经受各种心理游戏和迷雾的考验,这会将我们引到下一章内容。

第二章

心理游戏和困惑

与数千名个人投资者和专业投资者打过交道后，我们得出了一个非常简单的结论：大多数交易者还没有培养出在股票市场上获取成功所必需的心理素质。这种情况毫不奇怪，因为在最初始的水平，比如说，每天的生活中，人类生存所必需的心理和态度与在股市中赚钱所需要的心理和态度存在很大差异。从一开始，人们就欠缺处理心理游戏和困惑的能力，在面临实时投资压力、受到严厉批评以及用真金白银交易时，市场就把这种心理游戏和困惑向投资者抛过来。

过去两年间，我们撰写《像欧奈尔信徒一样交易》，开通了网站（www. virtueofselfishinvesting. com），接触到了数千名投资者；反过来，他们向我们提出了数千个有关交易和投资的问题。在这个过程中，我们更深刻地认识到，大多数个人投资者、业余爱好者以及专业人员，如何从最本能的角度思考市场。他们的恐惧、忧虑、错觉和妄想都源自三个问题。通过这些问题，我们能够构建各类投资者常见心理误区数据库，描述出我们感觉到的普通投资者的心理特征。

本章，我们讨论一些由投资者思维所引起的常见心理陷阱，我们在欧奈尔公司工作时，欧奈尔常常把这种心理陷阱描述为"把脑袋转向后面"。

拥抱不确定性

令我们大脑迷失的最大思维困惑,可能就是在市场中寻找确定性。打开自己最喜欢的财经新闻出版物,你会看到许多广告,声称可以用交易软件或系统,进行投资评估工作,据说可以包揽你所有的评估工作。当然,在极为罕见的情况下,某个特殊的交易系统确实很强大,能够在几个市场周期中发挥作用,该系统的风险/回报模型,与投资者的风险/回报模型保持同步。如果存在不同步情况,投资者可能在错误的时间退出交易,或者在一连串亏损后,放弃该系统,这或许与该系统的交易节奏有关。所有这些情况表明,投资者花费数千美元购买的交易系统或软件根本无法消除不确定性。

大多数投资者都心知肚明,他们受到无穷无尽广告的狂轰滥炸,最新的、最好的或最有效的市场或股票指标,强化了这种投资"必杀技"。基于我们20多年的市场经验,事实上根本不存在这样的必杀技。投资者必须了解个人风险容忍度以及交易风格,做好准备工作。股市不存在确切的事情,也不存在任何快速致富的策略。因此,我们推导出公理1:

你无法消除交易过程中的不确定性;只能学会如何处理它。

投资者往往不愿承认的现实是,不确定性是所有自由市场的基本前提,货物、服务、商品或证券买卖双方之间的价格发现,就是这样的。它不是预先确定的,因此,认为投资者能够决定与价格发现相关的未来市场和/或交易结果的确定性,这种想法毫无意义。投资者需要从本质上知道,不确定性始终是游戏的一部分,更为重要的是,通过不断地消除不确定性,未必会赢得游戏。在很多方面,不确定性创造出了市场机会;它仅仅是双向市场的本质。就股票价格随时间变化而言,如果每一名市场参与者都能够确定地知道自己持有特定股票的结果,那么买方如何能找到以低于已知价格并心甘情愿卖出的卖方呢?

因此,我们必须拥抱不确定性,是它为市场创造了机会。成功地利用这样的机会,需要我们掌握处理不确定性的技巧,把不确定性作为交易整体和投资过程的组成部分,而不是浪费宝贵的时间和精力去寻求必杀技。从定义角度而言,这种必杀技不可行,也无法消除不确定性。

追盘日心理

投资者如何处理不确定性,或如何对不确定性做出反应,相关范例可以在追盘日概念中看到。说到底,追盘日是一种简单的技术性方法(单靠经验或实践的方法)。工作原理如下:由于市场指标处于下跌趋势或熊市之中,因此它最终会试图找到一个低点,在这个短期低点之后,启动短期反弹,可能持续几个交易日。一旦市场出现反弹,脱离几个交易日的低点,保持在上升趋势中,第四个交易日或稍后,就有某个重要的市场指标反弹特定的百分比(百分比临界值),这就是追盘日。在例外情况下,追盘日可能出现在试图反弹的第三个交易日,但这种情况极为罕见。欧奈尔在记录中写道,每个牛市反弹都始于追盘日,但是并非每一个追盘日都会100%产生牛市反弹。

从统计角度看,实际情况是,大多数追盘日是失败的,2011年,该年的每个单独追盘日都失败了。图2.1显示出了2011年每一个单独追盘日,以及我们市场导向模型(Market Direction Model,MDM)全年买入和卖出信号。你能看到,尽管我们认为MDM是基于追盘日的改进,但是它并没有提供任何清晰的或高水平的可靠性。它只是一个方向性指示工具,没有必要让它提供更多信息。然而,我们受到很多在追盘日寻找机会的人们的批评,为了建立确认高概率追盘日的简单方法,又进行了严密的统计研究——对追盘日方程的二阶求导。我们甚至看到,一些研究报告声称追盘日根本不起作用,试图让有效指标追盘日名誉扫地。但是,在不确定性始终存在的背景下,最好的应对方法是理解追盘日何时是一个有效的工具,用以决定股市在什么时候由熊转牛。当与其他不确定性因素评估相结合时,诸如与追盘日相一致的潜在龙头股行为,追盘日就成为一个明显有用的投资指标。

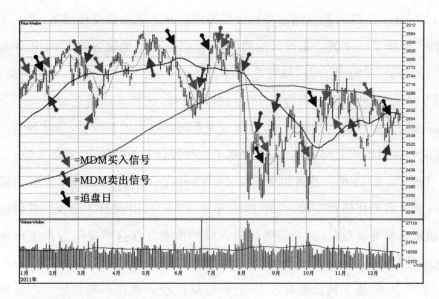

HGS 软件公司供图,版权 2012。

注:追盘日以及市场导向模型全年买入和卖出信号。

图 2.1　2011 年纳斯达克指数日线

在我们看来,预测"99.9％可靠的追盘日"纯属浪费时间和精力,这反映的是一种以严格确定性来处理市场问题的方式。利用历史统计分析,形成这种指标,面临着过度拟合数据的风险,在出现反常行为的背景下,它会变得毫无价值。市场的特征是,它总是在大部分时间内试图愚弄大部分投资者。

从实践角度看,一个简单的事实是,我们在 2011 年获得了双位数回报,当年没有一个成功的追盘日,这证明追盘日本身并不是一个关键性指标。它是一个条件性指标,投资者能够学习的最好的分析技术是,运用判断能力,理解与追盘日有效性或其他类方向性信号(包括口袋支点买入点和可买入上涨跳空缺口)相关的条件性影响因素。

显然,2011 年,如果遵循高概率追盘日,或者希望出现 99.9％的可靠追盘日,那么所有能够确认高概率追盘日的指标,都会告诉你不要进行任何交易。尽管缺少高概率追盘日,但仍然存在有利可图的趋势,其中一些趋势,单独存在追盘日。2001—2002 年,吉尔·莫拉雷斯重仓持有洛克希德马丁公司(Lockheed Martin,LMT),甚至当市场短线反弹,在 2002 年 1 月见顶回落,进入下跌趋势时,还赚了一笔钱。追盘日的简单指标,能够更好地解读在 2001 年 9 月的股市行情吗?2001 年 1 月,洛克希德马丁公司见顶回落,之后,市场熊市反弹,脱离 9 月低点,此后洛克希德马丁公司持续反弹,这和确认洛克希德马丁公司的龙头潜力,随后恰当处理头寸,有什么关系吗?我们的观点是,当然没有。投资者能够在市场中获得确定性,任何基于这种假设开展的研究,都将失败。

1996 年 3 月,龙头股诸如艾美加公司(Iomega Corp.),突破了完整的基部结构,而大盘仍在横盘整理,直到 1996 年 4 月 16 日,追盘日才出现。可以这么说,如果你静等追盘日,就会错失提前入局的机会。在这些龙头股产生单独的买入信号时,买入它们,你甚至会在追盘日出现前取得领先位置。

实践中,依靠工具会更有效率,它们能够让投资者在不断变化的市场条件中正确操作。纵观股市历史往往出现类似情况,但极少重复,实际上,我们发现,所有牛市和熊市都有自己的特殊背景,在某种意义上,20 世纪 90 年代的特征是,互联网的兴起,成为一项规模庞大的新范式和支持性技术;21 世纪初的特征是,残酷的熊市以及紧随"9·11"恐怖袭击的复苏;2008—2011 年期间的特征是,反金融工程现象的拉升效应,以及中央银行的量化宽松政策工具。仔细查看这些市场背景,就能够发现推动股价强势上涨的投资主题是在市场上长期赚钱的最重要因素,有时,还能够看到投资大众无法看到的信息。

洛克希德马丁:一个源自不确定性的机会

思考 2011 年 9 月洛克希德马丁案例。重要的是观察图 2.1 纳斯达克指数日线,初步了解当时整体市场的宏观背景。那时,股市进入了残酷熊市的第二年,又遭到"9·11"恐怖袭击,股市关闭一周后重新开盘,立即出现了大幅跳空下跌,在触及低点并稳定下来之前,接下来的 4 个交易日跳水式下跌。恐慌性抛售具有洗盘效果,为后来的熊市反弹奠定了基础。投资者或许认为,在 2001 年 9 月那段非同寻常的环境中,充满了不确定性风险,尤其是在未来数天或数周内,或许还会有其他恐怖袭击。但是,不确定性产生了机会,这也是投资者要拥抱不确定性的理由,作为市场的本质性因素,不确定性才会创造机会。

如图 2.2 所示,在 9 月中旬股市低点 8 天后,2001 年 10 月 3 日,纳斯达克指数筑底,出现了一个极为强势的追盘日。这个追盘日非常强势,买入量能大幅增加,推动纳斯达克指数当天大涨 5.93%。虽然股市产生了这个强势的追盘日,但是到 2002 年 1 月,市场反弹失去了动力,始于 2001 年 9 月低点的且让人满怀希望的反弹,最终沦为一次普通的熊市反弹。

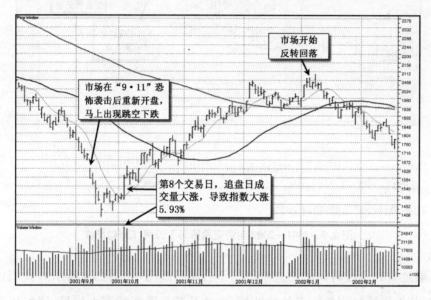

HGS 软件公司供图,版权 2012。

图 2.2　2001—2002 年"9·11"恐怖袭击后的纳斯达克指数日线

然而,还会有些本来可以赚大钱的股票。投资者发现这些机会,并不依赖于 10 月 3 日追盘日的强度,甚至也不依赖于其可靠性。基于图 2.2,我们知道,即使这种强势的 5.93% 追盘日大涨,也不能产生持续的牛市,在大盘走熊的背景下,只是一次熊市反弹而已,直到 2002 年 10 月,股市才完成筑底。但是,理解围绕这个追盘日的市场环境和条件,是充分利用短期熊市反弹的关键。"9·11"事件后,美国政府很明显进入备战状态,很多国防股出现跳空式上涨确认了这种状态,最著名的国防股洛克希德马丁公司(LMT)行情走势如图 2.3 所示。尽管股市在 2001 年 9 月中旬跳空下跌,持续走低(如图 2.2 所示),但是,洛克希德马丁公司就在 10 月 3 日市场追盘日之前出现跳空上涨,并持续走高。

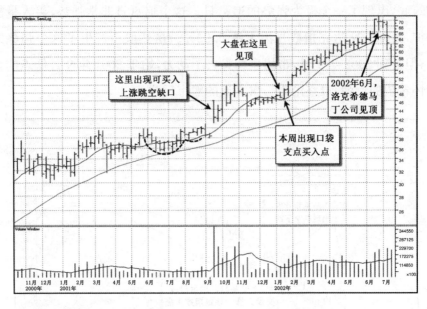

HGS 软件公司供图,版权 2012。

图 2.3　2001—2002 年洛克希德马丁公司(LMT)周线

通过研究那段时间的洛克希德马丁公司日线图(如图 2.4 所示),我们可以理解,其提供给精明投资者的独特机会,并且基于清晰的买入信号,诸如可买入上涨跳空缺口和口袋支点,能够确认这种机会。不管大盘指标如何波动,作为市场方向指标的追盘日,其可靠性会告诉我们,刚好要进入一轮牛市,投资者本来能够充分利用洛克希德马丁公司提供的机会。在洛克希德马丁公司的量价行为中,10 月 3 日大盘追盘日只能确认之前交易日中所见到的强势行为,并且,一旦市场与龙头股进入同步状态,洛克希德马丁公司也在其中,可参与性行情就开始了。

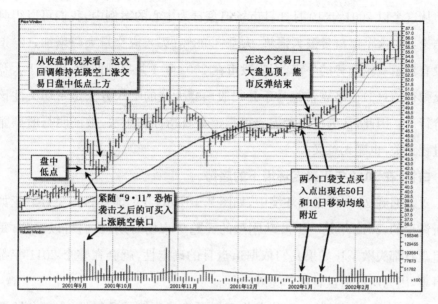

HGS 软件公司供图,版权 2012。

注:在这段混乱时期,基于股票行为而忽视大盘进行操作,是在洛克希德马丁公司上取得盈利的关键。

图 2.4   2001—2002 年洛克希德马丁公司(LMT)日线

9月中旬,市场重新开盘,迅速跳空下跌,洛克希德马丁公司出现反方向波动,产生可买入上涨跳空缺口,在接下来的几个交易日中,与股市的螺旋式下跌公然相反,收盘高于跳空上涨缺口当天盘中低点(如图 2.4 中所示),之后继续走高。这本身就是有利可图的上涨,该股自此持续上涨约 30%,之后,带巨量反转下跌,开始调整,构建新基部。

在 2001 年 10 月和 11 月,随着洛克希德马丁公司出现调整,波动幅度变得更小,开始追随 50 日移动均线(如图 2.4 所示),市场于 2002 年 1 月见顶,正当此时,洛克希德马丁公司在其周线图上沿着 10 周(50 日)移动均线形成了一个非常狭窄的基部。请注意,在 2002 年 1 月两个口袋支点买入点之间,大盘实际上已经见顶,落下了 2000—2002 年整体熊市的另一只脚。随着市场持续反转下跌,洛克希德马丁公司明显背离大盘,突破了这个狭窄的基部结构,在接下来的几个月内迅速上涨。

从这个以 2001 年 10 月 3 日市场追盘日为中心的案例中,我们可以得到如下结论:(1)这个追盘日极为强势,大涨 5.93%;买入成交量大幅增加,(2)追盘日没有预示一轮强势的牛市,因为股市在 2002 年 1 月出现回撤,仍属于大盘熊市反弹行情;(3)在洛克希德马丁公司股票赚大钱的唯一方法是密切关注该股量价行为。因此,认为投资者需要可靠追盘日指标的想法,被证明与股票赚钱的过程无关,也毫无意义。

白银:在 2011 年不确定环境下的趋势

重新回到 2011 年市场环境中,如图 2.1 所示,我们能够做得更好。正如我们所讨论的,2011 年是一个波动剧烈的无趋势市场时期,我们可以看到,每一个追盘日都失败了! 如果我们依据追盘日的确定性,就会在整个 2011 年都无所事事,因为所有追盘日都是无效信号。

但是,在 2011 年赚钱,意味着你理解了市场环境的独特性,大部分股票上涨由量化宽松或称为 QE 的现象所推动。我们认为,它就是传统的法定货币增加,并且我们知道,这种任意扩张的货币供给,只会使美元贬值,与此同时,其他国家的法定货币也开始增加。货币贬值只会导致一件事情:商品价格上涨,尤其是贵金属价格,它们被看作对冲货币贬值的可替代性货币。

QE 推动式市场最终会导致货币贬值,安硕白银信托(iShares Silver Trust,SLV)产生这种主题性机会,是迟早的事情,2011 年 2 月中旬,当它从基部盘整中浮出水面时,就出现在我们的视野中。2 月 17 日,安硕白银信托产生口袋支点买入点,开始迅速上涨(如图 2.5 所示),并且该上涨行情一直持续到抛物线式高潮顶部,我们逢高卖出,获取了巨额利润,假如我们利用宝硕超级白银(Proshare Ultra Silver,AGQ)ETF 作为驾驭该轮行情的工具,就会获得更多。宝硕超级白银是两倍杠杆 ETF,相当于白银波幅的两倍,这是参与白银价格行情的激进方法。投资这种头寸很简单,就像买入最初突破,并在一路上涨过程中在特殊点位加码一样,它不需要追盘日或其他与市场或盈利趋势的相关指标。

HGS 软件公司供图,版权 2012。

注:在这个动荡时期,仅依据 ETF 的量价行为操作,同时忽略大盘波动,是白银信托投资获利的关键。

图 2.5 2011 年安硕白银信托(SLV)日线

另外,参与 2011 年白银上涨行情意味着,在处理头寸过程中,严格根据量价规则操作。在上涨期间,出现很多相关消息,让你退出市场,包括大地震、海啸和日本核反应堆泄露事件,导致市场在 2011 年 3 月中旬跳空下跌。

欧奈尔式投资者往往存在一种追盘日心理,好像它就是赛马场的起跑门栅。铃声响起,门栅打开,所有马匹冲向赛道。投资者必须把资金投入股票,对吗?错。市场并不是赛马,尽管个股运行可能像赛马一样。追盘日只是方向性指标,表明一轮潜在的变化和/或一轮新上涨趋势的开端。追盘日本身不会产生有助于成功的确定性,但是,它说明了人们对确定性的心理需求,通常情况下,这是一种幻觉。投资者最好的做法是,在低风险/高回报买入点买入股票,根据其规则动态调整头寸规模,这或许能解释市场和龙头股的力量。过度强调对更好指标的需求,就无法理解最根本问题,持有股票是为了赚钱,投资者只会在事后才知道哪些指标有效。股市中存在确定性,这个前提存在缺陷,唯一真正的市场前提是,根本不存在这种绝对性。

关于追盘日,我们可以肯定地告诉你,我们赚到的丰厚回报,与追盘日强度无关,只是遵循规则,金字塔式加码盈利股,并抛出亏损股,并且在牛市或反弹中设法解决这些问题。实际上,如果投资者知道并接受不确定性,设计处理不确定性的策略,实现成功投资,那么追盘日的强度和可靠性与此无关。关键是能够判断当前市场条件,通过分析,抓住一些潜在的投资主题。投资者通过观察客观的市场量价行为确认潜在机会,基于相同的量价行为,执行清晰具体的买入、卖出和金字塔式加码规则。这会让你保持头脑清醒,有效地避免特定股票或相关证券诸如 ETF 整体趋势的外部影响,包括消息或事件影响。

公司盈利报告的不确定性

市场不确定性的主要方面是,上市公司基本面状态的不断变化。盈利报告是重要的信息,投资者可以将它与股价走势相结合,目的是理解所讨论公司的基本面是在改善还是在恶化,抑或是维持不变。通常情况下,随着市场发现特别好或特别坏的盈利报告,股价会迅速变化。

我们遇到的最常见问题是:"你如何处理那些公布盈利报告的股票?"从表面上看,问这个问题的人,正在寻找一些将确定性与盈利报告结合的方法,以避免随着盈利报告公布,股价突然出现跳空式下跌。与盈利相关的跳空下跌,对持有普通股的投资者来讲,可能是最为可怕的事情,然而他们不必如此。他们的确提供给我们优秀案例,即投资者如何处理与盈利相关的不确定性,以及如何处理与市场和股票投资过程相关的不确定性。首先,大多数投资者需要知道,对于自己持有的股票,并没有万无一失的方法,可以避免在盈利报告公布后出现可能的跳空下跌,这种盈利报告应该被市场视为负面因素。研究预定的盈利报告,你只能确定地知道下列信息:(1)该公司将公布超过、达到或未达到预期的盈利报告;(2)这可能被市场视为积极的、中性的或消极的信息;(3)对盈利报告支持度的市场看法,或许与(1)中的三种情况无关。换句话说,不管投资者能否高度准确地了解盈利报告,都不能决定市场如何对其做出反应。

公司盈利和基本面表现根据实时变化,保持一种波动的、不断发展的状态,懂得这一点有助于投资者理解,这只是不确定性的另一种影响因素,表现为需要解决的综合性投资问题。投资者可能只考虑风险和回报,提前做出决定,例如,他们不久基于利润情况提前买入一只股票,买入时间就在盈利报告公布之前,此外,还与该股票在整体价格波动中的头寸有关。

我们对上述问题的答案很简单,由于(1)盈利后价格波动的幅度以及(2)买入头寸占账户股本的比例,可以归结为衡量股价波动的内在风险。因此,投资者只需要知道,在糟糕的盈利报告公布后,在跳空下跌 10％股票中,持有 10％的头寸,将会导致整体投资组合出现 1％的损失。如果跳空下跌 20％,整体投资组合会付出 2％的代价,30％会付出 3％的代价,依此类推。如果持有 50％的头寸,该股票跳空下跌 10％,那么会给整体投资组合造成 5％的损失。在决定如何处理公布盈利报告的股票过程中,投资者只需要评估由于头寸规模而出现的各种情况,以及以百分比表示的可能遭受损失的数量。如果投资者已经在该股票中具有巨额利润空间,那么他或许愿意容忍整体投资组合 5％～10％的损失。如果投资者仅有 1％～2％的小幅利润空间,那么他或许不愿意容忍整体投资组合出现超过 2％～5％的损失。

是的,就是这么简单,但是,只有投资者识别出问题的本质时才会简单,包括在处理各种风险所带来的问题,例如,投资者在该头寸上仅有一点利润,评估他们愿意容忍多少整体风险,或者评估他们在上涨 50％或更多的股票上,愿意放弃多少利润。投资者浪费时间和精力,不断重复该投资过程,试图发现消除不确定性的方法,但是我们已经知道,这都是徒劳,不确定性绝不可能从市场中消失。一旦坚定地相信并接受这一点,随着部分问题的解决,你自然就会在投资时确定处理风险和不确定性的方法。

有舍才有得

大多数投资者错误地认为,成功交易和投资是尽可能成功操作的结果,称之为具有"高盈利—亏损比"。表面上看，这或许是正确的，但是，伯纳德·巴鲁克曾指出，就股市上赚钱而言，交易者或投资者的盈利—亏损比是最无意义的比率。

不要害怕在股市上犯错——允许自己存在犯错的机会。如果不允许自己犯错，坚持在所有时间内都操作正确，甚至当市场告诉你已经犯错时仍是如此，那么你可能无法存活到下一个交易日。当市场告诉你正在犯错时，请仔细倾听！就这一点而言，市场反馈很有价值，因为它在告诉你："快逃！这不是应该去的地方！"那就马上逃离吧。市场通过触及止损位的行为，告诉你在犯错，你要听从市场的声音，发出卖出多头头寸或平掉空头头寸的指令，这要根据具体情况而定。市场向你提供有价值的信息，会向你实时证明，你所做的决策中哪一个是错误的，哪一个是正确的。据此，公理 2 是：

有舍才有得。

投资者必须有舍才有得，相关案例出现在我们之前所投资的塞尔基因公司(Celgene, Inc. ,CELG)，2005 年年末，我们又重新在该股建仓(如图 2.6 所示)。当时，该股构建了一个基部，在很大程度上，其走势像一只真正的龙头股。2005 年 12 月 27 日，大盘放量下跌，产生了外部大反转，它跌破 50 日移动均线，这是在试探类似于塞尔基因公司这样龙头股的空头头寸。考虑到当天大盘的弱势情况，我们认为，塞尔基因公司可能会走低，或许跌向 200 日移动均线，进一步下跌到 26 美元附近。然而，就在第二天，该股巨量跳空上涨。对该上涨的确认信号非常强，我们允许自己犯错，把这种信息作为在该点位做多塞尔基因公司的依据，开始重仓该股。之后，在接下来的数月内，塞尔基因公司股价产生了很不错的涨幅。

在这个案例中，作为短暂成功卖空交易的初始投资行为，很快就被证明是错误的，就在第二个交易日，出现跳空上涨，证明了错误的程度，这是有价值的、本质性的信息。关键是理解，如何使有舍才有得规则发挥作用，以积极和有利可图的方法利用这个关键信息，反手做多。

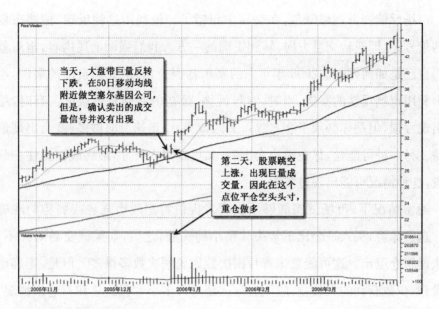

当天，大盘带巨量反转下跌。在50日移动均线附近做空塞尔基因公司，但是，确认卖出的成交量信号并没有出现

第二天，股票跳空上涨，出现巨量成交量，因此在这个点位平仓空头头寸，重仓做多

HGS 软件公司供图，版权 2012。

注：做空该股票产生一个信息反馈，这是一种错误做法，并促使投资者做出即时决定，逆转这种错误，并以更重的仓位做多塞尔基因公司。

图 2.6 2005 年塞尔基因公司（CELG）日线

通过这种方式，你能够迅速纠正错误交易，做出正确交易。作为一名传奇式的交易者，杰西·利维摩尔曾在描述 1907 年操作亚纳康达铜业（Anaconda Copper）时说道："我预计，当它突破 300 美元时，应该继续走高，可能会瞬间触及 340 美元……由于突破 300 美元，我买入该股票，是受到欲望的怂恿，它总是在强化并确认我的观察。"利维摩尔喜欢看到，股票和市场的行为真正反映交易中的这种感觉。这使得他的本能失效了，否则，当该股出现这种波动时，就应该建仓。利维摩尔更进一步描述了该交易：

亚纳康达铜业在 298 美元开盘，上涨到 302.75 美元，但是马上就开始回落。我做出决策，如果亚纳康达铜业重返 301 美元，这就是一个虚假波动。在一个合理的上涨过程中，股价本应该直接上涨到 310 美元。相反，如果它起作用了，就意味着先例击败了我，我的判断错了；在一个人犯错时，唯一可以做的就是，停止错误，回归正确。

市场反馈告诉利维摩尔,在交易中犯错了。他利用这种反馈,按照市场发出的信号,立即逆转交易方向,转到正确的一方。我们强调上述内容,重点就是我们自己是如何做的。2005 年年末的塞尔基因公司,是我们自己的案例,也是一个利用市场反馈的案例,当时,它告诉你,最初的判断是错误的。有时,尽管会出现亏损,但是你必须平仓,之后,买入该头寸,迅速反向做多,就会出现最佳交易。另一种可能是,你在被迫卖出后,又重新买入头寸,最终成功抓住一只大牛股,这种情况可能出现过多次。

通常情况下,市场试探能够给投资者提供特定股市强势或弱势的准确感觉。这意味着,买入一个比正常头寸稍小的头寸,之后,如果该交易对你不利,就快速斩仓退出。这可能意味着亏损次数比盈利次数多得多。但是,正确地照此操作,少数获利的大收益,应该会远远超过许多小亏损的总和。通常情况下,交易者从初始的亏损交易最终转化为盈利交易过程中最大的收获是从中获取的信息和知识——有舍才有得的本质。

对标签的需求是致命弱点

处理日常生活中遇到的实际问题时,标签是一种简便方法,但是从传统意义上讲,诸如"人不可貌相"或"外表是会骗人的",标签可能会误导你。在股市上,如果投资者懒于使用标签,不愿意关注细节,那么标签有时可能会是致命的。一个常见的投资者心理弱点是,根据简单的标签操作。当投资者只需要将圆钉放入圆孔、方钉放入方孔以及将三角钉放入三角孔时,在大脑中,标签是很容易的。但市场的现实是,圆孔实际上可能是椭圆形的孔,或者说方孔可能会变成三角形孔,甚至可能在直角三角形和等腰三角形之间来回变换,因此,你的钉子绝对不会完全适合。那些需要标签的投资者,可能会感到沮丧,实际上,市场和特定个股极少会显示出这种千篇一律的统一性。正如本章之前所写,历史会出现一定的规律,但不会简单重复,因此,投资者必须始终进行科学判断,理解市场条件因素,坚决抵制通过标签得到简单结论的想法。

使用标签的最大问题是,它们充斥在投资文献之中,这可能是因为,实际上有一些价值来源于标签的使用,并把它作为简单的启发性工具。但是,我们必须懂得,它们就是简单的经验法则。它们都有致命弱点,在某种意义上,在过度应用时,会导致思维混乱。从"扁平""上升""带柄杯子"图表基部标签,到"超卖""超买"或者已经波动得"太快太远"的市场环境标签,投资者被动地陷入标签陷阱。

投资者如何超越对标签的需求?投资者需要了解股票交易如何与大盘相互关联,以及关注内在的买入信号,诸如标准新高基部突破,尤其是,口袋支点和可买入上涨跳空缺口买入点。关注量价行为,无须标记为某类形态或其他简单经验法则。在2007年年末第一太阳能(FSLR)周线图(如图2.7所示)中,我们可以发现一个很好的例子。这种"带柄杯子"形态,是一个广泛流行的基部形态,可以描述为,"圆杯体"在右侧顶部带有短期横盘波动,整体形态类似一个带"柄"杯子,因此,这是一个描述性标签。然而,很多投资者把这种标签当作一种千篇一律的模板,他们想对比每一幅图表基部,来决定其适合度。但是,这忽视了许多其他因素,而评估股票行为中,那些因素更为重要。

很多投资者可能对2007年7—9月第一太阳能图表中的基部形态提出异议(如图2.7所示),因为它有近40%的深度,是一个参差不齐的V形,几乎无法称它为一个圆杯。如果我们傻乎乎地应用标签,那么我们可能认为,它更像一个带柄甜筒。但是,理解该形态中的背景因素,是决定它是不是一个完整基部形态的关键。2007年下半年,大盘非常不稳定,是这个参差不齐、39.3%深度V形第一太阳能杯体出现的背后原因。对那些知道如何使用这种技术工具的投资者来说,尽管该形态具有不稳定性,在这个甜筒基部中的口袋支点买入点买入仍然是可行的。

评估第一太阳能带柄甜筒形态及其产生持续上涨的潜力时,最重要的因素可能是相关板块股票的行为。2007年,恰好就在第一太阳能构建基部的同时,其他太阳能股票,诸如日能公司(Sunpower Lorp.,SPWR)、晶澳太阳能控股(JA Solar Holdings,JASO)和尚德太阳能控股(Suntech Power Holdings,

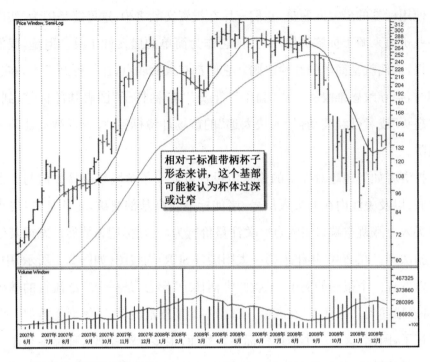

相对于标准带柄杯子形态来讲,这个基部可能被认为杯体过深或过窄

HGS 软件公司供图,版权 2012。

注:第一太阳能在 2007 年 7—9 月的带柄杯子基部不符合带柄杯子基部形态的标签要求,但是,为了正确地评估该形态,需要考虑其他背景性因素,诸如市场波动性以及在其他太阳能股票中出现的类似具有建设性的基部形态。

图 2.7 2007—2008 年第一太阳能公司(FSLR)周线

STP),都形成了具有建设性的基部,并且,一些股票,如日能公司,已经提前进入了强势上涨通道。我们可以看到极为强势的背景性因素,也就是,太阳能板块酝酿的波动,让板块中的每一只股票都形成了基部,这种普遍形成的建设性基部,预示了第一太阳能形态是成功的,因此,在评估第一太阳能的 V 形带柄甜筒形态的过程中,背景性因素更为重要。严格应用标签不是一种正确方法,因为一些最初看起来不完美的形态,实际上可能会变得非常强势——它们只是呈现出了不完美形态的外表,因为大盘的疲弱或波动性是一种不正常的状态,第一太阳能在 2007 年下半年的情况就是这样。了解背景性因素并且考虑关键信息,例如,在相同或相似板块中的其他股票可能出现的行为,必须对何时解释图表形态做出说明。标签能够让投资者快速、方便地了解经验法则,能够让你保持在正确的方向上,只有在这个意义上,它们才是有益的,但是,只有理解图表形态的基础条件和环境,才能进一步赋予标签形状和有效性。因此,我们提出公理3:

标签只是经验法则,不必过于执着。

价格偏见

投资者执着于他们为股票所付出的价格。这在那些偏爱低价股的投资者身上表现得尤为突出,因为他们从能够买入大量股票这个事实中找到安慰。这或许让其他人听起来印象深刻,例如,他们可以说,自己买入了 10 000 股股票,交易价格为 5 美元,而不是 100 股高质量龙头股,交易价格为 500 美元。或者说,他们无法摆脱消费者那样的思维逻辑,他们希望得到最低价格、便宜货或打折商品,呈现出最原始的消费观念。但是,价格本身与在市场上赚钱无关。相关的并且最为重要的是价格运行方向。因此,公理4是:

考虑的是价格趋势,而不是绝对价格。

当然,投资者表现出来的价格偏好,在日常生活中被强化,因为大多数常见投资智慧由财经媒体和专业学者传播。受买入并长线持有投资策略的影响,买入低价股票,始终被认为是一种更好的方法。

我们喜欢用 2004 年苹果公司(AAPL)的案例说明,价格偏好如何阻止投资者认识正在形成的机会,并阻止投资者根据机会操作。当股价创了新高时,价格可能看起来太高了,但是,这并不重要,因为在股价创了新高时,比如,启动新一轮价格上涨,实际上,几周或几个月后,它可能变得非常便宜。你在什么位置买入股票并不重要,重要的是,你在买入股票后,它会运行到什么位置——价格趋势。

2004 年夏末,苹果公司出现一些积极行为,这只大盘科技股通过热销新品 iPod 彻底改变了公司局面。它其实是个 mp3 播放器,在今天,这似乎很奇怪,它与所有 iPod 催生的产品——iPhone、iPad 和 iTV 相关。该股票形成一些具有建设性的盘整,但是价格上涨过程不太顺畅。在图 2.8 中,你可以看到,我们在 2004 年 6 月和 7 月初买入该股票的位置。当该股带巨量跳空下跌时,我们马上抛售了所有头寸。

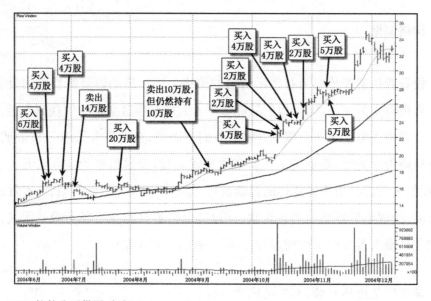

HGS 软件公司供图,版权 2012。
注:大量买入和卖出,出现在趋势最终被锁定之前。

图 2.8　2004 年苹果公司(AAPL)日线

但是,7 月末,我们买回 200 000 股,大约在一个月后,该股开始突破,并持续走高。9 月初,为了等待 10 月份公布盈利报告,我们卖出一半头寸,获利了结。10 月 14 日公布盈利报告,该股票出现带巨量的可买入上涨跳空缺口。由于股价上涨买入成交量持续放大,在接下来的几个交易日内,我们持续加仓。当时苹果公司股价很容易出现大幅波动,在 10 月 14 日出现第一个可买入上涨跳空缺口之后,每当试图抛售该股时,买盘就加速进场吸筹。

大多数投资者不会在如此高的价位果断买入苹果公司,尤其是他们减持价远低于该价格,就像我们在 7—9 月所做的那样。如果他们以 16 美元卖出,再以 24 美元买入,错误的消费者心态会使他们感觉自己上当受骗了。但是,苹果公司股价快速上涨,跳空上涨到了 24 美元,事实是,该价格实际上比更早的 16 美元便宜多了,因为 16 美元买入,在接下来的两个月,2004 年 7 月股价才回归到初始水平,相比这种情况,24 美元买入,在接下来的两个月,产生了多得多的利润。

2012 年,苹果公司股价是该价格水平的 20 倍,因此,从事后观察价格走势时,苹果公司早期阶段(即 2004 年 10 月)高企的价格,看起来非常便宜(如图 2.9 所示)。

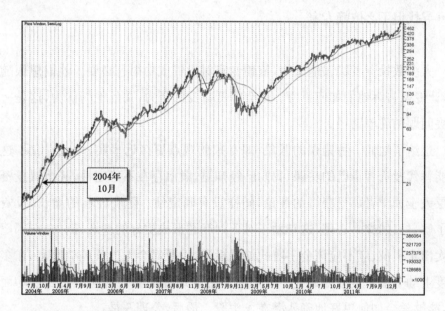

HGS 软件公司供图,版权 2012。

注:2012 年年初,苹果公司股价在 500 美元左右,2004 年年末苹果公司股价为 24 美元,看起来非常便宜。

图 2.9 2004—2012 年苹果公司(AAPL)周线

在苹果公司案例中,如果投资者在趋势开始时就抓住了它,并且在真实价格上涨之初,建立了较大的头寸,那么 2004 年 10 月在每股价格上几美元的差异,最终影响微乎其微。就在几个月前,我们卖出苹果公司,现在以高于当初卖出价 8

美元买入,这并不影响我们在 2004—2005 年在该股上赚到大钱。因此,当投资者买入某只股票时仅仅在 50 美分或 1 美元上吹毛求疵,这是微不足道的,例如,突破基部买入点,每股 42 美元,因为某些原因他们之前"没有看到它",所以现在必须支付 43.50 美元。他们错失了该点位,投资者买入突破基部的新龙头股,是恰好在买入点 42 美元,还是在更高价格 43 美元,这确实无关紧要。唯一重要的是,从买入该股票开始,它能否上涨到 90 美元,如果的确上涨到了 90 美元,那么 42 美元和 43 美元的买入价对最终利润的影响可以忽略不计。如果你想成为一名成功的交易者和投资者,就要摆脱这种价格偏见。

寻找但不必依赖专家

大多数投资者错误地认为,依赖专家对投资成功很有必要。他们想跟随专家,让专家告诉他们如何思考。这会降低自身的压力,并且他们认为,这是一条解决问题的简单路径。

这给了他们一种错误的假象,即专家的观点更接近事实。恰恰相反,这并不能替代投资者自己的功课,我们已经知道,股市存在不确定性,甚至从投资界上层人士和学者那里获得的评论,同样没有确定性。随着经验的增长,投资者会了解自己的交易心理,这有助于对下列问题形成更好的理解,例如,在哪里设定卖出止损位、应不应该金字塔式加码投资,以及对个人投资风险而言,在多大程度上的分散投资效果最好。人们通过更好地理解股票的基本面和技术面特征,能够学会如何更好地确认潜在龙头股。最后,公理 5 是:

万事不求人。

作为个体,每个人都有缺点,但是,要想在市场上取得成功,只能靠自己。随着时间的推移,你不断获得经验,转化为正确判断,你可以综合使用某些工具,但底线是,你必须亲自做功课,根据自己的交易计划操作。向其他人请教,人家如何处理交易或者特定交易日或交易周内的量价行为,这与你并不相关,

你应该知道,基于客观量价行为以及由此所产生的信号,自己要如何处理。如果买入股票的决定基于别人的想法,你就会越来越不顺利。

专家型投资者不是那些传播知识的人,那些人只会武断地对市场条件或环境做似是而非的解释,实际上,他们所说的,或许根本就不存在。专家型投资者是那些严格遵守投资方法的人,他们基于对市场的客观、实时观察,筛选并精选方法、规则和工具,形成特有的方法。这些才是你应该向专家学习的东西,而不是依赖于他们的观点或想法来指导你。

虚拟交易与真实交易

一种普遍的看法是,投资者和交易者要掌握交易技巧,首先应该采用虚拟交易。虚拟交易在很大程度上涉及理解初始交易的基本机制,构建风险管理系统,建立并管理一个投资组合,我们也同意这种看法。但虚拟交易的唯一问题是,它不会给你的心理施加任何压力。虚拟交易就是在纸面上的交易,不是在线的真实交易,交易的结果要么赚要么赔。对于新手交易者而言,不仅要学会处理盈利交易的兴奋情绪,以及由此产生的心理陷阱,还要承受亏损交易或者更为糟糕的交易所带来的心理后果,诸如沮丧、愤怒和失望。通常情况下,这意味着,交易者在自我发展过程中早期失败和长期成功的区别。因此,推导出公理6:

交易是内在性活动;单靠虚拟交易无法取得成功。

涉及交易和投资时,为了理解真实的任务,你必须经历并处理这些常见情绪。只有在处理真实交易而非虚拟交易时,投资者才能体会这种常见情绪,之后设计处理情绪的方法,使潜在负面影响最小化。如果你只是进行虚拟交易,就无法体会重要情绪,但是,当使用真金白银交易时,投资者能够了解情绪的作用:

(1)兴奋导致潜在的草率交易、过度自我和/或过度溺爱奢侈品。随着交易账户增值,投资者可能承担越来越大的风险,买入过大的头寸或过度使用杠杆交易。自负会产生一种不会受到伤害的感觉,通常情况下,市场最终会让投资者大吃一惊。通常,在市场上赚钱购买奢侈品,是一种心理陷阱。投资者往往在错误的时间做出错误的交易,尤其是你的交易是为了买入第二套度假屋或高级轿车时,情绪会过度掺杂进来。

(2)沮丧导致过早地认输。回溯 1998 年 10 月,大量交易者决定止损交易,在充满危机的交易深水区仅保留一线生机,就在这时,市场启动了史上最强势的反弹。那些保持警惕和关注的投资者获利丰厚。而那些止损的投资者,眼看着市场飙升到更高点位。通常情况下,这些交易者会产生"无为"的心理陷阱,就像车灯照射下的麋鹿一样,眼看着自己最喜欢的股票突破,翻倍,翻三倍,等等。

(3)愤怒导致投资者试图在亏损股票上回本。有时,这会导致投资者逢低加码,认为只要通过以便宜的价格买入,就会挽回之前的亏损。一些投资者希望赚回亏损的资金,因此,他们会在同一只股票上买入更大头寸,他们认为,该股票能让自己挽回损失。

(4)失望导致不会买回股票,因为之前你在这只股票上止损出局。这种短期偏见,可能会导致你错失大牛股。有时,股票将你震仓出局,但是,如果它产生一个新的买入点,你就应该交易,前提是该股票和大盘仍然健康。1995 年,埃德·塞柯塔(Ed Seykota)通过咖啡交易赚取了巨额财富,但是,在咖啡交易中大有斩获之前,已经承受 5 次小幅亏损。他评论说,正是这项交易让他成为世界上顶尖的交易员之一,因为大多数交易者会在 3 次亏损之后就止损了。

开始学习交易的最佳方法是,以少量资金启动交易,比如说,你初始资金的10%,自此开始,按照自己的方式操作。坚持自我认知,当情绪出现时,能够确认情绪,在某些情况下,问题会自动显现出来!

意识和准备

对一名交易者来说,重要的是自我认知。有时,你的思维表现就像一个哀号的女妖,把你的头脑搞得一团糟,各种思想混淆、扭曲并重叠。

这产生公理 7：

培养对自己情绪的实时认知,提前制定交易计划,消除情绪干扰。

交易日志是一种理清情绪的有效方法。涉及持有头寸或大盘的表现,当你的情绪出现时,记录下各种情绪的状态。可能一个新闻标题是令人担忧的,会触发你的恐惧。或者,可能股票跳空上涨,让你兴奋。抑或股票在一夜之间被腰斩,让你认为,该股太过便宜而惜售,并且希望至少减少一些亏损。记录你买入特定股票的理由,以及你对该交易的预期,甚至是希望。哪些因素对你买入该股票产生影响？是否有一个特定主题？想法源于何处？通常情况下,事后进行检查时,这些都会非常有趣,因为你知道了,自己着手该交易有多大的现实性,源于你的思考过程中,产生什么样的最好和最坏的想法,以及在你过度自信时,是否会经常超买。你或许会发现,自己不太自信的交易,或许会产生很好的结果,而自己极其自信的交易,所产生的结果并不如预期。这是证明自己的最好方法之一,你的想法并不重要,通常情况下,它会妨碍你利用潜在的可能性。

还应该追踪自我的表现。这与人类天性是完全一致的,例如,人们喜欢吹嘘自己,用 11 美元买入了像应美盛公司(Invensense,INVN)这样的股票,并且迅速上涨到了 19 美元(如图 2.10 所示)。捕捉到类似的上涨,可能会在你大脑中产生一股内啡肽流。这种情况会使你感觉良好,并产生想与他人分享的兴奋之情。与他人分享,可能需要吹嘘,或者只是浪费精力谈论自己的股票。如果曾经的交易产生了丰厚、快速的利润,你就会知道,我们在谈论什么。我们可能会因表面上的标签而兴奋不已,从而产生一定的心智能量。作为人类,这种反应是正常的。

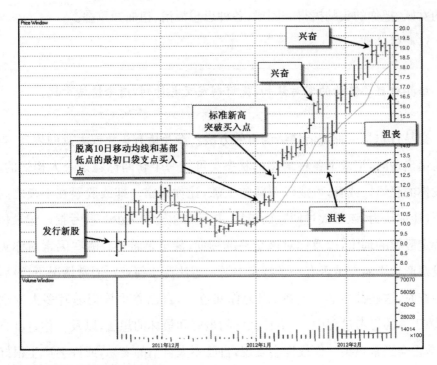

HGS 软件公司供图,版权 2012。

注:尽管出现强势价格上涨,但该股没有像其他股票一样在上涨趋势中产生回调。投资者经历了与图表波动一致的极端情绪后,可能会迷失方向。

图 2.10　2012 年应美盛公司(INVN)日线

2012 年 1 月初,我们在自己的投资网站 www. selfishInvesting. com 上发布报告称,最近上市的新股应美盛公司(INVN)正显示出潜在龙头股的第一个信号,当时,该股票产生了一个强势的口袋支点买入点。三天后,它突破到新高,以戏剧性的方式持续走高,而波动区间在正常范围,甚至比正常范围还要小。这里的关键是,交易者在 2012 年 1 月初买入,恰好该股出现口袋支点上涨,突破了第一个基部形态,这种情况会让投资者马上获得 50%～60% 的回报。然而,正如杰西·利维摩尔的观点,每次价格上涨都会有自己的回调方式。把股价趋势看作一系列简单的价格波动,其特征是作用与反作用,再次作用与反作用,最终,价格趋势的特征显示为,当股票最终见顶反转下跌时,反作用低于正常状态。2012 年年初应美盛公司是一只交投清淡的小盘新股,相对于正常的大盘股而言,可能会出现更大的波动,投资者要调整自己心态,期望股票产生如此快速的上涨,必然会产生正常的反作用,其大小和波动是相似的。

为自己的潜在价格波动做准备的过程中,一项有效的训练是,打印一张你当前持有股票的图表,之后,在图表上画出价格的波动情况。在不同情况下,问一下自己,如何对这种波动做出反应。了解图表中各种有效支撑位,思考自己如何处理在这些支撑区域出现的逻辑性回调。正如我们所说的那样,成功交易者或许受到幸运女神的眷顾,但他们能够抓住有利的价格波动,是充分准备的结果。这种准备会适应你的心理,基于该股票在其趋势中的位置,以及与之相关的支撑和阻力位,判断价格波动可能会出现什么情况。

研究所持股票的状况,制定自己对这种状况如何反应的行动计划,让它们成为现实,这有助于消除或至少缓减交易伴生的情绪——通常情况下是实时出现的情绪。这里的想法类似于消防演习或灾难应变演习,所有参与者和应急反应小组都会演练,如果未知事件出现,那么他们会做些什么。人们通过准备和彻底想清楚对未知事件的反应,就可以避免混乱。对股市来讲,该规则同样适用,因为知道自己如何提前反应,并在平静状态下为反应做出计划,当你需要实时制定关键的交易决策时,就会产生一个对该过程的目标意识。

我们看到,随着应美盛公司在趋势中上涨和下跌,该股票价格的快速波动,或许会产生像兴奋和沮丧这样的情绪。不要盲目接受这些情绪所产生的能量,要知道情绪只是情绪——仅此而已。当你感觉到情绪时,一个简单的练习是,只把在交易中产生的情绪看作身体里出现的一束光。要允许自己完全感受这种源自身体内的情绪能量。把这束光看成闪烁的、发光的球体能量,包围并流过你的身体。之后,想象这种能量集中通过你"第三只眼"——棱镜,穿过点就在两只眼睛的正中靠上部位。把它看成强激光,投影到你的工作区,无论是你的电脑显示屏、图表,还是在研究股票时所关注的内容,都可以。

投资者还能够通过其他有效的形式冥想,因为它具有缓解情绪、减轻压力并产生创造性思想流的作用。在一次巨大盈利交易后感觉到兴奋狂喜,甚至是在一次糟糕交易后感到愤怒,在这个时候,你的底线是,通过冥想和可视化,积极地把它转化到市场工作中。否则,如果允许这种能量像静电一样散布,那么可能产生破坏性结果。获得情绪的原始能量,学会引导和排解它们,有助于高效地限制其负面影响,提高你对手头工作的注意力。

小结:认清自己

据说,股票市场在很多方面就像一面镜子,你在里面可以看到自己。它可以显示我们的缺点和劣势。一般情况下,从心理角度看,大多数投资者并不适合成为投资者,因为他们往往拒绝观看镜子显示出来的情况。我们认识到,在面对自己的劣势时,心理防御机制是人类的常见反应,这时,我们必须把市场看成一面镜子。我们愿意深入地观看镜子,研究它捕捉到的心理影像。

不断地问自己,向你显示的是什么,以及要在多大程度上倾听其反馈。心理混乱的形式有恐惧、偏见、担心等,在你的心里会产生哪种混乱,并且妨碍你做出清晰果断的决策?我们所有人都存在某种形式的心理混乱,在某种程度上,我们在本章尝试着对最常见的心理混乱进行了分类。交易者必须知道,自己投资成功的最大障碍不是市场,不是做市商,不是掌握内部消息的资金,也不是月亮和星星的位置,我们知道,有些人十分反对这种看法!投资成功的最大障碍是你本人,提前道歉,我们引用了令人尊敬的沃尔特·凯利(Walt Kelly)在其经典连载漫画《弹簧单高跷》(Pogo)中的名句,推导出公理8:

我们遇到了敌人,就是我们自己。

然而,该公理体现的思想是,你也是自己投资成功的最大促成者。当谈到如何进行股市投资时,了解自己以及心理,你就已经赢得战斗的一半。请记住,你是独一无二的。尽管作为人类,我们所有人在本质上都是相似的,但是我们都会通过心理镜子来观察世界,我们以自己独特的方式产生最终的感知。不要再假设市场上存在着可以让投资者应用并对每一位投资者都有效的万全之策或相同方法。除非你的操作方式与情绪偏好、心理状态保持一致,否则,你会迫

使自己进入无法处理的困局,这往往导致或加重错误。

　　下一章,我们自己照一下镜子,对我们在 2011 年共同管理的一个账户交易进行事后剖析。在该过程中,你会看到,我们如何使用镜子或市场进行事后分析,以确认自己的劣势以及造成的损失。

第三章

2011 年:新千年事后分析

事后分析是交易者强化训练的一个关键方面,真正了解投资者制定决策过程的唯一方法就是事后研究,即完整客观分析已发生的情况及其原因。辞典对事后分析(Postmortem)有两种解释:(1)检查死尸来确认死因。(2)事件发生后的事件分析。[①]

显然,我们最感兴趣的是第二个定义,尽管在某些市场环境下,对于那些在错误方向上徘徊太久太远的投资者和交易者来说,第一个定义也同样适用。当然,我们事后分析的关键点在于,当投资结果低于预期时,要知道我们做错了什么,相反情况是,当投资结果相当理想时,要知道我们做对了什么,其初衷是训练我们的投资技巧,使投资行为产生更少前者情况,更多后者情况。

在本章中,我们对 2011 年的事后分析,是为了让我们知道,在现实中如何处理事后分析。我们希望通过这种方式,指导读者如何进行类似分析。

在我们的第一本书中,讨论了大量在 20 世纪 90 年代及 21 世纪初的成功投资,当时我们在欧奈尔公司就职,到 2012 年,那已经是很久之前的事情了。

---

① 韦氏在线词典:http://www.merriam-webster.com。

此外，我们习惯性地认为，这种波动不定、无趋势的市场，似乎是 21 世纪市场的特征，与我们在 20 世纪 90 年代所经历的情况相比，既有定性的区别也有定量的区别，当时，市场经历了一轮典型的抛物线式上涨趋势，2000 年 3 月，达到网络泡沫高潮（如图 3.1 所示）。非常坦率地说，20 世纪 90 年代是趋势跟踪者的理想市场，而 21 世纪，在很大程度上股市已经是无趋势状态，在整体横盘波动过程中会突然出现波动不定的上涨和下跌趋势或机会窗口。就机会窗口而言，在 20 世纪 90 年代，它们打开得很大，持续期很长，然而，在 21 世纪，机会窗口由很多较小的机会窗口组成，其打开程度和级别变幻不定。换句话说，窗口打开得不如 20 世纪 90 年代那么大。

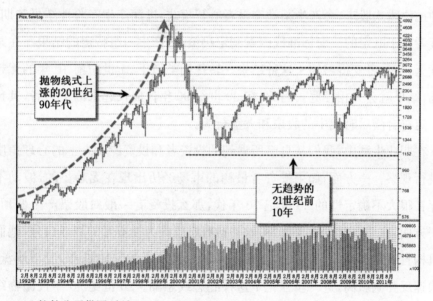

HGS 软件公司供图，版权 2012。

注：抛物线式上涨的 20 世纪 90 年代是趋势跟踪者的理想市场，接下来是无趋势的 21 世纪。

图 3.1 1990—2010 年纳斯达克指数月线

但是，每个市场都有机会窗口，精明的投资者必须能够识别这种机会窗口在何时打开，并且根据窗口打开的程度调整投资方法，无论是头寸规模、风险管理、交易技巧的形式，还是股票选择的形式均是如此。图 3.1 包括了两段主要的市场时期,也与我们的投资生涯相一致,很明显,纳斯达克指数月线图存在双重性,在 2000 年,市场转换了角色,由 20 世纪 90 年代相对友好的、一致的加速上涨趋势,转变成了一致性较差的趋势,这对于趋势跟踪者来说,存在非常大的差异。

20 世纪 90 年代前期,我们开始在股市中交易,在这个始于 1981 年的长牛市中,出现了加速上涨趋势。在某种程度上,我们在 20 世纪 90 年代这样的完美抛物线式趋势市场中成长壮大,但也带来了某些问题,要想在随后的无趋势市场中幸存下来,就必须克服困难并解决这些问题。

基于特定标准做出决策,通常会导致特定结果,例如,投资 20 世纪 90 年代那种抛物线式股市,会产生某类交易者心智模式,进而产生经验性结果和期望。投资者基于既定的一套标准或因素制定决策,将产生一组特定的结果。在某种程度上,交易者变得习惯于这种结果。转化到类似于 21 世纪前 10 年的无趋势市场,结果就会大相径庭。因此,在 20 世纪 90 年代成长起来的交易者,其预期不一定符合随后时代中的股票和大盘行为。

在职业生涯中,我们从自己所遇到的投资者和投资专业人士的心理角度对此进行观察。一方面,如果投资者最初的市场经历出现在无趋势的、波动不定且存在很大不确定性的 20 世纪 70 年代,那么投资者一般对股票产生低预期。另一方面,在 20 世纪 80 年代,买入并持有思想成为投资者的战斗口号,他们围绕机构青睐的漂亮 50 龙头股,在市场回调时逢低吸纳。1987 年,股市崩盘,随后快速反弹到新高,进一步强化了这种心态或思潮。20 世纪 90 年代抛物线式上涨出现的条件是,那些首次经历股市的交易者和投资者,在此期间入市,对既定的市场标准展现出不同的预期。这毫不奇怪,一个市场周期可能出现与另一个市场周期非常大的差异。

我们记得一名特殊的投资专业人士,到 1999 年,他从业已经超过 20 年。他告诉我们,他在股市的时间太长了,以致无法充分利用 1998 年年末到 2000 年年初网络时代股市抛物线式上涨的机会,因为他不习惯于思考这种上涨的可能性。考虑到我们在 20 世纪 90 年代早期开始了自己的交易职业生涯,20 世纪

90 年代末期,看起来像一个逻辑上的终点,幸亏当时有一名导师,让我们"保持正确的方向",正如欧奈尔喜欢说的那样,我们在某种程度上能够以正确的眼光看待事物。

我们认识很多在 1999 年开始职业生涯的投资者。他们认为,股市派对会永远持续下去。20 世纪 90 年代末期,泡沫市场已经被注入了某些预期:快速成功,巨大成功。2000 年,他们无法看到股市的任何升势,被扫地出门了。毕竟,这是一个新时代,熊市已经是过去时了,世界重心脱离了传统的实体经济范式。当时,流行的投资业广告口号是"时代不同了"。遗憾的是,除了投资者的预期,时代并没有什么不同,而这种预期到 2000 年年初已经变得非常不现实。

我们花了大量时间研究和开展交易的事后分析,以及事件和趋势——无论是经济的、政治的、货币的、军事的,还是消费者天性的,了解它们是如何产生的,在股市技术行为中是如何完成的。整体事后分析的一个主要结论是,交易者必须坚持心理上的自我意识,涉及交易者对自己预期的理解,要么市场环境容纳这种预期,要么是产生失望情绪,无论这种情绪源自预期过高,还是预期过低。

回顾 2011 年交易记录

在 21 世纪的宏观环境中,2011 年清晰地表现为一种特殊的无趋势环境,表现出对这种市场环境的典型背离。图 3.2 显示了纳斯达克指数日线为期 1 年(从 2011 年年初到年底)的走势,你可以清楚地看到,市场最终并没有远离 2011 年年初的位置。然而,其间发生的情况,类似于转动的虚拟洗衣机,在每次只能持续几个交易日到两三周的趋势中,市场来回地突然变换方向。8 月初的快速突破后,洗衣机效应更加恶化,市场短期呈锯齿式趋势,持续期只有几个交易日,并且开盘跳空上涨/跳空下跌已经司空见惯。

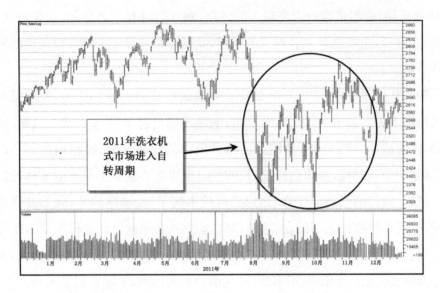

2011年洗衣机式市场进入自转周期

HGS 软件公司供图,版权 2012。

注:2011 年对于大盘来讲是一个无趋势的年份,在某种程度上,这可以掩饰极端的短线波动。

图 3.2　2011 年纳斯达克指数日线

在 2011 年无趋势环境中,我们表现优异,但是,我们有时也会遇到挫折。不为这些挫折而沮丧的关键是,持续关注只遵循我们交易规则的策略,懂得它们最终会让我们投资于可行的、有利可图的趋势。在本章中,我们快速浏览 2011 年上半年的交易事后分析。通过流畅地切换交易规则,并结合一点创造性思考,坚持纪律,努力克服 2011 年环境中的困难,我们就可以获得很多人无法企及的成功。

利用带图表标注的电子表格分析

为了在既定时间段内实施事后分析,投资者首要必备工具是在所讨论时期内的交易记录。你要么在电子表格中保留活跃的交易记录,随着实时交易开展持续更新,或者可以收集所有的账户交易,确认及汇总信息,并对所有交易略加变通,转化到电子表格或类似分析软件中。实践经验表明,制作一张实时电子表格是最简单的方法。该表格详细标明了交易日期;是买入、卖出、卖空还是回补;交易证券代码;交易证券名称;交易执行价格;交易金额;以及如果退出初始仓位,则该交易所产生的盈利或损失(例如,卖出多头头寸或回补空头头寸)。下面是一个电子表格的例子,通常被称为交易记事本(如图 3.3 所示)。

名称	代码	交易日期	买入价(美元)	股票数量	金额(美元)	交易日期	卖出价	股票数量	金额(美元)	盈利或损失(美元)
Apple Computer	AAPL	10/14/2004	43.6171	20,000	872,342.00	4/14/2005	38.0204	40,000	1,520,816.00	648474.00
Apple Computer	AAPL	10/15/2004	44.6388	10,000	446,388.00	4/14/2005	38.0204	20,000	760,408.00	314020.00
Research in Motion	RIMM	10/15/2004	81.6833	10,000	816,833.00	11/3/2004	87.2984	10,000	872,984.00	56151.00
Apple Computer	AAPL	10/18/2004	45.0000	10,000	450,000.00	4/14/2005	38.0204	20,000	760,408.00	310408.00
Google, Inc.	GOOG	10/18/2004	141.6742	10,000	1,416,742.00	2/25/2005	187.0981	10,000	1,870,981.00	454239.00
Research in Motion	RIMM	10/18/2004	85.3842	10,000	853,842.00	11/3/2004	87.2984	10,000	872,984.00	19142.00
K-Mart Holdings Corp.	KMRT	10/18/2004	90.5344	10,000	905,344.00	11/17/2004	116.4840	10,000	1,164,840.00	259496.00
Apple Computer	AAPL	10/19/2004	48.0316	10,000	480,316.00	4/14/2005	38.0204	20,000	760,408.00	280092.00
Marvell Technology Group	MRVL	10/19/2004	29.4992	20,000	589,984.00	10/25/2004	27.0256	20,000	540,512.00	-49472.00

图 3.3 作者收集的交易记事本电子表格示例

如果投资者熟悉如何使用电子表格软件,那么在各列之间自动计算是很简单的事情,例如,用价格乘以买入或卖出股票的数量,得到买卖金额,或第二个金额减去第一个金额,得到盈利或损失。投资者还能够输入当天任何交易的账面价值,相对简单地计算出分配给每次交易的资金比例。

记录这样的交易记事本,使得以各种方法对数据进行分类,成为一件简单的事情,诸如以单个证券名称或代码以及盈利/损失大小分类。观摩交易记事本电子表格,可以迅速确认最大的盈利或损失出现在什么地方,例如,哪些可行、哪些不可行。投资者可以迅速地观察到,哪只股票交投最活跃,在出清头寸之前以金字塔式加码策略投入资金最多。

浏览电子表格,投资者能够看到,是否存在快速震仓、过早出局的情况。一些卖出的股票,本来可以上涨得更高,并且通过观察这种情况,投资者还能够调整卖出策略,减少这种错误。

三次挥棒,三次击球

尽管就该账户而言,2011 年是增值颇丰的一年,但该年首次交易 F5 网络公司(F5 Networks,FFIV)是一个糟糕的开端(如图 3.4 所示)。我们买入该股票的理由是:(1)三个交易日前,该股出现口袋支点买入点;(2)该股计划在几个交易日内公布盈利报告,并且其历史趋势是,在盈利报告公布当天出现跳空上

HGS 软件公司供图,版权 2012。

图 3.4　2011 年 F5 网络公司(FFIV)日线

涨。我们错误地把该股票即将公布盈利报告行为作为看多信号,当时,我们在图 3.4 中 B1 位置建立了初始仓位。

我们最初所犯的一个错误是,在口袋支点买入点后三个交易日全仓买入,此时有点儿晚了。就在买入第二天,我们卖出一半的仓位,因为我们觉得,对于这只特殊的股票来讲,全仓是过于激进了,并且处于正确口袋支点买入点略微不稳健的价格水平上。在几个交易日内公布盈利报告,其他几只云计算股票在 2010 年年末都出现了困境,我们怀疑另一只靴子是否会落地。结果表明,卖出半仓是一种明智的做法,因为盈利报告一经公布,F5 网络公司放巨量跳空下跌。因为股价触及了止损点,所以我们毫不迟疑地在开盘时立即抛售了另一半仓位。

我们多次在个股上进行快进快出交易。2011 年 2 月 2 日,我们在图 3.5 中 B1 点买入乐威公司(Rovi Corporation,ROVI)。实际上,乐威公司可以看作奈飞公司(NFLX)的姐妹股,在这段特殊的市场时期,它是其中一只龙头股,直到 2011 年 7 月,该股持续处于强势上涨趋势之中。在线流媒体电影是奈飞公司

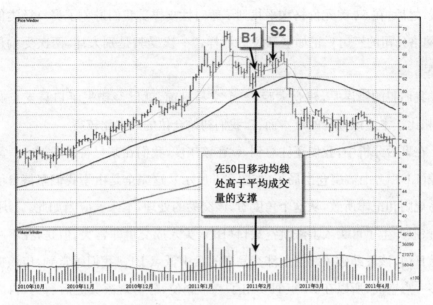

图 3.5 2011 年乐威公司（ROVI）日线

的新兴业务，而乐威公司通过在线指南提供一种汇总流媒体电影、音乐、书籍、甚至视频游戏的服务。得益于高速互联网技术，乐威公司适应了这种即时可用的内容扩展需求。

当该股脱离 50 日移动均线，寻找到高于平均量能支撑时，我们买入。在整个上升趋势中，乐威公司呈现出维持 50 日或 10 周移动均线的强势趋势，该趋势始于 2010 年 9 月，当该股票回调到 50 日/10 周移动均线时，与之相配合的成交量不断增加，我们把这种回调看作具有建设性的行为。另外，考虑到使用 50 日移动均线背离作为卖出信号，因此，我们觉得风险具有可控性。由于乐威公司是一只龙头股，因此这种情况值得尝试，尽管投资者可能对该位置价格的一路上扬持有不同意见。自我们的买入价开始，该股继续略微走高，但我们不喜欢的实际情况是，该股呈现出一点楔形走势，换句话说，价格上涨时，成交量清淡且低于平均成交量，我们把这种情况看作不稳健行为。因此，在 S2 点，我们抛售了全部初始头寸，这证明是一项聪明的决策，因为大约在一周后，该公司公布盈利报告，盈利出现断崖式下跌，致使股价迅速下跌 22.9％，跌穿 50 日移动均线,之后,在51美元价格水平找到了暂时性支撑。我们避免了另一场类似于F5网络公司的经历!正如老话说的那样,"一次受骗是别人坏,两次受骗是自己傻"。

我们犯的错误是,建仓太晚,三个交易日前,就已经错失了口袋支点买入点,相比于本应该拥有的成本而言,我们初始仓位的成本比较高。

在事后分析中,我们还注意到,就在该年度,我们在某只特殊股票——露露柠檬(LULU)中被震仓出局了(如图3.6所示),这完全是由于我们坚持自己的交易规则和纪律所致,从这个角度看,该交易的处理,本来就应当如此。1月11日,该股产生了可买入上涨跳空缺口(B1),买入成交量非常大,但是,在下一个交易日内,该股跌破了跳空上涨交易日的盘中低点B1。我们感觉到,应该提供更多一点空间,所以在S1点只卖出了一半仓位,静待观察其之后行为,再决定如何处理剩余仓位。在跳空上涨之后第二个交易日该股波幅较小,这时,我们决定买回在S1点卖出的仓位。三个交易日后,该股出现更大幅度的下跌,无法维持5天前的跳空上涨缺口,在S2点跌破了10日移动均线,依据我们的交易规则,卖出了该股票。

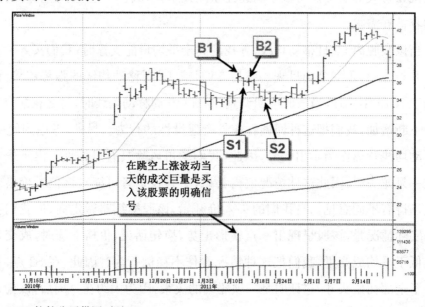

HGS软件公司供图,版权2012。

图3.6　2011年露露柠檬(LULU)日线

正常情况下,在可买入上涨跳空缺口交易日,投资者会用跳空上涨缺口交易日盘中低点 B1 作为止损点。我们决定用 10 日移动均线背离作为卖出信号。我们之所以愿意给予这只股票价格上的灵活性,是因为:(1)它之前在 2010 年 12 月的跳空上涨,显示出了雄厚的技术性上涨力量;(2)在这个特殊的市场周期内,它是一只具有强劲基本面的龙头股。

如果展开露露柠檬 2011 年的后续走势图,我们就能够看到,该股甚至呈现出了当年最佳表现股的走势特征。大约在我们卖出两周后,它迅速出现了口袋支点买入点,之后上涨约 13%,之后,恰好回调到我们最初的买入点,沿 50 日移动均线找到支撑。在沿 50 日移动均线波动几周后,该股产生了另一个口袋支点买入点,突破了步步为营形态。随着股价走高,产生了不错的回报,但是,所有这些最终都化为泡影,露露柠檬股价不断走低,在 6 月初,跌破了 50 日移动均线,产生了一个技术性卖出信号。但是,在三周时间内,露露柠檬重新拉回到 50 日移动均线上方,随后突破到新高,产生了另一个技术性买入信号。这在该股票图表中形成了不错的运行走势,但是,该股票再次逐渐走弱,最终一路下跌到之前突破时的买入点,跌破 52 美元。露露柠檬这个例子证明,在 2011 年,即使是龙头股,随着它们持续走高,也很难维持上涨趋势。

通过事后分析,我们意识到,在 F5 网络公司、乐威公司和露露柠檬这三个例子中,我们都积极建仓,尤其是 F5 网络公司和乐威公司。我们买入露露柠檬的策略正确,根据我们处理可买入上涨跳空缺口的规则,在图 3.7 中 B1 点进行露露柠檬交易,但是,从我们在 B1、S1 和 B2 点优柔寡断的交易中,你能够看到,在开始的时候,我们就有一点不确定。除此之外,我们本来在口袋支点买入点出现时,可以再次买入露露柠檬,图 3.7 中 S2 点之后一周多,出现了买入点,但是我们忽视了该信号,只是因为有点"一朝被蛇咬,十年怕井绳"的心理。

整体而言,F5 网络公司、乐威公司和露露柠檬交易形态表现出一种积极的态势,但这种态势没有得到 2011 年市场环境的配合,投资者可能会说,我们仍然渴望 20 世纪 90 年代末的那些日子,当时像这样的形态极其有效!我们的结论是,要想在 2011 年赚钱,就需要退出并等待出现正确的机会,如果根据我们

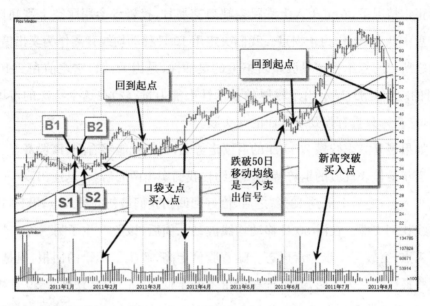

图 3.7　2011 年露露柠檬（LULU）日线

寻找快速上涨股票的旧标准，那么不一定会交易，因为在 2011 年，即使是最好的股票，比如露露柠檬，也只有非常不稳定的上升趋势。我们需要让事情更加顺畅、更加清晰，然而我们并不知道，在一两周内就可以找到这样的机会。

机会窗口出现一线光明

作为 2011 年的失败交易，F5 网络公司、乐威公司和露露柠檬呈现出我们面临的种种困难，但是，我们最终抓住了 2011 年唯一真正明且有利可图的趋势，它不是个股趋势，而是大宗商品趋势，具体来说是贵金属趋势，更具体地说，就是白银。早在 2000 年，我们就建立了贵金属长线头寸，但是，作为强势交易工具，直到 2009 年，我们才对贵金属产生兴趣，当时，我们在测试性投资组合中，首次参与 SPDR 黄金信托 ETF（GLD），获得了 55% 的收益，在 2009 年 6 月—2010 年 6 月，使用真金白银交易。到 2010 年 9 月，我们首次对白银产生了兴趣，因为它在 30 年内第一次向上突破了 20 美元。

2010 年 9 月 23 日，吉尔·莫拉雷斯在福克斯财经新闻中露面，讨论我们在白银突破 20 美元，达到 30 年新高时，所持的看多买入观点，毫不奇怪的是，这个观点被福克斯财经新闻主持人引用，作为对白银持怀疑态度的一个理由！当然，对大多数投资者而言，白银价格处于新高，甚至是 30 年高点，实在太高了，这反映了一种回归均值心态，这让大多数投资者感到苦恼，无法理解股票甚至是商品真正的上升大趋势，也无法从中获利。如果白银正在启动新一轮上升大趋势，那么其产生 30 年高点的事实，就是在确认这轮上升大趋势。

结果是，白银落下了上涨的第一只脚，启动了相对迅速的上涨，自 2010 年 9 月的 20 美元上涨到了 12 月超过 30 美元——创下 31 年的新高！在接下来 5 周时间内，白银以一种带柄杯子形态横盘波动，到 2011 年 2 月，它突破了这个短期盘整。我们制定交易决策，参与白银的这次突破行情，利用的是两倍杠杆白银 ETF——宝硕超级白银（AGQ），该 ETF 产品复制标的白银商品的两倍市场表现。图 3.8 显示了交易表格，详细记录了我们在 2011 年全年交易宝硕超级白银的情况。为了简单起见，1 000 份是我们最初在宝硕超级白银突破时所建头寸的 20%。

标签	日期	行为	证券	份额	价格(美元)	解释
B1	2/14/2011	买入	AGQ	1 000.00	152.2	初始头寸20%
B2	3/14/2011	买入	AGQ	500	207.71	初始头寸的 $\frac{1}{2}$
B3	3/15/2011	买入	AGQ	500	184.93	初始头寸的 $\frac{1}{2}$
S1	3/18/2011	卖出	AGQ	-1 000.00	196.73	总头寸的 $\frac{1}{2}$
B4	3/24/2011	买入	AGQ	750	225.9	每上涨10%，买入的份额
B5	4/6/2011	买入	AGQ	750	248.07	每上涨10%，买入的份额
B6	4/14/2011	买入	AGQ	750	272.63	每上涨10%，买入的份额
B7	4/19/2011	买入	AGQ	750	300.15	每上涨10%，买入的份额
S2	4/25/2011	卖出	AGQ	-4 000.00	359.08	全部头寸

图 3.8　2011 年 2—4 月宝硕超级白银交易数据

我们买入的是两倍杠杆宝硕超级白银，实际上，我们使用的图表是一倍白银 ETF——安硕白银信托（SLV，参见图 3.9），把它作为我们处理宝硕超级白银头寸的参考标杆。2011 年 2 月 14 日，在 B1 点白银买入信号明确了形态柄部时，我们买入了最初宝硕超级白银头寸的 20%。你或许会在图表中注意到，当天安硕白银信托交易中没有出现口袋支点，甚至没有大的成交量，但是，我们感觉到了贵金属的行情波动,并且,在 B1 点买入三天后,产生了口袋支点买入点,这证实了我们的想法。我们认为,不要在口袋支点增加仓位,而仅仅是在宝硕超级白银上持有 20% 的头寸——一个相对大的两倍杠杆白银 ETF 初始头寸。实际上,20% 的宝硕超级白银头寸意味着,我们把 40% 资金分配到了白银交易上,并且在第二个口袋支点增加了头寸,在我们看来,该支点是强势且具有建设性的。

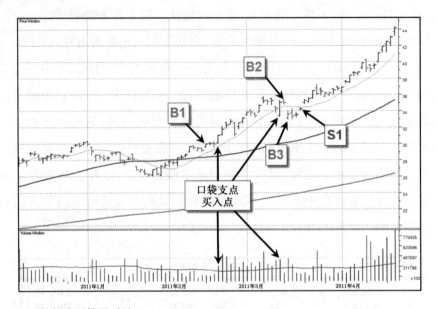

注:买入点 B1～B3 和卖出点 S1 的说明。
图 3.9 2011 年安硕白银信托(SLV)日线(1)

随着安硕白银信托持续走高,在 B2 点前一个交易日,出现了第二个买入点,当时,安硕白银信托产生了一个口袋支点买入点,逆转反弹到 10 日移动均线上方。第二天,在 B2 点,我们增加了初始投入宝硕超级白银 20% 头寸的一半,总持有量达到 1 500 份。次日,受日本大地震、海啸和核泄漏消息影响,白银出现跳空下跌。我们认为,这是一种恐慌性市场反应,因此,我们利用跳空下跌机会,在 B3 点增仓买入 500 份宝硕超级白银。

尽管安硕白银信托跳空跌破 10 日移动均线,但是它并没有背离这条关键移动均线。从技术性角度看，移动均线背离取决于：（1）收盘低于该移动均线，（2）随后价格低于最初跌破日盘中低点，并在随后的交易日内低于该移动均线。由于安硕白银信托在接下来的两个交易日内，从未跌到盘中低点 B3 点下方，因此它在技术上就从未背离 10 日移动均线。

之后，白银走势稳健，在 S1 点跳空上涨，在该点，日本大地震、海啸和核泄漏的影响程度变得日益明朗。日本由于灾难而需求减少，这削弱了该国的经济，因此我们开始考虑卖出。白银是一种工业金属，我们决定在这里谨慎操作，当时，我们卖出了总仓位的一半，或者说，2 000 份头寸中的 1 000 份。我们觉得，这种决策得到了 S2 点处跳空上涨时出现的疲弱成交量的佐证，白银可能需要盘整相当长一段时间。

与此同时，我们回到卡彻博士的实验室，研究白银价格的历史波动，进行一些回测实验，确定一条非常简单有效的金字塔式加码白银头寸的方式，也就是宝硕超级白银每上涨 10%，就增加初始头寸 1 000 份的 3/4 或 0.75（0.75 × 1 000＝750）。在 S1 点卖出了 1 000 份之后，我们的决定是，最初买入 B1 点具有建设性的跟进行为，白银应该会继续其上涨趋势，之后，宝硕超级白银每上涨 10%，我们就增加 750 份。

图 3.10 中，我们详细描述了在图 3.9 中 S1 点之后的交易，我们重建头寸，保留了 1 000 份宝硕超级白银，这是在图 3.8 中 B1 点买入的，价格大约是 152.2 美元。当宝硕超级白银上涨到 225.9 美元时，我们在 B4 点再买入 750 份，之后当宝硕超级白银再上涨 10% 到 248.07 美元时，增加头寸 750 份，以此类推，直到图 3.10 中 B7 点。在该点，我们在 B4、B5、B6 和 B7 点分别买入 750 份宝硕超级白银，计 4 000 份，恰好是在图 3.9 中 B1 点发出最初买入信号时，所买入份额的 4 倍。

正是在 B4 点附近，吉尔·莫拉雷斯在福克斯财经新闻的斯图亚特·瓦尼公司（Stuart Varney & Company）节目中露面，主持人对吉尔步步紧逼，要求他对白银的趋势做出预测。我们是趋势跟踪者，绝不会根据心目中的预期目标价操作——只是与趋势紧密结合，就像伟大的期货交易员埃德·塞柯塔所说的那

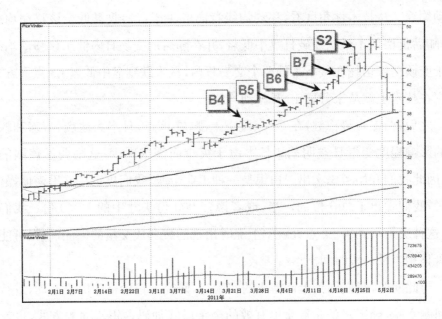

注:买入点 B4～B7 和卖出点 S2 的说明。

图 3. 10　2011 年安硕白银信托(SLV)日线(2)

样,"它最终会跌下来",之后,我们就退出。吉尔试着解释给斯图亚特·瓦尼听,但他根本听不进去。幸运的是,吉尔之前看过安硕白银信托的点数图,该图表明了一个目标价,对那些熟悉点数图的人而言,水平波动是很有价值的行为,基于此,目标位大约为每盎司 50 美元。因此,吉尔明确地告诉斯图亚特,"好吧,如果你要在这件事情上拿话逼我,那么白银会趋向于 50 美元"。它真的做到了。

在安硕白银信托接近 S2 点的时候,白银正处于一个标准的传统高潮式顶部的中间。它已经连续上涨了 8 个交易日,并在连续的 18 个交易日内出现了16 个上涨交易日。4 月 25 日,星期一早晨,白银预开盘,出现大幅跳空上涨,并且宝硕超级白银所显示的预开盘价格比上周五收盘价高出约 30 个点。对我们来说,白银上涨趋势到此就结束了,或者说,至少已经非常接近尾声了,这种高潮式上涨从 30 美元上涨到了接近 50 美元,是时候趁白银行情高涨时清仓了。2011 年 4 月 25 日,在 S2 点,我们卖出了全部宝硕超级白银头寸,规模很大,当天出现了在宝硕超级白银（AGQ）史上的最大成交量,收盘价恰好处于柱体中部——当天交易区间的中部位置,巨量成交还显示出了盘整迹象。三天后,白银更进一步接近 50 美元,事情也就这样了——高潮式上涨行情结束了,相比之前两周的上涨,在接下来的四天内,白银跳水速度更快。但是,我们已经完成了设定的任务,那就是利用宝硕超级白银（AGQ）来驾驭白银趋势。图 3.11 详细描述了真实宝硕超级白银日线图上的所有买入点和卖出点,供读者参考。

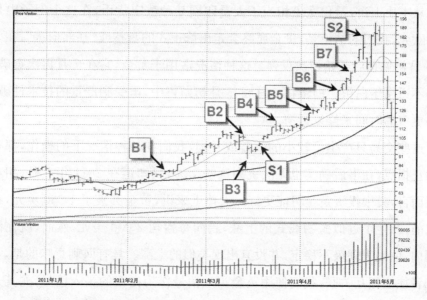

HGS 软件公司供图,版权 2012。
注:买入点 B1~B7 和卖出点 S1 和 S2 的说明。

图 3.11 2011 年宝硕超级白银（AGQ）日线（3）

在我们抛售白银后,吉尔回到斯图亚特·瓦尼的福克斯财经新闻节目现场,绕场一周以示胜利。事实是,这只是非常凑巧地出现在高潮之前,为了确认白银的卖出信号,我们需要看到特定的量价行为,持续将白银推升到 50 美元。这与吉尔在福克斯财经新闻中被逼做出的预测毫无关系,但是我们很高兴地看到,事态发展极为如意。一些人或许说,这是走了狗屎运,但是,在股票市场中创造属于自己的幸运,需要你的交易能够在第一时间就得到幸运。是的,在这种情况下,我们得到幸运女神的垂青。我们还创造了属于自己的运气,在幸运女神出现时,能够在宝硕超级白银上建立巨大头寸,之后,白银开始一轮疯狂的抛物线式上涨,达到每盎司 50 美元。

2011 年早些时候,我们在白银交易中取得了丰厚利润,之后,又进行了几次白银交易。我们重新买入白银的想法是,为了保持金融系统的流动性需求,美国联邦储备委员会执行的一整轮量化宽松或 QE 政策将会持续下去,由于欧洲债务情况开始恶化,被迫通过量化宽松的金融工程来印刷法定货币——欧元。从本质上讲,量化宽松相当于大量印刷某种法定货币,在这个例子中是美元和欧元,我们的结论是,贵金属终会走出修正式的盘整或"基部形态",在 4 月底、5 月初见顶后开始再次反弹。这种情况适用于黄金,它在 7 月再次突破,但是并不适用于白银。白银在 4 月底、5 月初抛售中,遭受到严重的技术性破坏,需要更多的时间来修复行情。

这些交易只产生了较小的收益或亏损,我们在各种情况下的操作,都有明确的止损点,在事后确实也无法挑剔这些交易,只知道在 2011 年 7 月,相对于白银而言,集中投资黄金可能更好。大体上来讲,黄金突破了 1 560 美元,在见顶之前,产生了近似抛物线式的上涨,趋向每盎司 2 000 美元,然而,就在同一时期内,白银表现极不稳定,并没有出现类似的上涨。具有讽刺意味的是,考虑到二者往往相互关联,我们使用黄金买入信号作为白银的买入信号,尤其是最初价格出现波动的时候,白银表现通常会优于黄金。白银的波动幅度一般比黄金大 2~3 倍,但结果是,黄金于 2011 年 7 月突破后,平稳地走向 2 000 美元,此时,白银出现了更多的下跌行情。最后,我们仍然觉得,依据当时对市场的理解,从盈亏角度来看,我们在宝硕超级白银中的交易是很有价值的。

在 2011 年后期白银交易中,我们得到的教训是,自己受到了当年早期在白银交易上取得巨大成功的影响。这导致我们在黄金突破时,过度关注白银,当时,我们本应该关注黄金 ETF。这是一个成功导致偏见的经典案例,在这种情况下,你会偏好投资以往为你带来最大盈利的股票或贵金属。当然,过去的已经过去,交易者应该始终以最新视角处理自己的交易。2011 年 7 月,我们执着于白银交易,要是关注黄金,会获得一些不错的潜在利润机会。

观察图 3.12 中 SPDR 黄金信托 ETF 和安硕白银信托简单对比,在此期间,以黄金 2011 年 7 月的突破为中心,很容易看到,我们的错误在哪里。请注意,大体上来看,SPDR 黄金信托 ETF 突破 150 美元,随后创下新高,上涨到历史高点。每一位持有黄金和 SPDR 黄金信托 ETF 的投资者,都获得丰厚利润,没有上档抛盘,因为没人恰好在其突破新高时持有 SPDR 黄金信托 ETF。因此,安硕白银信托毫不迟疑,在黄金接近 2 000 美元时上冲约 20%。另外,自 4 月底、5 月初的一轮迅速上涨行情中,白银和安硕白银信托产生了大量抛盘压力,出现了持续的大幅下挫。事后可以轻易看到,直到 2011 年年末,安硕白银信托都表现疲弱,要不是我们在 2011 年 4 月末的宝硕超级白银上获得了巨大利润,我们当时也不会盲目地喜欢上白银交易。关键是要记住,成功和失败一样,都能够扰乱你的交易心理。

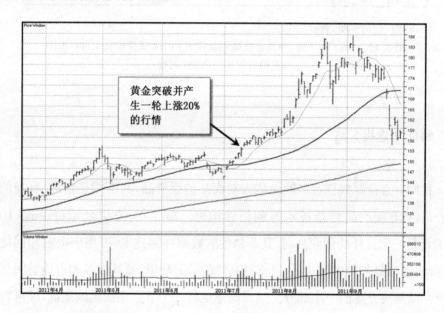

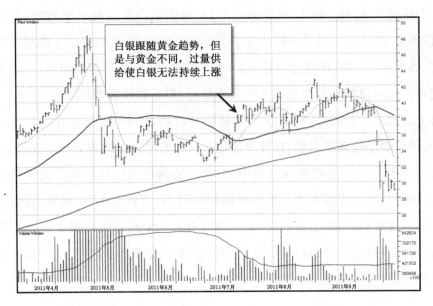

HGS 软件公司供图,版权 2012。

**图 3.12　2011 年 7 月,当黄金突破到新高时 SPDR 黄金信托 ETF(GLD)
与安硕白银信托(SLV)对比**

2011 年走投无路

　　我们一直在寻找被习惯性地称为新商品的投资品,其形式是新的、有趣的创业公司,具有新产品和新技术等创新性构想。2011 年,富申公司(Fusion,I/O,FIO)就是一家这样的创业公司,其革命性的数据存储技术,可用于电脑和网络数据存储,虚拟服务器集群化后,可支持高性能的云环境,而其成本和占地空间只是传统存储解决方案的一小部分。只需简单地将一个节点添加至该集群,即可轻松地进行扩展及配置,大大减少了前期投资成本。该公司的两家最大客户是苹果公司和脸谱公司。尤其是,我们发现,富申公司在苹果公司 iCloud 和 iPhone 语音控制功能上的作用引起广泛关注,因此,我们认为它是苹果公司的姐妹股。当然,任何与苹果公司相关的公司都会底气十足地说,消费者技术会主宰新世纪,作为其最大的客户之一,它必定是个好公司,至少这是我们的想法。

2011 年下半年,我们对该股票进行了两次交易(如图 3.13 所示)。第一次交易出现在该股票公开上市后不久,7 月 15 日,该股票产生了口袋支点买入点(B1),我们在下一个交易日买入。这个口袋支点出现在紧旗形态之中,是一个在技术上具有建设性的形态,我们预期,该股会在口袋支点上涨,突破形态,创出新高。但这种情况并没有出现,三天后,该股票跌破 10 日移动均线,我们在S1 点抛售了全部头寸。

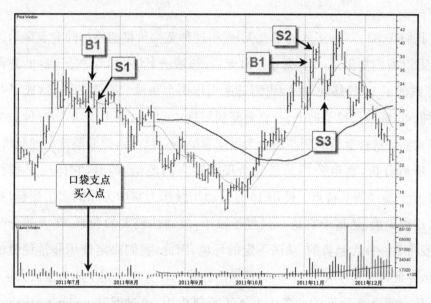

HGS 软件公司供图,版权 2012。

图 3.13 2011 年富申公司日线

在此之后,富申公司构建了一个大杯体形态,我们再次买入。我们的想法是,基于大量 IPO 先例的经验和了解,诸如亿贝公司(EBAY)在 1998 年年末上市,由于熊市原因,迅速下跌了 50%。在 2011 年,富申公司似乎是在做同样的事情。有时,无论公司的技术多么令人兴奋,市场也要花一些时间才能认识并承认它,因此,该股票要用更多时间盘整或构建一个更长期的基部,它可能会突破盘整或基部,启动一轮新的大涨行情。

我们把富申公司在 S1 点后出现的破位下跌,看作盘整和为基部的潜在启动做准备,因此,如果这家年轻公司果真是这样,那么我们不采取行动,要等待它再次构建基部。毕竟,苹果电脑创始人之一史蒂夫·沃兹尼亚克(Steve Wozniak)是它的首席科学家,他曾负责构思并制造了第一台苹果电脑。将近 4个月的时间过去后,富申公司正在产生大杯体的右侧部分,我们在图 3.13 中B2 点买入,因为它在已经形成的带柄杯子形态中,产生了为期 4 天的短柄部。很明显,我们想到了 1999 年的情况,当时,网络股产生杯体形态并突破到新高,只盘整了几个交易日,形成了一个短柄部。然而,富申公司走势并不像 1999 年那样。

我们在 S2 点(即买入的第二天)觉得这种宽幅价格盘整区间有点警示的意思,因此,我们卖出了一半头寸。两天后,该股开始下跌,第三天,富申公司在S3 点跌破了 10 日移动均线,我们迅速卖出剩余头寸。有趣的是,这成了一个短期低点,该股票掉头向上,一直上涨到超过 40 美元,创出了新高,好像是为了激怒我们。这种上涨到新高的行为是短暂的,不久以后,该股票就出现暴跌。

事后分析,富申公司只是一个提前买入的范例,但是,它体现了我们在2011 年交易经历的特点。使用 10 日移动均线作为富申公司的卖出指标,我们做出这种决策,是基于它是一只盘子较小、波动性较大的股票,在大部分时间内,股市是一种无趋势的、动荡不定的环境,因此,我们决定使用非常稳健的止损点,保证风险最小化。最终,这种做法让我们在富申公司上避免了巨大损失。

社交媒体在我们的业务中发挥了重要作用,通过网站 www. virtueofself-ishinvesting. com,我们深入地了解社交媒体作为一种营销工具的力量。我们熟知社交媒体的威力,相信它会成为未来的潮流,因此,我们对 2011 年新上市的社交媒体公司非常感兴趣。其中,最大的一家社交媒体公司是专业社交网站领英(LinkedIn,LNKD),专业人士在其网站上列出自己的特点,就可以"链接"到更广泛、更多样且具有相似特点的专业社交网络。我们把该公司看作社交网络商务领域的先驱者。领英于 5 月公开上市,每股价格 45 美元,交易首日,就迅速上涨,开盘价最高超过 122.70 美元,之后受到沉重抛压,自最初峰值下跌超过 50%,稳定在 60 美元区域(如图 3.14 中所示)。

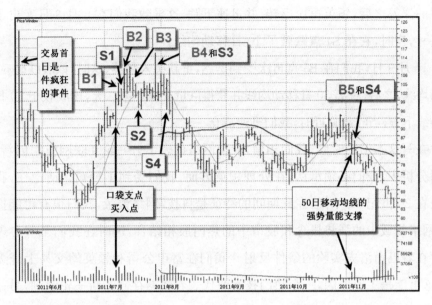

HGS 软件公司供图,版权 2012。

图 3.14 2011 年领英公司(LNKD)日线

在略高于 60 美元见底之后,领英形成一个大杯体形态,随着它逐渐产生杯体基部的右侧部分,出现了一个口袋支点。该口袋支点买入信号出现之后,我们在 B1 点买入了初始头寸。7 月 12 日,市场导向模型(MDM)的买入信号转变成了变现信号,因此,我们决定卖出。正常情况下,我们只持有表现最佳的股票。遗憾的是,领英作为一家 IPO 公司,意味着它会遭受更大的振荡。基于我们对市场总体风险的认识,领英存在薄弱环节,因此,就卖出了。

遗憾的是,第二天领英出现反弹,我们又买回了股票,但仓位较小,是我们在 B2 点所考虑买入头寸的 1/4。我们的想法是,这个风险值得冒,因为这是在新领域——社交网络中的一只潜在热门股。三天后,7 月 18 日,该股票回调到 10 日移动均线,我们在 B3 点又增加了 1/4 头寸,完成了一半的买入任务。两天后,领英跌破 10 日移动均线,我们在 S3 点清仓。

当然,领英在该点拒绝持续下跌。7 月 28 日,它试图从带柄杯子形态中突破,我们在 B3 点早盘全仓买入。到该交易日结束时,该股票已经出现逆转,收盘回到了启动点位,我们在 S3 点割掉了一半头寸。在试图清除 110 美元价格水平的浮筹之后，领英再次反转，并迅速下跌，这导致我们在 8 月 3 日卖出了剩余头寸，当时，它在 S4 点跌破了 10 日移动均线。

11 月 3 日，我们在 B5 点再次受到诱惑，重新买入领英，这时，该股跌破 50 日移动均线，之后，脱离 50 日移动均线并获得巨量支撑。第二天，该股收于 50 日移动均线下方，当收盘临近时，我们迅速清仓。

在写这本书的时候，我们相信，社交网络代表了另一轮互联网应用创新，在事后分析中，我们必须承认，在处理领英方面，我们受到了惩罚。请记住，我们成长在 20 世纪 90 年代，在此期间的特征是科技/网络繁荣，我们很有可能把科技/网络领域中的强势概念和股市中的热门股相结合，这时在我们某些心理方面存在着巴甫洛夫实验的条件反射。我们在富申公司和领英的交易上毫无收益，这可能是主要原因，一个热门技术股代表着数据存储的新一轮浪潮，另一个代表着热门社交网络浪潮。

抛开我们通常追求某些股票的心理，一切重新回到执行并坚持健康的投资规则上，尽管我们在某些股票投资上出现了人性的弱点，但是规则能避免因人性因素产生的重大亏损。2011 年事后分析证明了遵守纪律和坚持规则的有效性，在某种意义上，规则就像防火墙，能够避免情绪、希望和愿望，甚至是投资癖好导致的大量损失。

2011 年，主导股市的最大和最引人注目的题材之一是稀土金属。整个世界都在担心某些稀缺金属的供应稳定，在某些情况下，它可能并没有像报告暗示的那样稀缺。白银被认为是一种稀有金属，但并不像金属镝那样稀缺，在生产极其强大的工业磁铁过程中，镝元素很关键。考虑到稀土在各种国防系统中的关键作用，因此被认为具有极为重要的战略价值，加之外汇储备丰富的中国囤积收储，控制稀土生产，推动稀土股票，比如稀土资源公司(Rare Element Resources，REE)和莫利矿业公司(Molycorp Inc. ，MCP)大幅上涨。

在其他账户中，我们投资莫利矿业公司，它出现了一轮短线的股价暴涨行情，7 月 22 日，我们开始考虑买入莫利矿业公司。在图 3.15 中 B1 点——口袋支点买入点后一个交易日，该股向上突破了 50 日移动均线，我们买入建仓。

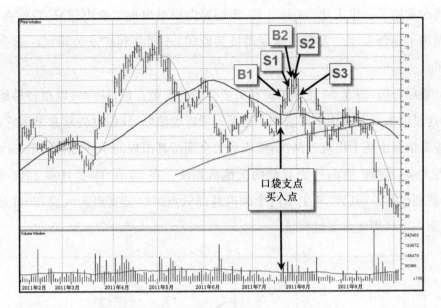

HGS 软件公司供图，版权 2012。

图 3.15　2011 年莫利矿业公司（MCP）日线

2010 年 12 月和 2011 年 3 月，莫利矿业公司在两个前期基部的相似位置，出现过两个口袋支点，都产生了极为可观的爆发式上涨行情。2011 年 7 月，第三个口袋支点可能也以类似的方式大涨。这些都是利润丰厚的股价上涨，我们在感知到快速盈利的美味时，就开始分泌唾液了。7 月 26 日，我们在 B2 点头寸加倍。第二天，7 月 27 日，大盘出现了非常强的负面行为，市场导向模型产生了变现或中性信号，我们决定在 S1 点卖出一半头寸，以便控制风险，因为市场正在发出变现信号，并且我们加仓头寸只有很少的利润缓冲空间。

一天后，7 月 28 日，莫利矿业公司小幅跳空上涨，也是一个口袋支点买入点，诱使我们买回了前天卖出的头寸。即使这个口袋支点买入点略微有点儿不稳健，我们仍然迷恋稀土题材，以及 2010 年 12 月和 2011 年 3 月该股出现的强势飙升行情。

在那个阶段，莫利矿业公司是一只强势股，与疲弱的股市形成了鲜明对比。到它形成第三个基部时，这种信号太明显了。在这种情况下，头寸规模是一个棘手的问题，考虑到大盘走势，我们仍然对头寸规模感到不太满意，因此在 S2

点再次卖掉了一半头寸。8月2日,市场导向模型出现了卖出信号,我们在S3点抛售了剩余头寸。大盘迅速变得极为疲弱,连同莫利矿业公司也一起卷进去了。

事后分析,图3.16显示了莫利矿业公司的宏观背景,从中可以很轻易地看到,这里原本可以应用三次法则。这是一项古老法则,我们过去常常采用它,即某些事情在市场上出现过两次,就成为大众期待其出现的条件,最终,第三次会愚弄大众,其所产生的行为与前两次恰恰相反。在2010年12月和2011年3月,莫利矿业公司已经产生了两个脱离基部低点的口袋支点买入点,2011年7月,第三个口袋支点太过明显。

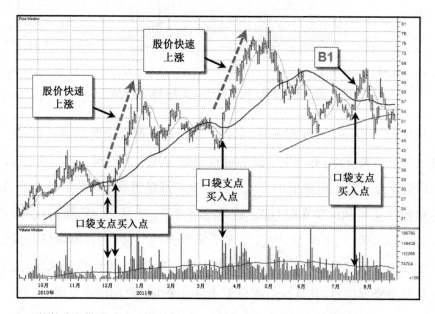

HGS软件公司供图,版权2012。

注:莫利矿业在此期间有三个脱离图表基部的口袋支点买入点,前两个出现后股价迅速上涨,而第三个失败了。

图3.16 2010—2011年莫利矿业公司(MCP)日线

事后分析,我们还是有点天真,忘记考虑三次法则,这一次,莫利矿业公司显示出的量价行为,就像在B1点从盘整或基部形态低点脱颖而出,它或许不会成功。它确实没有成功。观看我们在图表3.16中B1处的交易,我们不得不承认，事后看起来，真的很傻。你或许会发现，每次对自己的交易进行事后分析时，都会出现类似情况。历史回溯测试与实时交易不同——当你遭受批评，并且使用真实货币时，理智并不总是和想法一样清晰，当你回顾该交易时，在图表上，它看起来极为清晰，但所有这一切受到交易思维的实时心理影响，会变得模糊不清。

2011年教训总结

这里的教训是，尽管在2011年年初遭受到一些挫折，但这只是在那里等待机会窗口打开的事情。结果是，我们在2009—2010年测试性投资组合中，由于处理SPDR黄金信托ETF，适应了贵金属趋势，提供了机会窗口，我们所需要的是，在2011年成功地获得收益。在这几个例子中，我们让兴奋情绪在某种程度上干预交易过程，但是，不顾我们自己的感觉而坚持纪律，是一个主要方面，这样可以承受风险压力并防止心理和情绪干涉交易。考虑到2011年的困难性，事后分析表明，我们通过坚持自己的交易规则，才具备超越大盘表现的能力，进而避免了当年的陷阱和失误。

在纳斯达克指数40多年历史上，作为最有挑战性的一年，2011年可以被载入史册，原因在于其持续的无趋势和高波动状态。依据交易员的心态，这样的年份可能被当作祝福或诅咒。

盈利心态把2011年看成学习经验、测试交易策略和完善个人心理的一年。2011年的交易产生了很多错误，也就是说，在退出时交易出现亏损，但在亏损后再次遭受亏损的情况，并不太容易出现。盈利策略会止损，少数真正盈利的交易，足以在弥补所有小幅亏损后，仍有盈利。盈利心态不会为此感到沮丧，交易者持续保持对可能机会的警惕性。与此同时，在一系列亏损后，亏损心态会拱手认输，因此错失很多机会，对投资者的利润产生重大负面影响。实际上，投资者常常在极好的新机会产生时拱手认输，他们之所以无法看到机会，是因为亏损心态让他们卷入了一系列的亏损交易。

或者,亏损心态试图毫无理性地挽回损失,在市场上追加越来越多的筹码,而市场出现的机会窗口非常少,这样可能会加剧其亏损,或者使情况变得更糟。

2011年是不稳定且无趋势的一年,理解了这种市场状况,可能会让投资者保持心理健全。例如,1999年第二和第三季度,市场处于最不稳定且几乎无趋势状态,只有令人难以忍受的反弹,前进三步就会后退两步半。几个月内,我们遭受到相当大的亏损,但是,我们并没有失眠,因为我们知道,纳斯达克指数从来没有表现为这种方式。这一定是短暂的,你只需要相当大的耐心,等待下一个机会窗口真正打开。然而这仍然是一段令人非常沮丧的时间,在1999年第二和第三季度,出现很多错误的机会窗口,愚弄我们买入少量头寸,进而加大了亏损。在事后分析中,我们可以看到,这些窗口并没有真正打开,在1998年第四季度和1999年第一季度,我们轻松地赚到了钱。我们对这种情况如此着迷,以致在这轮可能大幅上涨的行情上,不想落后。

这里的教训不是让贪婪蒙蔽你的决策,也不是让大幅盈利把你变成草率的交易者,只是因为你拥有了巨大的利润缓冲空间。投资需要耐心。

在两种关键的情况下,必须要有耐心。一种情况是,当市场行情没有配合,导致一连串小幅亏损时,你需要耐心接受这些小幅亏损,通常情况下,这是交易中不可分割的部分。另一种情况是,当机会窗口还没有充分打开,而贪婪让交易者投下本不应该投下的赌注。耐心观察股市机会是不是完全充分,事实上很具挑战性。当机会窗口打开时,就会赚到大钱。当龙头股形成稳健基部,并出现关键点时,投资者能够看到这种情况。通常情况下,这与主要市场指标紧密相关,伴随着市场导向模型发出买入信号,这些指数开始出现上涨趋势。

过去10年,与20世纪80年代和90年代的市场情况完全不同,每年只有2~3个月出现赚大钱的机会。这就意味着,每年会有9~10个月不能交易。或者说,它意味着,随着该股票走高并金字塔式加码头寸,投资者要放宽卖出止损点,因此他可能会在盈利股上持有几个月时间。与此同时,这些止损点应该保持稳健,直到该股票出现日益增加的收益。两种方法的每一种都提出了巨大的心理挑战。

在第一种情况下，机会窗口似乎是打开了，通常导致交易者超买。对付这种情况的方法是，如果窗口似乎打开，但只是部分打开时，就应更耐心地考量。

在第二种情况下，持有股票几个月时间，往往利用 50 日移动均线背离作为卖出止损点。这意味着，在大盘走低时，坚持持有该股票，这充其量是一个花招，因为当市场条件真正恶化，卖出信号变得非常明显时，顺其自然地等待卖出头寸。这就是说，一些盈利股足以对抗这种趋势，它们在市场下跌期间触及 50 日移动均线，但并不会跌破它，这种情况允许交易者坚持持有头寸。自 2009 年以来，很多股票具有这种走势，并且在 2008 年之前，龙头股也出现过这种情况。

最后，像 2011 年这样的年份真正测试了交易者的勇气，因此，所有交易者都应该感谢这个年份，因为它可以揭示出投资者存在的心理和策略缺陷。如果我们愿意内省，并从错误中吸取教训，那么新生力量就可以从中产生，这种情况不会让我们毁灭，只会让我们更坚强。

第四章

培养"图表眼"

理查德·威科夫曾经写道：

大多数反对图表的偏见,无疑是由于很多人错误地且机械地使用图表——不做判断。他们努力在图表上画出各种图形或虚构的几何形态,使用随机性的规则或系统,诸如"随机指标"和其他不切实际的概念。这些方法是错误的。它们只会导致错误、亏损和挫折。你必须牢记:在研究图表时,你要寻找隐藏在图表所描述行为背后的动机。目的是解释股市和股票行为,而不是图表可能形成自己幻想的形态。[①]

威科夫试图说明,对于解释图表这件棘手的工作而言,投资者利用量价图表制定投资决策流程,应该采取正确态度,这与我们自己的观点极为一致。基于观察股价波动及其与当前股市环境的相互关系,在既定时段内判断投资者的动机(主要是机构投资者)是一种重要的技巧,这种技巧只有通过正确实践应用才能学会。随着时间的推移,人们发现,某类股票在特定环境下的某种价格波

---

① 理查德·威科夫:《理查德·威科夫股票交易和投资方法》(*The Richard Wyckoff Method of Trading and Investing in Stocks*),威科夫研究协会(Wyckoff & Associates, Inc.),1931:2。

动和行为是很常见的,因此,采用一种完全机械的方式来解释图表,显然过于简单,也布满了陷阱。

我们认为,成功投资者的当务之急是培养出我们所说的图表眼(chart eye)。具体来说,这种观点认为,通过观察成千上万、由数千只股票所形成的实时量价行为,投资者可以培养出一种对量价行为背后动机的强烈感觉。投资者要学会理解影响量价行为的背后因素,这反过来有助于投资者发现量价形态的优势或劣势。

那些遵循 OWL 方法论的投资者,必定是视觉型投资者,因为我们方法的一个基本原则就是,为了确定正确的行动,投资者要观察股市和龙头股的量价实时行为。除此之外,我们方法的特征是,在量价行为产生影响的瞬间做出决策,可以说,就是在量价数据发出实时信号时,马上行动。为了采取正确行动,投资者必须看到并察觉股市实时发生的情况。在本章中,讨论我们观察的细节,我们如何观察,以及当股市和单个龙头股行为发出信号时,为了采取果断行动,投资者所需要观察的程度。就像金发姑娘选择自己的食物一样,我们不要观察得太粗略,与此同时,也不要观察太仔细而让问题复杂化,我们希望观察的程度"刚刚好"。

什么是图表眼?

20 世纪早期的伟大交易者杰西·利维摩尔,还是"少年赌客"(boy plunger)时,曾对该概念做了如下描述:

我注意到,股价在上升或者下降过程中,常常表现出某些所谓的特定习惯。这样的例子可谓数不胜数,也都成为指导我交易的先例。尽管年仅 14 岁,但是,在头脑中积累了数百种交易数据后,我能自己测算数据的准确性,比较今日和其他时间的股市表现。[1]

显然,在利维摩尔时代,他不关注量价图表,但是,真实的价格和成交量通

---

[1] 爱德文·拉斐尔(Edwin Lefevre):《股票作手回忆录》,1923 年首次出版。

过股票机持续不断地实时打印,机器在窄窄的纸带上不断地打印出数据,所谓实时,意味着与当时技术所能达到的更新速度一样。然而,在他的脑海中,利维摩尔能够建立一幅量价图表,助力其股票交易。这种利用原始量价数据想象出形态的能力,是他天赋的一部分,也是交易方法的一部分,他称之为自己的"记录本"(dope book),用以记录那个时代龙头股的价格。

今天,我们受各种可视化市场图像的支配,不局限于量价图表,也包括热门股列表和热度图,对那些在个股和股市中出现的显著价格波动,提供可视化的图表。今天,我们可以拥有 10 台显示器,通过软件源源不断地提供数据,还提供可定制的监控布局和色彩。今天,我们有比以往任何时候都多的方法来观察市场,但是,我们真正能够看到什么呢?

在利维摩尔那个时代,他所需要的是上面打印着价格和股票数量的纸带,当时,在任何特定股票上的每一次交易,都在纸带上标示。交易日结束时,为了复盘价格和成交量运行走势,可以重新核查自动收报机打印出来的纸带,把它们蜿蜒地放在地板上。今天,这或许就被称为盘中图表。那个时代的图表,就是交易记录,他在自己的笔记本中以柱状图记录。为了精确地显示图形,并从这些数据中得到可靠结论,利维摩尔利用这种简单的信息以及分析该信息的有效方法,在股市上积累起巨额财富。今天,走进任何一家自营交易公司,你都可能对"股票监控系统产生嫉妒心",你肯定会看到,交易者被两层高的半圆形显示器包围着,就像现代化太阳能电池板一样排列。

从这些提供给我们的信息中,应该得出什么结论呢? 我们真正需要多少信息才会有效呢? 什么情况下,收益递减规律表明,市场数据不一定是越多越好? 过多数据可能会导致混乱,而不是清晰。

在我们看来,投资者需要的数据越少越好,为了获得这种效果,只需要坚持一个观念,即跟踪主要的价格趋势。我们想获得足够的信息,能够让我们知道,在特定证券启动有利可图的趋势时,什么时候以清晰、可行的买入信号形式,产生真实、持续的行情。如果我们用简单的术语说明这个问题,那么最简洁的解决方案也就是最简单的解决方案。回顾第一章,作为 OWL 思想的引言,我们让你在几幅图表中识别了最小阻力线。在每一个练习中，我们都会发现，最小阻力线的位置，以及股票最终突破该线并启动显著行情的点位。回顾每一幅图表，你通过一个提问，就能够让问题显现出来："为了及时、高效地识别并利用这些趋势，我需要用图表眼实时处理什么样的信息？"在本章中，我们详细检查所有可视化工具，以获取对投资者和交易者有效的信息，汲取它们解决问题方面的精华。我们还会讨论，为了进行实用性说明，我们使用哪些工具和图表，以及如何使用。

X轴和Y轴刻度的视觉效果

或许，对大多数投资者而言，图表就是一张图表，任意六张图表就相当于任意半打图表。但是，就训练和培养我们的图表眼而言，需要考虑一些基本概念。第一个概念与量价图表的刻度有关，如果投资者不了解图表刻度，就无法理解量价行为，也不能解读其产生的影响。在杰克·史瓦格（Jack Schwager）著作《市场奇才》（*The New Market Wizards*）的名人专访中，大名鼎鼎的商品和期货交易员威廉·埃克哈特（William Eckhart）指出："图表中，趋势的倾斜幅度往往是交易过程中的心理情绪因素。如果你陷入这种影响，交易就会受到图表制作者在实用和审美方面的影响。调整价格刻度可能会产生任何趋势，要么看起来平缓，要么看起来陡峭。"

图4.1和图4.2是2010年墨西哥连锁快餐（CMG）周线图，对这种现象提供了简单的答案。图4.1中，相比X轴而言，Y轴非常短，当该股票在具有建设性的盘整时，产生了一个看起来很稳健的基部。图4.2中，我们看到，Y轴变得更高，该基部看起来更为松散，因此对上述结论产生新的解释，该基部实际上不具有建设性意义。

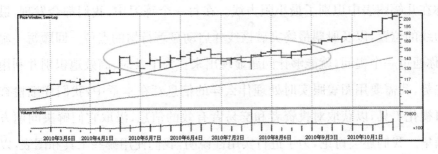

HGS 软件公司供图,版权 2012。

注:相对于 X 轴,压缩 Y 轴,使得形态看起来更加稳健。

图 4.1 2010 年墨西哥连锁快餐(CMG)周线(1)

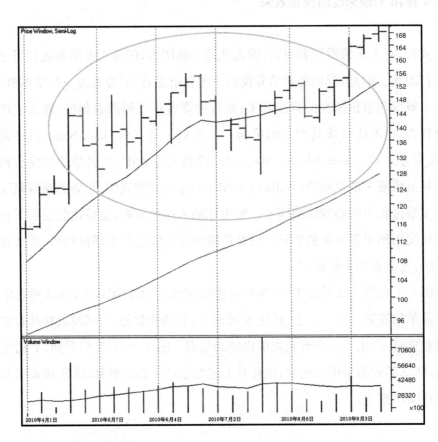

HGS 软件公司供图,版权 2012。

注:相对于 X 轴,拉伸 Y 轴使得形态看起来更加松散。

图 4.2 2010 年墨西哥连锁快餐(CMG)周线(2)

通常来说,压缩图表中的 Y 轴,会产生一个恰当的、稳健的、具有建设性的基部形态,而拉伸 Y 轴,会产生一个宽泛的、松散的、看起来不标准的基部形态。无论你使用什么类型的图表软件或网站,都要核查,以确定是否可以相对于 X 轴调整 Y 轴。对于 Y 轴长度的微小差异,大多数图表程序和系统会自动调整,但是,在极端的情况下,或者在不太严谨的系统中,价格行为可能被严重夸大。

然而,如果你训练自己的图表眼,基于百分比来观察相对区间和走势,而不是简单拉伸和压缩柱状图,那么在浏览图表时,可以自动完成这些任务,避免被股价图刻度上存在的欺骗性信息误导。在图 4.1 和图 4.2 中,投资者能够看到,墨西哥连锁快餐在 2010 年 7 月初回调,连续几天收盘价波动小、非常接近,沿着回调低点坚持了三周时间。投资者能够看出,随着价格行为变得更加清晰,图形右侧往往会显示出稳健的价格区域。

图 4.3 中,使用不太极端的 Y 轴,更像正常化的 Y 轴,有助于让这种情况更加明朗,因为它描述了该形态的关键方面,如果投资者在评估量价行为方面有足够的经验和技术,那么在正常情况下,图表眼就会关注这种形态。例如,7 月初的回调看起来相对有序,该股票下跌了两周,成交量低于平均成交量。随后沿着低点出现三个稳健的收盘,接着出现了巨大的成交量。所有这种量价行为表明,当该股在 7 月回调时,它出现了强力支撑。随着该股票反弹到基部高点,我们用虚线来描绘这个经典的带柄杯子基部形态轮廓,它回调了一周,成交量极为清淡,之后,随着该股在 2010 年 8 月底 9 月初突破带柄杯子基部,达到历史价格高位,成交量再次放大。

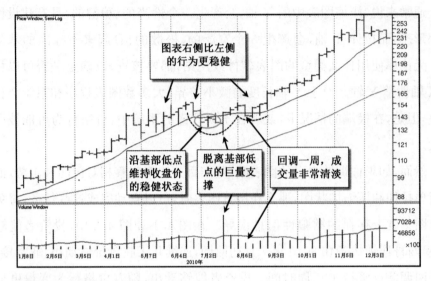

HGS 软件公司供图,版权 2012。

注:关注相对量价行为,有助于更好地理解量价图表。

图 4.3   2010 年墨西哥连锁快餐(CMG)日线

线性图与对数图

投资者还应该注意,他们使用的是对数图还是线性图。在线性图上,10 和 20 之间的距离与 20 和 30 之间的距离是相同的,尽管从 10 至 20 增加了 100％,而从 20 至 30 增加了 50％,在百分比基础上,后者只有前者的一半。线性图不会显示这些信息,而对数图可以直观地显示出,从 10 至 20 的上涨是从 20 至 30 上涨的两倍。这在图 4.4 和图 4.5 中有直观的说明。

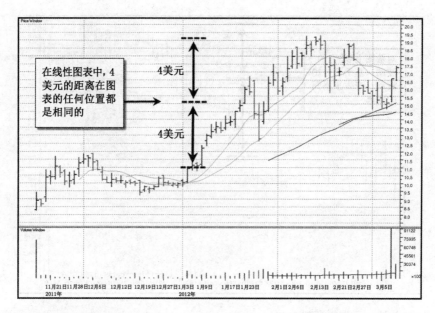

在线性图表中，4美元的距离在图表的任何位置都是相同的

4美元

4美元

HGS 软件公司供图，版权 2012。

注：使用线性标尺绘制的图表，显示出 4 美元的价格波动在图表中任何位置都具有相同的距离。

图 4.4 应美盛公司（INVN）线性日线

在大盘背景下，对数图和线性图可获知股票图表稳健情况。如果股票仅仅在几个月内就上涨三倍，那么使用线性 Y 轴绘制的股票图，看起来稳健性较弱，可能导致交易者过早卖出。对数图能够转换视角，因此，交易者可能看到，股票走势图稳健性或许并不像想象中那么弱。对数图以百分比的形式显示股价波动，并且当投资过程以百分比收益来衡量时，未必是所获得的美元数。

显然，所有这一切引出了一个问题，投资者不应该总是使用对数图，完全把线性图扔到一边。唉，一些投资者和交易者就是这么做的。线性图在某些压缩图形中具有优势，它在图表的特定区域提供交易细节，你可能希望通过对比进行更细致的检查。对于那些仅仅在几个月内就翻倍或翻三倍的股票来讲，尤其如此，因此，我们要始终用两种图表以获得尽可能详细的视角。

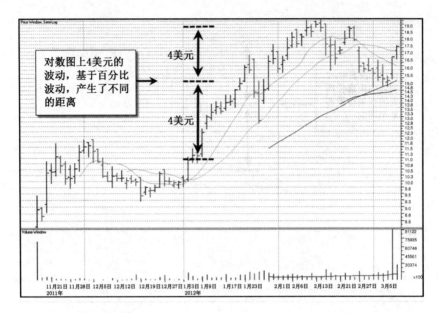

HGS 软件公司供图,版权 2012。

注:使用对数标尺绘制的图表,显示出 10％的价格波动,在图表中任何位置却具有不同的距离。

图 4.5　2010 年应美盛公司(INVN)对数日线

条形图还是烛状图?

没有什么能像观察烛状股票图那么令人着迷,它有黑白"柱体"及"上影线""下影线""阴影"。把这些与描述性图形相结合,诸如"十字星""早晨之星""乌云盖顶""光头""陀螺顶""锤头""吊线""三白兵"等,你会进入一个引人注目的托尔金(Tolkien)式世界,里面充满了形形色色的人物。很多投资者都被吸引到这种几近神话和极具视觉冲击力的价格行为描述中,自然导致一种怀疑,相比于应用简单条状图表而言,这些图形是否更有效。毕竟,它们常常被人们称赞,因为它们比简单的条状图提供了更多信息。但是,过犹不及,在评估工具的有效性时,我们回到这种观念,当股票突破最小阻力线并启动实质性的上涨时,真正考虑的是,这种工具如何帮助我们确认股票或其他证券的走势,并付诸行动。研究图 4.6,我们提出一些实际问题,当股票实时波动时,我们能否利用该图表形态识别出买入点。答案当然是"yes"。

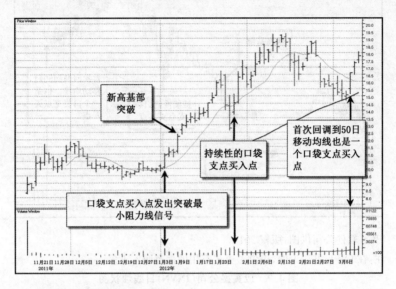

HGS 软件公司供图,版权 2012。

注:随着投资者着手在新兴市场龙头股中建立初始仓位并金字塔式加码,对于确认形态中的所有关键买入点而言,简单条形图已经绰绰有余。

图 4.6 2011—2012 年应美盛公司(INVN)日线条形图

现在,让我们把图 4.6 转化成烛状图 4.7。这里,所有条件都是相同的,除了这是一幅烛状图而不是条形图。现在,问一下自己,这幅烛状图提供了多少额外和实质性的有用信息?我们能够看到,在整体图表形态中确认显著的买入点方面,两幅图表都做得极为出色。请注意,如果我们深陷于熊市烛状形态,诸如"陀螺顶""吊线",或长下跌烛线,那么可能会过多地纠结于股票上升趋势中的小波折。观察 2012 年 1 月末持续性口袋支点买入点之前的日线走势,我们看到长红烛线出现下跌信号——熊市烛状线形态。然而,如果投资者认为这种情况过于负面,那么可能会在第二个交易日盲目行动,当时,该股迅速出现一个持续性口袋支点,并向上突破 10 日移动均线。

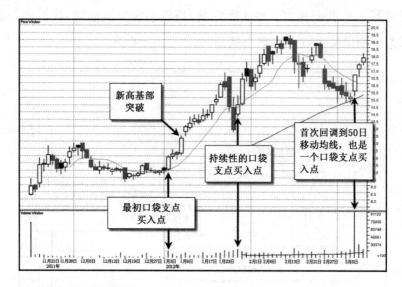

新高基部
突破

持续性的口袋
支点买入点

首次回调到50日
移动均线,也是
一个口袋支点买
入点

最初口袋支点
买入点

HGS 软件公司供图,版权 2012。

注:在 OWL 方法论中,提供了更多有用的信息吗? 不多。

图 4.7　应美盛公司(INVN)日线烛状图

　　关键是,配合七周规则,应用口袋支点买入点,会让我们持续关注股市的主要趋势,根据我们采用的卖出规则,基于七周规则,只有背离 50 日移动均线,才会卖出在最初口袋支点买入点以及初始新高基部突破时买入的初始头寸。另外,投资者能够在烛状图中发现很多短线熊市信号,诸如"十字线"(其中有"蜻蜓十字星""墓碑十字线"和"长脚十字线")和"吊线",它们会导致短线回调,但不会使该股背离主要趋势。在我们看来,这里的问题是,烛状图能为投资者提供更多的短线信号,让你放下手头的主要任务,即确认并利用持续的中线和长线上升趋势。换句话说,烛状图可能会犯下提供过多信息的罪行,正如警察对我们说的,这可能会让我们更加疯狂。

　　尽管我们可以得出结论,条形图或烛状图都可以满足基本需要,但是我们必须考虑,哪一幅图会让该过程尽可能简单。在一轮上升趋势中,如果交易者或投资者用烛状图作为一种指标,过度关注什么是自然和正常的价格波动,那么这种图表可能会发出大量(通常不太准确)的短线信号,使投资者震仓出局,实际上,这种情况也让该图表不那么有效了。反过来说,这可能会导致过度交易,而不是让投资者使用主要信号和移动均线来指导交易,在几周或几个月期间,正确地启动并金字塔式大幅加仓某只潜力巨大的牛股。实际上,两类图表都可以使用,投资者或交易者要熟练使用这两类图表,不要受短线牛市、熊市信息或信号影响而出局,由于我们的偏好是简单化操作,因此我们认为,初学投资者应该使用普通条形图,打好基础。

依照我们的经验看,在 20 世纪 90 年代,我们花费了几个月的时间学习条形图并了解其基本形态。最初,它们看似极为随意,但是,深入研究显示出,事实上并不是那么一回事儿。我们很快抛弃了有效市场说这种愚蠢的想法。花几个月时间研读图表书籍,比较外观完美的教科书式图表和存在缺陷图表,更深入地理解它们之间不同程度的差异。在我们作为市场学生的漫漫长途中,诸如涵盖大盘背景的更为复杂的方法,稍后进行介绍。

我们始终认为,所有使用烛状图的量价形态都会产生太多噪声。投资者使用烛状图时,最好是让事情变得简单,关注长线趋势,因为烛状图常常会让他们感到恐惧,提前退出头寸。然而,一直使用烛状图的投资者,可能会更加习惯。如果投资者非常擅长使用标准条形图,那么,对于解释基本量价行为这个基本目的而言,应该是绰绰有余了。

移动均线压力综合征(MASS)

很多投资者深受我所说的移动均线压力综合征(MASS)之苦,其观点是,在图表上的移动均线越多越好,或者说,存在某条神奇的移动均线,它比其他移动均线更有效。依据我们的经验,当龙头股启动并持续中长线上升趋势时,10 日、50日和 200 日移动均线在确认并处理龙头股过程中极为有效。另外,股票突破最小阻力线之后,一路在低风险点金字塔式加仓,这时,就启动头寸而言,重新试探图表中是否出现额外信息,有助于投资者采取精明、及时和果断的行动。

图 4.8 中,我们使用露露柠檬(LULU)条形图,图表上画出七条移动均线。它们是 10 日、20 日、22 日、50 日、65 日、150 日以及 200 日移动均线。乍一看,

它们除了让图表更加杂乱,以及该股价似乎神奇地在一条或更多移动均线上找到支撑位和阻力位之外,还有什么更有效的信息呢?

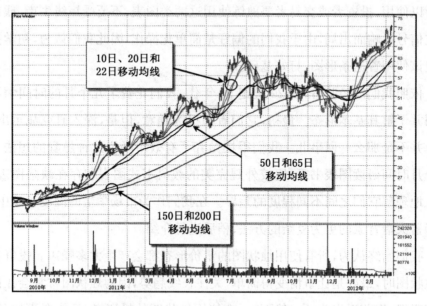

HGS 软件公司供图,版权 2012。

注:该图表具有 10 日、20 日、22 日、50 日、65 日、150 日和 200 日移动均线,这会对交易者或投资者有帮助吗?

图 4.8　2010—2012 年露露柠檬(LULU)日线

我们注意到,当该股票在短线趋势明显上涨时,10 日、20 日和 22 日移动均线往往成为支撑位。当该股票建设性地构建基部,实际上出现横向或者平缓波动的趋势时,50 日和 65 日移动均线往往会发挥支撑作用。最后,当该股票在其形态内出现修正行情,跌穿盘整或趋势区域时,150 日和 200 日移动均线会成为支撑区域或支撑线。那么,这些移动均线对我们有什么意义呢?重要的是,它表示移动均线跟随价格,而不是相反的情况,因为移动均线都源于股价行为,不会脱离股价而单独存在。

如果移动均线源于股价并无神奇之处,那么隐藏在移动均线背后的最初逻辑是什么呢?毫无疑问,当股票回调时,移动均线充当该股票支撑区域的部分原因是,大量的交易者和投资者会在这些线附近参与并买入,仅仅因为这是技术分析的入门知识。换句话说,有足够多的人相信在某条移动均线上存在支撑位的观点,因此,在某种程度上,它变成了自我实现的事物。

同时,有人必定在某些地方观察到,基于统计学上的大量样本,诸如50日或200日移动均线这种主要的移动均线,在很多情况下确实充当了支撑位。基于它们代表着某些平均价格,比如说,投资者在过去50天买入该股票的价格(以50日移动均线为例),移动均线或许存在一些内在有效性。如果这种情况是真实的,那么可能会吸引那些在平均价格附近做多的投资者,当某只股票下跌到50日移动均线时,由于已经下跌到了某些投资者的最初买入位置,因此会诱使他们买入。

我们发现,通常情况下,日线图上10日、50日和200日移动均线是投资者正确处理股票所需要的移动均线,例如,正确处理一只股票,确定其正确的买入和卖出点。在周线图上,10日移动均线太短,无法标示出来,而50日和200日移动均线等同于10周和40周移动均线。还有一些例外情况,我们稍后观看,现在我们研究一下,苹果公司(AAPL)在2011年年末到2012年第一季度的日线图(如图4.9所示),在此期间,它启动了一轮加速上涨行情。

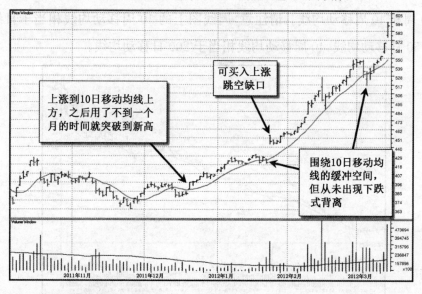

HGS软件公司供图,版权2012。

注:一旦该股跳空突破其盘整区域,启动一轮加速上涨趋势,就开始遵循10日移动均线。

图4.9 2011—2012年苹果公司(AAPL)日线

在这个例子中,我们看到,该股在 2011 年 12 月下半月突破长期横盘整理区域,遵循 10 日移动均线,我们在图表中单独标出了 10 日移动均线。甚至在 2012 年 3 月初短暂跌破该线,也没能阻止该股继续上涨,实际上它并没有背离 10 日移动均线。回顾一下,一旦股票收盘低于 10 日移动均线,要想确认真正的技术性背离,就需要在随后一个交易日跌破首次收盘于 10 日移动均线下方当天的盘中低点。存在一些缓冲空间,或者说刚刚跌到移动均线下方,是可以接受的情况。我们可以从苹果公司走势图中看到,这种围绕 10 日移动均线的缓冲空间,并不会导致技术性地背离该线,实际上也是其趋势的部分特征。一路上涨过程中,那些依赖技术信号的投资者,或许会在苹果公司抛物线式上涨趋势中寻找高潮式顶点,但显而易见的是,10 日移动均线为该股提供了一个简单的、现成的卖出指标,投资者不必依靠诸如"高潮式"或"抛物线式"的量价行为,它们或许会致使投资者过早卖出。

现在,我们稍微改变一下方式,观看苹果公司(AAPL)在 2009—2012 年的两幅单独的周线图(如图 4.10 和图 4.11 所示),我们在每幅图中分别单独画出了 10 周和 40 周移动均线。请注意,周线图上的 10 周移动均线相当于日线图上的 50 日移动均线,40 周移动均线相当于 200 日移动均线。

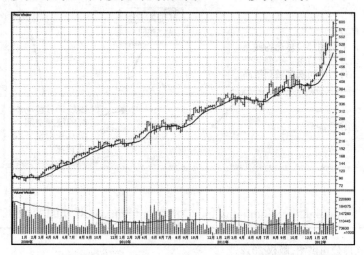

HGS 软件公司供图,版权 2012。

注:围绕 10 周(50 日)移动均线的为期 3 年的上升趋势。

图 4.10 2009—2012 年苹果公司(AAPL)周线

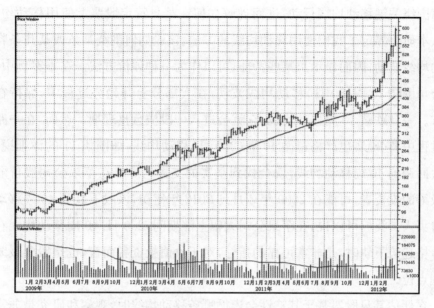

注:为期 3 年上升趋势最终在 40 周(200 日)移动均线找到支撑,所以我们说它遵循 40 周移动均线。

图 4.11 2009—2012 年苹果公司(AAPL)周线

图 4.10 显示一条 10 周移动均线,我们能够看到,在紧随 2009 年 3 月市场低点期间,苹果公司在一路上升过程中遵循着 10 周移动均线。通常情况下,当它跌到 10 周移动均线下方时,就是在发出信号,它将进入为期几周或几个月的盘整期。因此,在周线图上,我们可以观察到,在 10 周移动均线存在明显的缓冲空间。然而,10 周移动均线并不代表该股不可突破的支撑位,在 2009—2012 年价格上涨期间,每当该股回调时,它在总体趋势中与其 50 日移动均线配合得相当一致。

在图 4.11 中,我们在苹果公司周线图上单独标出了 40 周移动均线,相当于日线图上的 200 日移动均线。200 日移动均线是一条长期移动均线,常常在评估股票长线趋势时使用。无论是由于自我实现式预言,还是机构投资者通常会在像 200 日(40 周)移动均线上确定支撑点位,选择在该点位买入并支持诸如苹果公司之类的重仓股,这两者是不相干的。我们需要观察的是,苹果公司如何围绕关键移动均线行动,进而理解如何在某只特定股票上使用移动均线。这从本质上界定了我们使用移动均线的方法,该股如何围绕某条或某几条特定移动均线波动,因而显示出某些特征,可以作为一种评价方法。在本案例中,苹果公司围绕 10 周(50 日)移动均线波动,在大部分上升趋势过程中,保持在其上方。一旦跌破 10 周移动均线,它就会进入一段横盘整理期。然而,在一路上升过程中,它确实也严格遵循 40 周(200 日)移动均线,如图 4.11 的详细说明,每次回调到 40 周移动均线,就会找到坚实的支撑。寻求在苹果公司股价弱势时吸筹的投资者,可能在 2009 年 3 月到 2012 年年初,该股下跌到 40 周移动均线时买入。我们可以说,在苹果公司大幅上涨期间,200 日/40 周移动均线在确认价格趋势下轨时,是非常可靠的指标,对于价值投资者而言,也是股票吸筹的合理点位。

在评估某只股票基于其特性会遵循哪条移动均线时,观察和研究是非常关键的。我们发现,实操中,强势龙头股的短线趋势一般情况下由 10 日移动均线确定,中线趋势一般情况下由 50 日移动均线确定,长线趋势由 200 日移动均线确定。正如本书之前所提到的,会存在例外情况,为了确定使用正确的移动均线,在很大程度上,理解这些例外情况是观察和研究股票量价行为的任务。

2010 年年末到 2011 年前半年,我们参与了一轮白银的强势上涨趋势,如图 4.12 所示的安硕白银信托 ETF(SLV)日线。请注意,安硕白银信托一旦突破 20 美元价格水平,就开始遵循 20 日移动均线,原因是什么?通过观察最初趋势以及 2010 年 10 月末的回调,我们就能够确定原因。在那个阶段,随着安硕白银信托不断地推升到更高位,它数次回调,在 20 日移动均线找到了支撑位,最终触及了 30 美元。一旦安硕白银信托背离 20 日移动均线,上涨行情第一根支撑就倒掉了,在接下来几周内盘整巩固之前超过 50% 的涨幅。

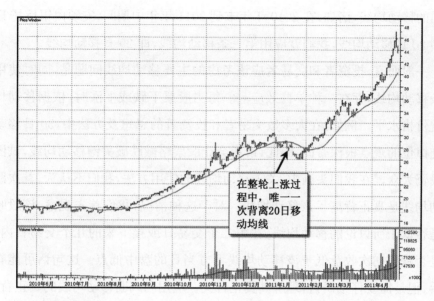

在整轮上涨过程中，唯一一次背离20日移动均线

HGS软件公司供图，版权2012。

注：白银ETF在每盎司不到20美元疯狂上涨到接近每盎司50美元的过程中，只有一次背离了20日移动均线。

图4.12　2010—2011年安硕白银信托ETF(SLV)日线

一旦安硕白银信托重新突破20日移动均线，它就启动了一轮更为迅速的上升趋势，在每次回调中，坚定地维持20日移动均线。该上升趋势呈现出更强势的抛物线式上涨态势，安硕白银信托最终在一轮经典高潮式上涨过程中，迅速冲向每盎司50美元，这也标志着白银行情的顶峰。

我们希望，读者从该讨论中认识到，实际上并没有神奇的移动均线。一般情况下，不同的股票会遵循不同的移动均线，在运用10日和50日移动均线过程中，我们要识别出在这两条关键移动均线中，股票遵循哪一条线。在极为罕见的情况下，诸如安硕白银信托，投资者发现，股票遵循20日和65日指数移动均线，这种大多为例外情况。只有通过仔细的实时观察和研究，投资者才能确定该股遵循哪一条移动均线。在我们的操作中，基于统计数据而言，绝大多数情况下都使用10日和50日移动均线，这是大多数股票都会遵循的移动均线。这也是我们经常使用这两条线的原因，在极少数情况下，我们能够观察并确认不同的移动均线,诸如,在2010年年末到2011年年中期间,安硕白银信托ETF遵循20日移动均线,我们就应用第三条移动均线,即20日移动均线。

一般而言,投资者和交易者应该考虑的主要移动均线问题是,同时使用很多条移动均线,存在一种羊群效应——每当股票下跌或上涨时,依据移动均线确定价格水平。例如,在大多数交易者和投资者的思想及方法中,50日移动均线支撑位的观点根深蒂固,因此,市场会让股票略微跌破关键移动均线,试图愚弄投资大众。在我们头脑中,关于移动均线的使用方法,我们不认为,首次跌破移动均线是真正背离了该移动均线。对于这种情况,我们首先观察,该股收盘价是否低于所讨论的移动均线,在第二个交易日或接下来的几个交易日内,股价是否跌破初次收盘低于该移动均线下方当日的盘中低点。这句话可能有点饶舌,但是需要仔细研讨,理解其真正含义。应用和判断移动均线的真正背离,我们需要考虑,投资大众经常被股市愚弄,股票在既定移动均线上会出现一定价格空间,在一路上涨或下跌过程中,会略微跌破或突破该移动均线,从而愚弄那些期望在该线马上反弹的粗心投资者。在本章之前所观察的图4.10和图4.11中,我们能够看到,周线图中的苹果公司,相比于40周或200日移动均线,其在10周或50日移动均线处拥有更大的回旋空间。

指标:有用还是无用?

我们经常会被问及,除了常用的带移动均线的量价图表,我们还使用什么指标。市场上有很多指标可供选择,我们一般认为,这恰恰就是避免使用它们的理由,投资者要选择简单化。投资者喜欢遵循一些较为常用的指标,在大多数情况下,包括一个独立箱体,沿着常用量价图表底部运行,比如像布林带、相对强弱指标、平滑异同移动平均线(MACD)、随机指标、超买/超卖指标、肯特纳通道、云图指标,等等。

其中,基于我们所说的均值心态回归,很多指标都可以预测。我们对于这些指标的主要问题就是其基本前提,即任何价格波动都是远离某些预先确定的均值,从统计学意义上讲,这种价格波动应该向该均值回归。一个简单的事实是,强势趋势只会沿之前所说的均值拉升。从我们趋势跟踪者的观点看,使用这种指标不仅会给图表增加相当多的额外噪声,而且会让你心生恐惧,抛出可能产生巨大盈利的头寸。使用过多的移动均线和超买/超卖指标,很容易向投资者提供多个提前卖出的理由,在我们观察和持有的股票例子中,那些在启动价格上涨时,每个单独超买指标在整体上起决定性作用的情况,我们无法数清楚。

超买指标或超卖指标的问题是,当一轮强势趋势形成并持续时,通常会沿最小阻力线获得动能,这使得超买或超卖的情况变得更加严重。正如你所知道的那样,你持有的股票,股价正在迅速上涨,未必就是在拉橡皮筋,在某种意义上,橡皮筋有扯断的危险,这会使股票随之下跌。但你怎么知道,另一边没有更结实、更有弹性的橡皮筋,更加强势地向上拉升股票!因此,不要坚持均值回归心态,采用洗脑式术语和类比,把股票看作物体运动,不是使用统计规律,而是使用物理定律,这才是趋势跟踪的要义。希望了解趋势跟踪本质的投资者,应该学会依据牛顿物理定律思考。牛顿第一定律表明,"如果物体不受外力作用,其速度保持不变"。在股票市场中,正如物理定律一样,运动物体一般会保持运动,直到对其施加相当或更大的作用力,例如,巨量抛售。通常情况下,强势龙头股能够消化做空的巨量抛售,通过回调做出短线反应,再反弹到之前价位,一旦扫清了卖方筹码,就会有更大的成交量推升到更高价位。

牛顿第二定律也适用于股票,它表述为,"物体加速度 A 与物体受到的净作用力 F 成正比,与物体质量 M 成反比,也就是,$F=MA$"。我们可以把净作用力看作买入或卖出压力,对于我们的目的而言,量价图表中的成交量柱体大小足以确定买入或卖出压力。加速度是价格趋势,我们可以确定急剧加速上涨的股票,例如,股票产生一个可买入上涨跳空缺口,在其行情波动中,具有内在的较大的加速度。为此,我们只需要观察股价和成交量。质量也与股票存在相关性,因为公司规模越小,最近 IPO 的公司以及较新的创业类公司只有较少的股票筹码和较小的总市值,与那些具有较大盘子的股票相比,通常情况下,其上涨或下跌速度更快,而行动迟缓、架构完善的大盘股,在其价格趋势中,往往具有较小的上涨加速度。它们的额外质量会产生反作用,因此,我们或许可以改变牛顿方程式,为较小质量的小盘股分配更多数额,目的是描述更新、更小、更多创新型公司,相对于那些更大、更慢、更成熟的公司,产生相同的买盘力量。由于这个原因,我们只需要评估市值规模、流通股份以及平均日成交量,这并不一定需要使用肯特纳通道以及其他简洁完善的技术指标,投资者和交易者可能只是用这些指标来装点图表罢了。

图 4.13 在图表底部显示了一条 14 日相对强弱指标(RSI)线,我们用灰色突出显示了,该指标穿越黑线进入超买区域的时间段。正如我们从最右边看到的情况,安硕白银信托变成超买状态,只是因为它启动了一轮高潮式和抛物线式的上涨。然而,当它接近 50 美元时,单独的量价行为会告诉你,就高潮式上涨而言,已经接近了卖出点。4 月初,RSI 上升到新高,这种走势无法再为你提供更好的帮助了——只会让你因为恐惧而卖出,就在此时,它启动了一轮最大的、获利最为丰厚的上涨行情。安硕白银信托在 2011 年成为一个超买变得更加超买的现实例子。尽管 RSI 可能会使你因恐惧而卖出,但是当安硕白银信托反转,并上涨到更高价格时,它对于你重新买入头寸毫无用处,因为它始终保持在高位,从未下跌到超卖水平,根据指标假定,只有回到超卖水平,你才会获得重新买入的清晰信号。

当然,有人或许倾其所有时间来回溯测试指标,观察在既定时间内哪一个指标效果最好。肯定会出现某种指标发出正确信号的情况,在我们看来,指标就像辅助工具,一旦你研究了成千上万的图表实时量价行为,进行了亲身实践,就可以自己骑自行车,无须使用辅助轮。对于一名熟练的自行车手而言,辅助轮实际上会成为一种障碍——我们认为,这种情况即使不是适用于所有指标,也适用于大多数指标。

我们发现,龙头股启动有利可图的趋势时,股价、成交量配合三条主要移动均线(即 10 日、50 日和 200 日移动均线)足以确定买入和卖出点。大多数指标,特别是通道宽度指标和超买-超卖指标,只会给学者和新闻评论员提供必要的

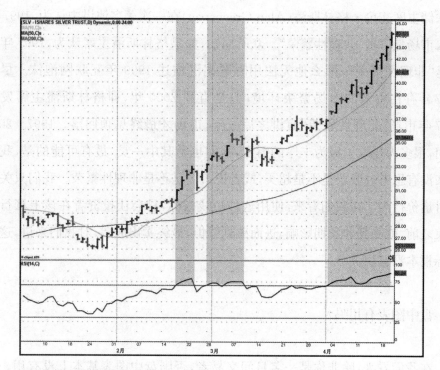

HGS 软件公司供图,版权 2012。

注:RSI 不能反映其潜在上涨趋势。

图 4.13 2011 年安硕白银信托(SLV)日线

素材,让人担心市场持续上涨的后果。通过这种方式,它们让投资大众怀疑上涨行情,并确信出现超买状态,或者是上涨行情从均值开始,必然会重新向均值回归,我们发现,这些指标是"有用的"。用处就是,让投资大众感到恐惧,让我们从中渔利。但是,就我们自己的实践而言,它们根本毫无用处。

在无趋势、波动方向变幻不定的市场环境中,某些指标可能会变得有用,因为无趋势市场是一种只会上下波动的市场,从短线超买到短线超卖,之后,再次重复。对于那些自认为可以通过引导股票赚大钱的投资者而言,这种情况或许很不错,但是欧奈尔-威科夫-利维摩尔方法是一种趋势跟踪法,短线指标无法让投资者确认,并最优利用主要趋势。

市场波动,甚至那些极为聪明和精明的投资者称之为泡沫的波动,也会比大多数人想象的走得更远,甚至在最终爆发前,达到看似荒唐的程度。例如,前美联储主席艾伦·格林斯潘(Alan Greenspan)在一次著名演讲中认为,1997年股票市场是一种"非理性繁荣"。众所周知,如果格林斯潘主席认为,1997年市场是"非理性繁荣",那么他无法用时髦词汇描述1999年互联网泡沫。尽管1997年存在所谓的市场繁荣环境,但是直到2000年,即格林斯潘主席发表1997年市场"非理性繁荣"演讲之后三年,市场才最终见顶回落。1997—2000年间,很多人赚取了极为丰厚的财富,我们也是其中一员,最有可能的是,我们从来没有思考过股票是不是超买,或者说市场是不是非理性繁荣。我们只关注实时量价行为。在我们看来,使用这种短线指标,只会让投资者在该上涨行情结束之前,就受到非预期影响,进而感到恐惧,最终卖出股票,对我们来讲,这些指标根本没有用。

盘中图表有用吗?

在我们看来,除非你是一名日间交易者,否则盘中图表基本上没有用。请谨记,我们是趋势跟踪者,并且我们寻找的趋势至少是中线趋势。无论你如何编造,一个交易日肯定不是中线趋势,甚至不是短线趋势——最可能是"超短线"趋势。我们必须自问,"超短线趋势"是不是我们寻求确认的趋势,显而易见的答案就是"不"。即使如此,我们也会密切关注市场交易的新方法。市场出现变化,可能在一段时间内使超短线趋势具有可行性,但这只对那些采用日间交易策略的投资者有效。同时,我们绝不希望这种策略使我们的专注力偏离中长线策略,只有中长线策略才会产生更大利润潜力。

如果使用盘中图表存在优势,那么盘中图表可能有助于你在该交易日内以更好的价格买入股票,诸如在可买入上涨跳空缺口交易日中,因为它可能有助于确定当日盘中低点。就简单性而言,所有这一切的问题是,实时日线图会获得相同的信息,根本不会出现令人恐惧的超短线盘中波动,例如,在5分钟线图上出现的明显波动。就实时日线图而言,我们认为,日线图与实时报价系统相关,图表中的价格和成交量会在整个交易日内变化,并实时更新。在熊市或市场调整期间,为了在之前龙头股中确定做空卖出时机,我们确实也使用盘中图表,但这是我们另一本书的主题。

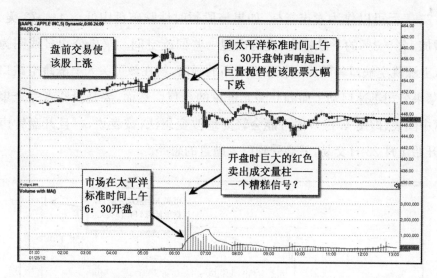

HGS 软件公司供图,版权 2012。

注:开盘时巨量抛售让人心生恐惧。

图 4.14 2012 年 1 月 25 日苹果公司(AAPL)盘中交易 5 分钟线

图 4.14 是 2012 年 1 月 25 日苹果公司(AAPL)可买入上涨跳空缺口交易日当天 5 分钟盘中走势图。前一交易日,苹果公司发布盈利报告,超出了市场预期,在 1 月 24 日盘后交易时间内大幅跳空上涨。这种上涨行情延续到了下一个交易日,在开盘钟声响起时,我们能够看到盘前交易。由于我们总部位于加利福尼亚州普拉亚德雷(Playa del Rey),股市开盘时间是太平洋标准时间上午 6:30,系统反映出来的时间要与纽约开盘时间、美国东部标准时间上午 9:30 一致。当苹果公司自盘前顶部下跌时,请注意这个巨大的卖出成交量柱体。这好像是精明的资金在逢跳空缺口卖出,你实时观察这幅图表,基于可买入上涨跳空缺口的这种巨大成交量,可能会让你感到恐惧,不敢买入。整个交易日,极少有大幅上涨成交量,但是,随着该股在整个交易日内横盘波动,到市场于太平洋标准时间 13:00 收盘时,出现更多巨大下跌成交量。盘中图表让人觉得,卖方在巨大跳空缺口上涨时利用巨大市场需求卖出股票。最初,那些逢高在 460

美元附近卖出的卖方,似乎极为明智,因为该股票下跌到了443美元。

　　如图4.15所示,苹果公司出现巨量可买入跳空缺口式上涨,盘中低点444.73美元可以作为卖出指标,如果该股暂时性跌破盘中低点444.73美元,就增加1%～3%的下跌幅度,允许出现一些回旋空间。苹果公司日线图为可买入上涨跳空缺口勾勒出一幅相对清晰的画面,就在该可买入上涨跳空缺口之后,苹果公司迅速启动了向600美元进军的步伐。然而,要是投资者完全聚焦于盘中图表(即图4.14),他可能会轻易地改变想法,或者说,一旦开盘钟声响起,开始1月25日交易,就会受到巨大抛盘的恐吓。

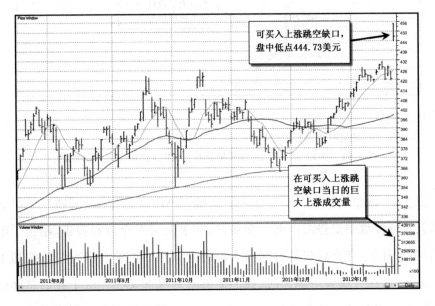

HGS软件公司供图,版权2012。

注:清晰的可买入上涨跳空缺口,可以马上付诸实施。

图4.15　2012年苹果公司(AAPL)日线

　　如图4.14和图4.15所示,盘中图表只会带来更多市场噪声,在你的脑海以及图表眼中产生深刻印象,反过来,这可能会对你造成影响,进而制定错误决策。图4.15以正确的角度来观察这个最初跳空上涨交易日及其接下来三个交易日的量价行为。在这幅苹果公司日线图中,随着成交量下降,该行为实际上非常稳健和清晰,表明所有在跳空缺口上涨时逢高卖出的抛盘已经被消化了。

很大可能是,过度强调 5 分钟线图盘中波动及其相对成交量,就无法充分把握苹果公司的真正趋势,这种情况在图 4.16 中变得非常明显。

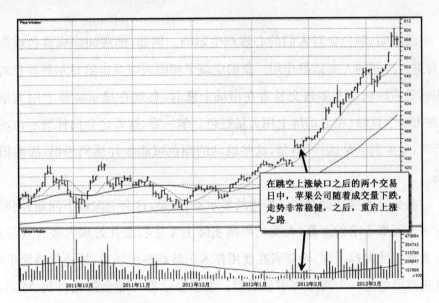

> 在跳空上涨缺口之后的两个交易日中,苹果公司随着成交量下跌,走势非常稳健,之后,重启上涨之路

HGS 软件公司供图,版权 2012。

图 4.16　2012 年苹果公司(AAPL)日线

总之,盘中图表给交易者带来太多的噪声。日线图中微小波动,可能在 5 分钟图上看起来是巨大的波动,在这种短线框架内,放大量价行为容易放大恐惧和贪婪情绪。恐惧:日线图上微小的波动,可能在 5 分钟线图上看起来是很大的波动,令交易者感到恐惧而卖出头寸,或者是当交易者看到该股启动上涨时,过量持有头寸。此外,导致市场出现条件反射的头条新闻,可以转化成盘中图表,并被盘中图表进一步夸大,这种情况使得新闻效应放大恐惧或贪婪,反过来,这可能会产生不恰当的交易行为。如果必须使用盘中图表,那么我们喜欢使用较长时间段图表,如 30 分钟或 60 分钟图表。偶尔,当我们操作大规模头寸时,比方说 50 000～100 000 股股票,我们想了解 30 分钟或 60 分钟短线支撑位或阻力位,以便于股票操作,但常见的情况是,一旦买入警报响起,我们就会马上进场,买入股票。

显示器颜色和设计

实践证明,颜色会对人们的心理产生影响。例如,把房间涂成蓝色或海蓝色,对进入房间的人有镇静作用。我们应该了解图表以及电脑显示器颜色对心理和感觉的影响。大多数交易者在市场上涨时,喜欢在显示屏幕上用大量绿色,在市场下跌时,在显示屏上用大量红色。乍一看,这肯定会向你展示市场实时行情,至少当下是这样,但是,这些跳动的颜色可能令你感到恐惧,提前退出市场。

一些交易者喜欢面对着一排排的显示器,但是,这会引发以下问题:同时观察这么多闪烁不定的屏幕,人类的眼睛实际上无法收集并处理太多有效信息。正如本章其他内容一样,投资者在使用技术工具观察市场时,尽量保持简单性。你真正需要的是一个高分辨率显示器。太多显示器可能会强化自我,特别是,如果你深受"显示器嫉妒症"(monitor envy)之苦,过多的显示器会妨碍交易绩效。图4.17展示了一款我们喜欢的、简单的单屏显示器。通过缩小显示器,可以看到更多股票代码和报价,你可以让这个显示器看起来更为复杂,我们发现,这种基本的显示器布局在密切关注市场行情时,更为有效。

这种基本的显示器设置在左上角列示了三种投资组合,如果股票在上涨或下跌过程中穿透了某一特定价格,就会发出股价警报;当某只特定股票触及特定的成交量水平时,也会发出成交量警报。在监控股票的实时口袋支点买入点时,我们经常使用成交量警报。

另一个窗口显示股票监视清单,每天都会更新,有特定的名字,我们或许会密切关注某个特定交易日。在其下方是纳斯达克指数强势股,可以密切注意这些关键的"交易日重要股票",杰西·利维摩尔可能会说,这可能会描述出市场行为背后所酝酿的活动情况。中间是指标和市场数据窗口,我们可以密切关注所有主要的市场指数和市场数据,诸如市场成交量、卖权—买权比率、上涨与下跌股票、关键大宗商品价格等。

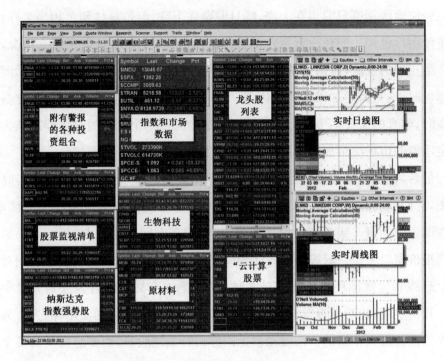

eSignal 公司图表,版权 2012。

图 4.17 基本的单屏显示器设置

报价窗口最右侧是主要的龙头股列表,通常情况下,是我们研究和关注的股票,尽管投资者几乎没有时间观看屏幕,但是市场可以很轻易地替代《投资者商业日报》(*Investor's Business Daily*)50 指数,这是一个优秀的主要龙头股列表,不只是市场周期中的最大龙头股。其他三个窗口就是我们可能会关注的几个行业板块。在这个例子中,我们关注的是生物科技、原材料和"云计算"股票。投资者还可以考虑使用更少的界面,显示更多龙头股票板块,它们都可以集中在一个窗口中,这取决于该投资者可以承受多大程度上的视觉疲劳。

请注意,除了指数和市场数据窗口之外,所有报价窗口都依据当天的波动百分比排列,最高涨幅的股票实时出现在列表顶部。另一个非常关键的特征是显示器的颜色。我们不喜欢刺眼的红色和绿色,我们使用冷色调作为背景色。在显示器窗口的特殊日期,如道琼斯工业指数下跌 80 点,多亏这种颜色搭配,使该窗口看起来相对平静,主要闪烁的是灰和绿的色调。我们设置颜色,以便可以轻松地区别哪只股票在上涨,哪只股票在下跌,但是总体颜色相当多样化,注重使用冷色调。颜色设计旨在促进冷静的心理,无论市场出现什么情况,为了产生正确的想法,做出正确的决策,这些都是必要的。在为自己的显示屏设计颜色时,这是需要加以考虑的因素。毕竟,每当市场或某只股票在该交易日下跌时,你真的需要某个指标发出"抛售"指令吗?一个有效的显示器应该为你制定冷静的市场决策提供帮助,而不是产生一种不利的心理影响。

最后,在这个单屏显示器布局中,我们在最右边显示实时日线图和实时周线图,它们与实时报价相关,在该交易日内随盘中股票实时价格波动而波动。这些图表中的每一幅都与报价列表相连,我们在上面轻轻一点,就可以快速地看到报价窗口中任一只股票的日线和周线图。这可以让我们看到,该股相对于大盘日线和周线图所展示出来的总体情况,把该交易日的行为放到大盘中考虑。我们发现,相对于观察5分钟盘中图表而言,这确实更加实用,因为5分钟图表往往会放大小幅的价格波动。无论你何时关注股票,都要监视其向哪个方向波动,在实时日线图中,关注股票波动所产生的价格,不会耸人听闻。

一般情况下,在日线图中,我们只使用10日、50日和200日移动均线,尽管我们在图4.16中包含了20日算术移动均线和65日指数移动均线。从实用角度看,或者说基于我们自己的经验,10日和50日移动均线一般是真正的主力移动均线,我们使用得最多,足以应对这项任务。周线图,使用10周和40周移动均线,它们在日线图中对应的是50日和200日移动均线。我们使用eSignal专业版,由市场交互式数据(Interactive Data)公司提供相关服务,任何报价系统都可以运行程序,让每一个功能就像上面所描述的一样。我们还喜欢eSignal的"盘前功能",为了基于盘前的交易价格,迅速获知那些在开盘时高开的股票,我们每天在开盘前20~30分钟就启动该功能。从本质上讲,这是可买入上涨跳空缺口的起点,我们在该交易日寻找并利用这种缺口。在该交易日期间,我们为口袋支点而执行该功能,但是,大多数个人投资者和交易者可能没有这种机构级别的工具,我们则利用这种工具观察市场。观察口袋支点的一种简单方式是,每天浏览自己的龙头股列表,观察哪只股票可能在酝酿口袋支点式波动,之后,设置成交量警报,如果该股票当日最高成交量超过之前 10 个交易日任何一个下跌交易量,就会发出警报。

所见即所得

提及图表、移动均线、指标、显示器设置,诸如此类,还有很多可能很诱人,却华而不实的东西。对于那些热衷于市场的人而言,它们几乎是无法抗拒的。但是,所有华而不实的东西,我们都可以自行处理,就选择复杂还是简单而言,所有人都有一种选择,真正的问题是,复杂化在该过程中是否会有所裨益。从直觉上讲,通常情况下,少就是多,这话很有道理。为了获取期望的结果,也就是说,找到有价值的趋势并抓住它,我们对该过程简化得越多,效果就越好。依据我们自己的经验,可以明确告诉你,我们曾经为之付出了鲜血、汗水和泪水。当谈及投资者的图表眼时,该概念可以扩展到市场眼的含义,保持简洁应该是一条基本公理。你需要观察什么,你需要何时观察,以及你需要多近距离观察,才会获得期望的结果?

作为交易者和投资者,我们在成长过程中发现,实际上,我们分心越少,效果就越好,本章尽力总结最基本的图表眼要素,我们在实践的、实时的和经常性的基础上,使用它们。尽管最初一些指标或许是你的辅助轮,但随着经验增加,你可能会发现,它们在交易过程增加了障碍,必须去掉。我们在某项业务上花费的时间越长,回到这个基本前提的机会就越多,正如我们的朋友弗雷德·理查兹(Fred Richards)经常说的,这就是"保持安全、理智和简洁"。

接下来的两章,会给你做一些图表练习,深入研究口袋支点和可买入上涨跳空缺口。

第五章

口袋支点训练

　　本章的主要目的是，让你看到为何这些形态是有效的，并训练你的眼力，只要日线图出现有价值的口袋支点买入点，就可以发现它。本章包括 40 个口袋支点练习，需要你亲眼确认这些形态中有意义的口袋支点买入点。尽量区分正确买入头寸的形态和不正确或者说存在缺陷的形态。

　　当你开展这些训练时，请记住，一般情况下，口袋支点应该出现在具有建设性的量价盘整或上升趋势中，此时，该形态中的成交量相对较低，可能是稳健的横盘整理，或者说是沿某条移动均线盘整。在基部或盘整期间，股价趋势可能略微向下倾斜。就上升趋势中的持续性口袋支点来说，该股应该展现出连续性的上升趋势，要么沿 10 日移动均线上升，要么沿 50 日移动均线上升。如果在该形态中产生波动，要是投资者观察到口袋支点是一个极为强势且成交量放大的上涨逆转形态，那么它可能仍然具有建设性。

　　每次练习都包括一幅日线图，答案在紧随其后的图表上。请你使用铅笔，确认口袋支点，添加评论或条件。一旦你对自己的图表分析感到满意，就去看随后的图表，阅读我们的答案以及对该股量价行为的评价，该行为与口袋支点买入点相关。

图 5.1 2010 年化石（Fossil）石油公司（FOSL）走势

对于这些练习，首先用一张索引卡或者将一张标准大小的纸折成一半，盖到图表上，然后，每次向右移一条，这样更容易观察每天的行为。

图 5.2 2010 年化石石油公司（FOSL）走势（答案）

1. 随着该股向上突破 10 日和 50 日移动均线,口袋支点出现了。之前回调一般不认为是 V 形形态,它只是巩固了自前期低点和 200 日移动均线的上涨。该交易日之后两天,产生了口袋支点的量能信号,但是远离 10 日移动均线,不具备口袋支点买入点的条件。

2. 这个口袋支点是随着基部突破出现的,尽管量能相对于标准基部突破并不充分。一般情况下,对于有效的基部突破而言,成交量需要达到日均成交量的 150%,在这种情况下,口袋支点为在突破时买入提供了充分的依据,降低了突破需要出现日均成交量 150% 的量能条件——在本例中使用口袋支点的优势。该交易日后三天,产生了口袋支点量能标志,但是远离 10 日移动均线。自点 2 交易日之后第 2、第 5 和第 8 个交易日,都出现了口袋支点,每一个都略微向上远离 10 日移动均线。

3～4. 这实际上是介于点 3 和点 4 之间,沿 10 日移动均线出现的 4 个口袋支点买入点,预示着自该点的强势上涨,该股票在随后交易日中出现上涨,并远离 10 日移动均线。

图 5.3   安移通(Aruba Networks, ARUN)走势

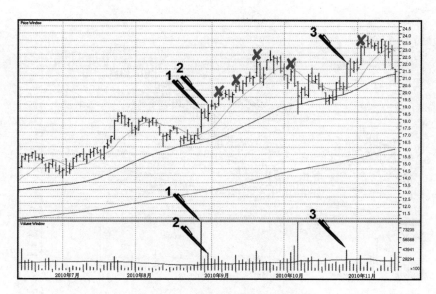

图 5.4 安移通（ARUN）走势（答案）

1. 这个口袋支点与巨量基部突破同时出现。

2. 这个口袋支点下跌到了第一个口袋支点区间内，值得买入。请注意，该口袋支点顶部高于第一个口袋支点，因此，它或许被认为是不稳健的，不值得买入，直到它下跌到了第一个口袋支点的区间之内，才更具建设性。在该交易日之后，点 3 之前有 4 个交易日出现口袋支点量能标志，用×进行了标记，但是前 3 个都远离 10 日移动均线，第 4 个在一轮快速、大幅下跌后，收于 10 日移动均线下方。

3. 远离 50 日移动均线，以这种具有建设性的方式完成了盘整，因此这个口袋支点是有效的。随后的口袋支点远离了 10 日移动均线，是无效的。

图 5.5　北极星工业公司(Polaris Industries，PII)走势

图 5.6　北极星工业公司(PII)走势(答案)

1. 这个较小的口袋支点是一种信号，具有建设性的构建基部行为会引发一轮潜在的突破。

2. 这个口袋支点和突破同时出现。随后以×标记的口袋支点远离 10 日移动均线。

3. 这个持续性的口袋支点脱离 10 日移动均线。随后以×标记的口袋支点远离 10 日移动均线。

4. 基于投资者个人的风险容忍度,这个持续口袋支点可能在其上部区域是不稳健的,但是在其下部区域值得买入。

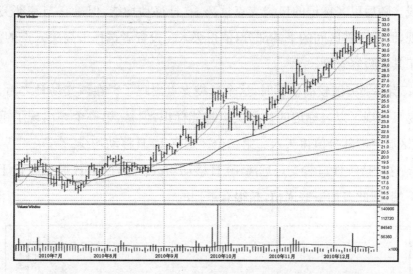

图 5.7　Rackspace 控股公司(Rackspace Holdings, RAX)走势

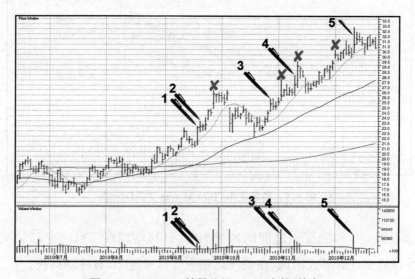

图 5.8　Rackspace 控股公司(RAX)走势(答案)

1. 这个持续性口袋支点出现在基部突破之后,但是仍然值得买入。

2. 这个持续性口袋支点处于第一个口袋支点区间内。随后以×标记的口袋支点远离 10 日移动均线。

3. 这个口袋支点出现在该股自 50 日移动均线反弹之后。尽管该股之前出现跳空下跌,但它产生了具有支撑作用的中柱体,几周后,反弹脱离 50 日移动均线。随后以×标记的口袋支点远离 10 日移动均线,但是它与基部突破同时出现,因此在其区间的下端部分,值得买入。投资者选择最高买入点的位置,取决于其风险容忍度。

4. 当基部突破较高柄部时,这个口袋支点出现了。在该交易日之后,有两个交易日出现了以×标记的口袋支点量能标识,但是,第一个×出现了重叠现象,该区域下端部分值得买入。第二个×远离 10 日移动均线。

5. 这个持续性口袋支点远离 10 日移动均线。请注意,该股票收盘于交易区间下端,因此多加一些谨慎,是很有道理的。

图 5.9　塔塔汽车(Tata Motors,TTM)走势

1. 在第一个口袋支点之前的×远离 10 日移动均线。第一个口袋支点以持续性口袋支点的形式出现,在快速盘整中非常接近 10 日移动均线。

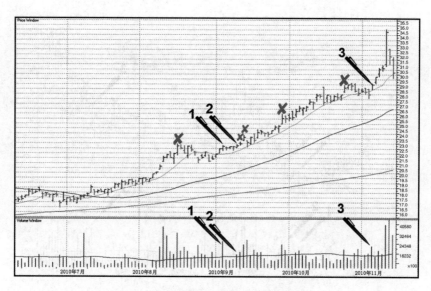

图 5.10 塔塔汽车(TTM)走势(答案)

2. 这个口袋支点仍然相对接近 10 日移动均线。在该交易日之后,有 4 个交易日出现了以×标记的口袋支点量能标识。第一个×的下端部分与第二个口袋支点产生重叠现象,它值得买入。接下来的三个×远离 10 日移动均线。

3. 在具有建设性的盘整之后,出现远离 10 日移动均线的口袋支点。

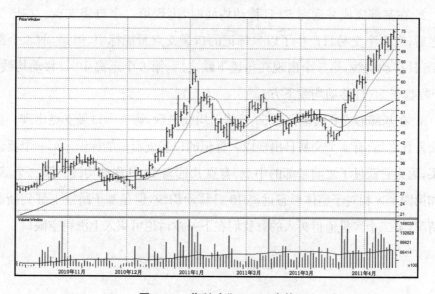

图 5.11 莫利矿业(MCP)走势

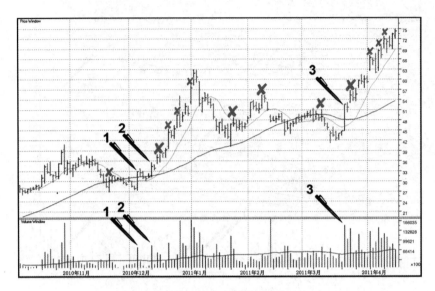

图 5.12　莫利矿业(MCP)走势(答案)

1. 第一个口袋支点前的×,恰好出现在该股票急速下跌之后,尽管它恰好收盘于 50 日移动均线上方,但是不要买入。第一个口袋支点出现在第二次下跌之后,但是这次下跌与第一次下跌低点相近,表明该股可能会扭转下跌趋势。我们看到,收盘价位于或高于 50 日移动均线,总归是一件好事。

2. 在基部完成并远离 50 日移动均线时,出现第二个口袋支点。在该交易日之后,有 7 个交易日产生了以×标记的口袋支点量能标识,但是,前 4 个都远离 10 日移动均线,第 5 个出现在急速下跌之后,第 6 个远离 10 日移动均线,第 7 个收盘于 50 日移动均线下方。

3. 在基部形成并大幅穿越 50 日移动均线之后,第三个口袋支点出现。在这个交易日之后,有 4 个交易日出现以×标记的口袋支点量能标识。第一个要谨慎购买,因为它跃过了之前基部的中点,有点儿远离 10 日移动均线。第二个、第三个和第四个×相对于整体形态远离 10 日移动均线,但是基于跳空上涨到新高这种情况,第二个×是值得买入的。我们在下一章讨论可买入上涨跳空缺口。

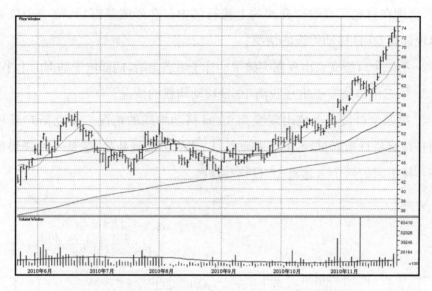

图 5.13 得克斯户外用品公司（Deckers Outdoor, DECK）走势

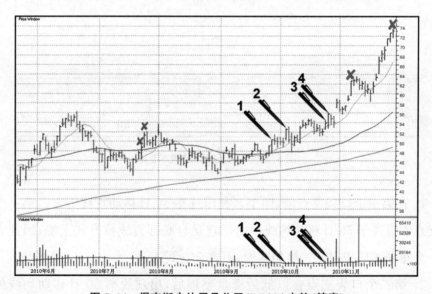

图 5.14 得克斯户外用品公司（DECK）走势（答案）

1. 在第一个口袋支点之前，两个×恰好出现在该股快速下跌之后，因此，尽管第一个×首次收盘高于 50 日移动均线，并且似乎完成了基部，但是不要买入。我们关注最好的形态，而不是带有缺陷的形态。第二个×远离 10 日移动

均线,出现在自底部直线拉升式的上涨行情中。在形成基部后,第一个口袋支点出现远离 50 日移动均线的情况。

2. 第二个口袋支点出现在突破带柄杯子形态之后,柄部位于基部的上半部。

3. 第三个口袋支点出现脱离 10 日移动均线的情况。

4. 第四个口袋支点也出现脱离 10 日移动均线的情况。得克斯户外用品公司在该交易日重新试探 10 日移动均线,之后上涨到新高,这是一种强势确认形态。接下来的两个×远离 10 日移动均线。

图 5.15　百度公司(BIDU)走势

1. 在第一个口袋支点前,四个×都出现在 50 日移动均线下方。第一个口袋支点收盘高于 50 日移动均线。由于它是自底部直线拉升式上涨,因此它只是一个布局式口袋支点。换句话说,不要全仓买入。

2. 第二个口袋支点在以低量横盘整理后,出现脱离 50 日移动均线的情况,这具有建设性意义。

3. 第三个口袋支点出现在该股跌破 50 日移动均线之后,并没有背离 50 日移动均线。这种逆转式放量上涨特别强势,是机构提供支撑的信号。

4. 第四个口袋支点出现脱离 10 日移动均线的情况,是一种在第二天出现

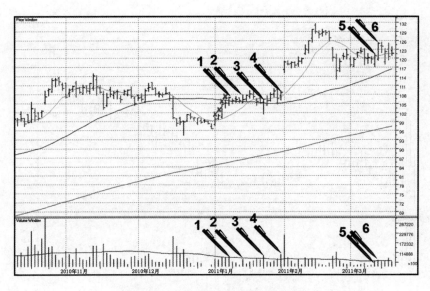

图 5.16　百度公司（BIDU）走势（答案）

可买入上涨跳空缺口的信号。在下一章讨论可买入上涨跳空缺口。

5. 第五个口袋支点出现在基部稳定之后。该基部始于点 4 后的可买入上涨跳空缺口。这种跳空上涨缺口是一个极具建设性的信号，可以增强这个口袋支点的有效性。

6. 第六个口袋支点就出现在第五个口袋支点之后。这个口袋支点的下端部分与第五个口袋支点出现重叠现象，是值得买入的。而上端部分会带来更多风险，投资者必须决定在哪个点买入，过于远离 10 日移动均线时不要买入。

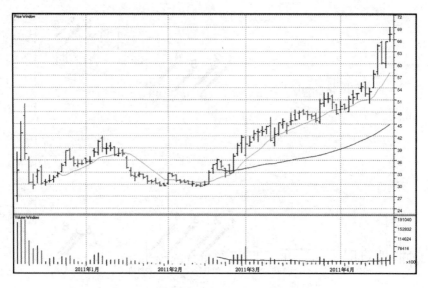

图 5.17　优酷网(Youku.com,YOKU)走势

图 5.18　优酷网(YOKU)走势(答案)

1. 第一个口袋支点出现在脱离其低点的稳健盘整之后。该股是首次公开上市(IPO),因此这不是抄底口袋支点。只有当市场在几个月,至少在几周内,持续处于无趋势或下跌行情时,才应该考虑抄底口袋支点。接下来的两个×远

离 10 日移动均线。尽管恰好穿越刚刚产生的 50 日移动均线,但它们相对于整体形态并不稳健,具有更高的风险。

2. 第二个口袋支点出现脱离 50 日移动均线的情况。该股以具有建设性的低量重新试探 50 日移动均线。接下来的两个×远离 10 日移动均线。

3. 在以建设性低量盘整并突破 10 日移动均线后,第三个口袋支点出现脱离 10 日移动均线的情况。尽管背离了 10 日移动均线,但是该背离出现在 7 周内,这时投资者不仅不能卖出,而且应该依据七周规则,转而使用 50 日移动均线作为卖出参考。

4. 第四个口袋支点远离 10 日移动均线。接下来的四个×都远离 10 日移动均线。

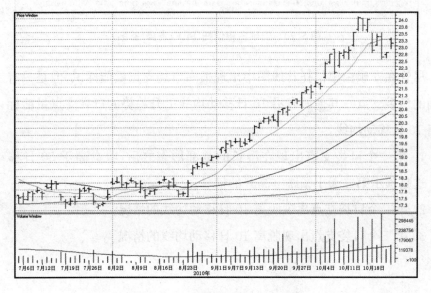

图 5.19 安硕白银信托(SLV)走势

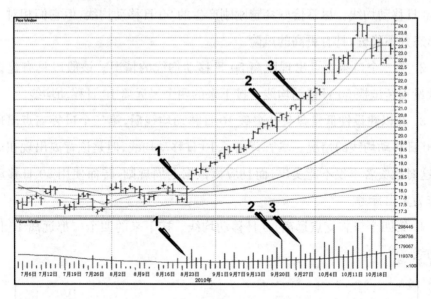

图 5.20　安硕白银信托(SLV)走势(答案)

　　尽管在安硕白银信托日线图中出现很多口袋支点量能标识,但是只有三个正确的口袋支点。其他所有沿 10 日移动均线上升趋势的口袋支点量能标识都远离 10 日移动均线。

　　1. 第一个口袋支点出现在漫长的基部形态之后,收盘高于 50 日移动均线。这是预示第二天小幅跳空高开的信号。

　　2. 第二个口袋支点出现脱离 10 日移动均线的情况。

　　3. 第三个口袋支点出现脱离 10 日移动均线的情况。

图 5.21 应美盛公司(INVN)走势

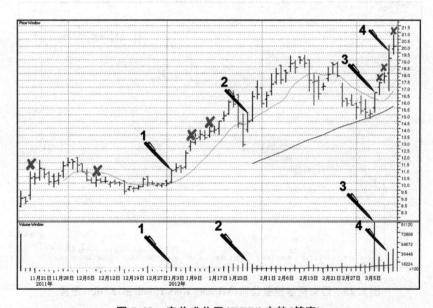

图 5.22 应美盛公司(INVN)走势(答案)

1. 第一个口袋支点之前,首个×在形态中出现太早,就出现在公开上市交易的第三个交易日。第二个×出现在下跌趋势中,收盘低于 10 日移动均线。

这只股票仅仅上市几周时间,这种情况会增加买入风险。第一个口袋支点出现脱离 10 日移动均线的情况,并且出现在该股完成基部形态,稳健交易了 3 周之后。接下来的两个×远离 10 日移动均线。

2. 第二个口袋支点是可买入上涨跳空缺口,将在下一章讨论。它出现在急剧的回调之后,对于一只具有波动性的新股来讲,这种情况很常见。

3. 第三个口袋支点出现脱离 50 日移动均线的情况。请注意,在这个产生第三个口袋支点的交易日中,当该股试探 50 日移动均线时,如何获得持续性的支撑。接下来的两个×远离 10 日移动均线。买入机会窗口常常出现在口袋支点当天。

4. 第四个口袋支点重新试探,并突破到盘中新高,之后产生了相当强势的收盘价。这种逆转式上涨形态特别有价值。随后的×远离 10 日移动均线。

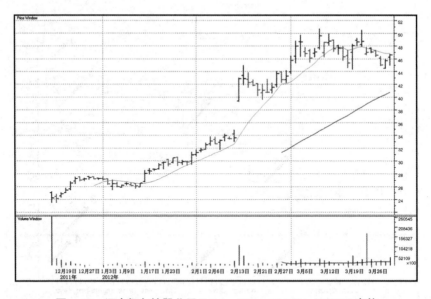

图 5.23 迈克柯尔控股公司(Michael Kors Holdings,KORS)走势

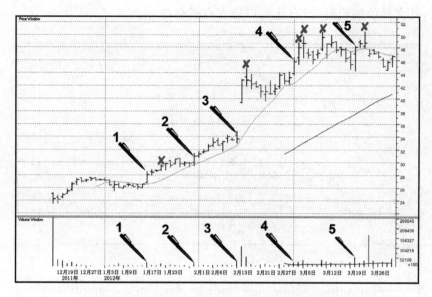

图 5.24 迈克柯尔控股公司（KORS）走势（答案）

1. 第一个口袋支点与稳健盘整后突破新高同时出现。随后的×远离 10 日移动均线。

2. 第二个口袋支点是脱离 10 日移动均线的逆转式上涨情况的延续。

3. 第三个口袋支点出现脱离 10 日移动均线的情况。它是一个谨慎性口袋支点，收盘于交易区间的下半部且是中等柱体，因此，它可以买入，但最好是半仓买入，因为投资者已经在口袋支点 1 和 2 买入了股票。随后的×远离可买入上涨跳空缺口当天的收盘价。

4. 第四个口袋支点是谨慎性支点，在第三个口袋支点之后，再次出现可买入上涨跳空缺口，之后创出新高。可买入上涨跳空缺口是图表形态中的强势信号，如果导致口袋支点的量价行为具有建设性意义，那么在创出新高时可以买入。在本例中，它稍微远离 10 日移动均线，需要谨慎对待。随后的三个×都远离 10 日移动均线。

5. 第五个口袋支点是谨慎性支点，因为它出现在下跌之后，收盘仅高于 10 日移动均线，相对于整体形态而言，这具有一定的建设性意义。随后的×收盘于交易区间下半部，并出现在稍具建设性的量价行为之后，相对于第五个口袋支点,其交易价格较高,没有达到口袋支点的标准。

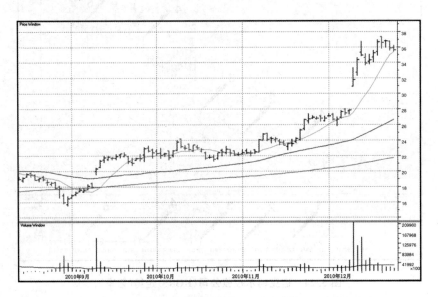

图 5.25 露露柠檬(LULU)走势

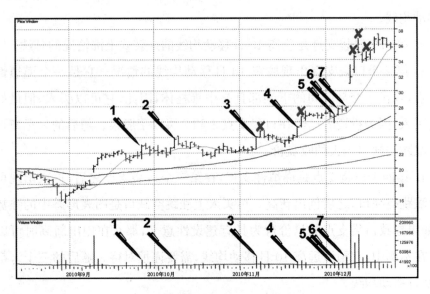

图 5.26 露露柠檬(LULU)走势(答案)

1. 在前期跳空上涨缺口之后,第一个口袋支点出现脱离 10 日移动均线的情况,这是一个强势信号。

2. 第二个口袋支点出现脱离 10 日移动均线的情况。

3. 第三个口袋支点脱离 10 日移动均线,并且出现在低量且具有建设性的稳健盘整之后。随后的×远离 10 日移动均线。

4. 第四个口袋支点脱离 10 日移动均线。随后的×远离 10 日移动均线。

5. 第五个口袋支点跌穿 10 日移动均线,之后收盘于 10 日移动均线,处于交易区间上端 1/3 之内,是强势信号。

6. 第六个口袋支点脱离 10 日移动均线。

7. 第七个口袋支点脱离 10 日移动均线。随后的×远离之前交易日的可买入上涨跳空缺口收盘价,接下来的两个×远离 10 日移动均线。

图 5.27　河床科技(Riverbed Technology,RVBD)走势

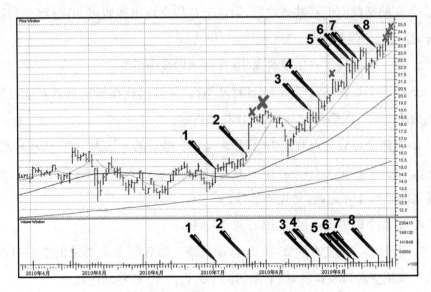

图5.28　河床科技(RVBD)走势(答案)

1. 第一个口袋支点出现在具有建设性的基部形态之后,突破了50日移动均线,收盘接近盘中高点。

2. 第二个口袋支点在更具建设性的稳健量价行为之后,脱离10日移动均线。这是预示第二天突破的信号。随后的两个×远离10日移动均线。

3. 第三个口袋支点在10日移动均线找到支撑,之后产生逆转式上涨,收盘接近盘中交易区间的顶部。

4. 第四个口袋支点脱离10日移动均线,并触及新高。随后的×远离10日移动均线。

5. 第五个口袋支点脱离10日移动均线。它出现在股票盘整到10日移动均线之后。

6. 第六个口袋支点也脱离10日移动均线。

7. 第七个口袋支点有点脱离10日移动均线,但是仍然处于之前口袋支点买入区间的范围。

8. 在几周上涨趋势后,第八个口袋支点在小幅修正后,脱离10日移动均线。接下来的三个×都远离10日移动均线。

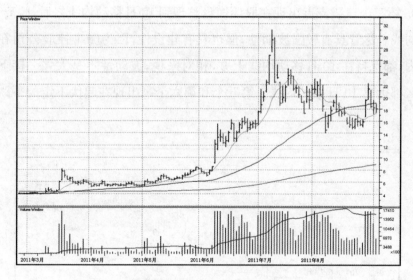

图 5. 29　咖啡控股公司（Coffee Holding Co. , JVA）走势

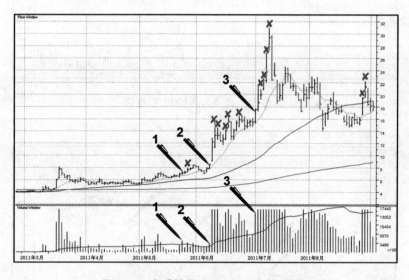

图 5. 30　咖啡控股公司（JVA）走势（答案）

1. 第一个口袋支点与带柄杯子形态突破同时出现。突破成交量不充足，但足以满足口袋支点的条件。随后的×远离 10 日移动均线。

2. 第二个口袋支点出现在具有建设性的低量盘整之后，脱离 10 日移动均线。这是预示第二天巨幅上涨的信号。接下来的五个×都远离 10 日移动均线。

3. 第三个口袋支点出现在股票横盘整理到 10 日移动均线之后，脱离 10 日移动均线。尽管具有较强波动性，但也具有建设性，因为咖啡控股公司在所有时间内，都保持在 10 日移动均线上方，相对来说，波动性不是太强。接下来的四个×都远离 10 日移动均线。第五个和第六个×出现在起伏不定的下跌趋势之后。

图 5.31　奈飞公司(NFLX)走势

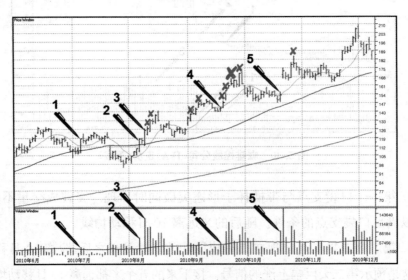

图 5.32　奈飞公司(NFLX)走势(答案)

1. 在第一个口袋支点前的三个交易日,第一个交易日显示出逆转式上涨,下跌趋势在此受到支撑。接下来的两个交易日,是围绕 50 日移动均线的平稳、低量交易日,之后,该口袋支点脱离 50 日移动均线。

2. 第二个口袋支点突破 50 日移动均线,收盘接近于盘中高点,并且出现在形态完成之后。之前的跳空下跌引起一些担忧,因此,这个口袋支点需要谨慎对待。

3. 第三个口袋支点脱离 50 日移动均线,并上穿基部中点。接下来的四个×都远离 10 日移动均线。

4. 第四个口袋支点出现在两个窄幅波动交易日之后,即使它收盘低于 10 日移动均线,但是之前的量价行为非常具有建设性,可以满足口袋支点的条件。在第四个口袋支点后第一个×,并非远离 10 日移动均线,只是相对于整体形态,略微有点不稳健,因此,它是谨慎性口袋支点。接下来的三个×都远离 10 日移动均线。

5. 具有建设性的盘整,几乎触及 50 日移动均线,出现第五个口袋支点,并且第二天出现可买入上涨跳空缺口信号。接下来的×远离 10 日移动均线。

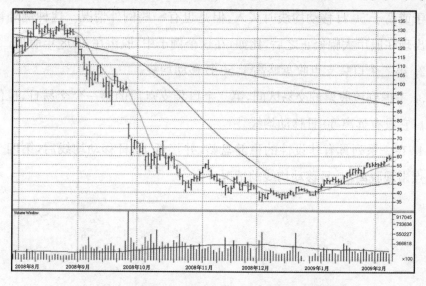

图 5.33　动态研究公司(Research in Motion,RIMM)走势

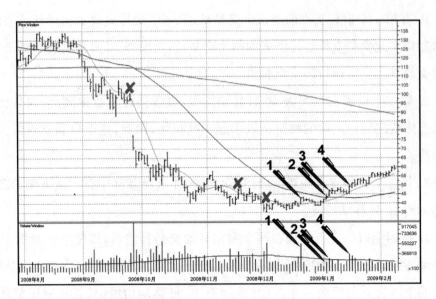

图 5.34　动态研究公司(RIMM)走势(答案)

1. 第一个口袋支点之前的三个×,都出现在下跌趋势中,在基部完成之前,都不要买入。第一个口袋支点出现在基部完成之后,尽管收盘低于 50 日移动均线,但是量能和迷你缺口提高了成功率。因此,尽管大多数口袋支点应该在处于或高于 50 日移动均线时买入,但是也有一些例外情况。这种例外情况可能出现在股市大幅修正之后,比如,在这个例子中,股市在 2008 年崩盘。

2. 第二个口袋支点收盘略高于 50 日移动均线。

3. 考虑到该股票的交易区间,第二个口袋支点后的第一个交易日,也值得买入。它没有远离 50 日移动均线。

4. 在一系列具有建设性的稳健盘整,并接近 10 日移动均线后,第四个口袋支点出现脱离 10 日移动均线的情况。

图 5.35 百度公司(BIDU)走势

图 5.36 百度公司(BIDU)走势(答案)

在这幅图表中,不存在有效的口袋支点,因为百度连续数月下跌。

图 5.37 亚马逊公司(Amazon. com, AMAN)走势

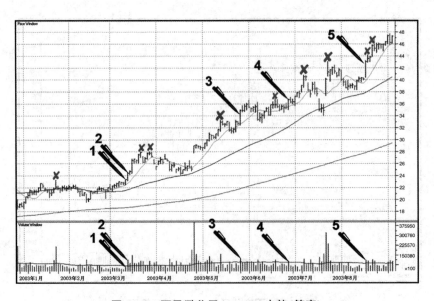

图 5.38 亚马逊公司(AMAN)走势(答案)

1. 第一个口袋支点之前的×收盘接近于盘中低点,如果投资者已经买入,就应该马上卖出。在具有建设性的基部之后,第一个口袋支点脱离 10 日移动

均线,创出新高。

2. 第二个口袋支点是谨慎性支点,因为出现低端部分与第一个口袋支点相重叠的现象,它仍然可以买入,但是在上端部分或许会超出投资者的风险容忍度。随后的三个×远离10日移动均线。

3. 第三个口袋支点脱离10日移动均线。它出现在短暂盘整之后。随后的×远离10日移动均线。

4. 在具有建设性的盘整后,第四个口袋支点脱离10日移动均线。随后的两个×远离10日移动均线。

5. 在具有建设性盘整且几乎下跌到50日移动均线之后,第五个口袋支点脱离10日移动均线。请注意,收盘价位于当天条形图中点以上,并接近于50日移动均线,这是一种支撑信号。随后的两个×都远离10日移动均线。

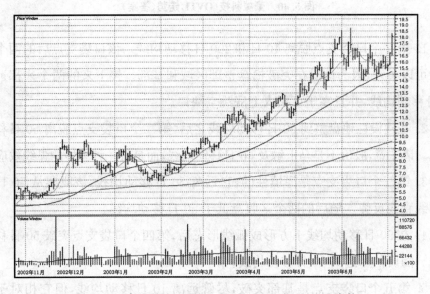

图 5.39　豪威科技(Omnivision Technologies,OVTI)走势

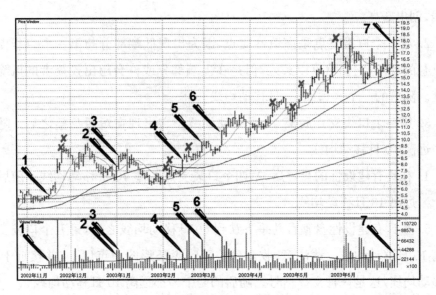

图 5.40　豪威科技(OVTI)走势(答案)

1. 第一个口袋支点脱离 10 日和 200 日移动均线。该口袋支点后的两个交易日可以买入,因为该股在突破横盘整理区域和基部。接下来的两个×都远离 10 日移动均线,并且高于可买入上涨跳空缺口。

2. 在建设性地盘整到 50 日移动均线之后,第二个口袋支点脱离 50 日移动均线。请注意,股价不是马上触及 50 日移动均线,而是有一种微妙的弧线效应。

3. 第三个口袋支点是谨慎性的,它远离 50 日移动均线,该股票从 50 日移动均线直线反弹。随后的两个×收盘低于 50 日移动均线。

4. 在 50 日移动均线下方形成弧线形态后,第四个口袋支点突破 50 日移动均线。随后的×远离 10 日移动均线。

5. 第五个口袋支点是基部突破,尽管远离 10 日移动均线,但它相对于整个基部是稳健的。

6. 第六个口袋支点也是基部突破,并且脱离 10 日移动均线。之后第一个、第三个和第四个×都远离 10 日移动均线。第二个×出现在该股票快速下跌之后,直到收盘价位于或高于 10 日移动均线时,才应该买入。

7. 第七个口袋支点是谨慎性支点,因为它稍微远离 10 日移动均线,并且出现在相对不稳定的股价行为之后。

图 5.41　奈飞公司(NFLX)走势

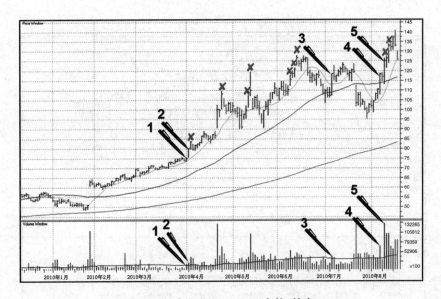

图 5.42　奈飞公司(NFLX)走势(答案)

1. 第一个口袋支点出现在稳健且具有建设性的上升趋势之后,脱离 10 日移动均线。

2. 第二个口袋支点脱离 10 日移动均线,但它是谨慎性支点,因为当天部分交易区间是不稳健的。随后的第一个和第二个×远离 10 日移动均线。第三个和第四个又出现在 V 形形态中。一般情况下,V 形形态更容易失败,因为它们是自底部的直线上涨形态。第五个、第六个和第七个×都远离 10 日移动均线。

3. 第三个口袋支点脱离 50 日移动均线,导致第三个口袋支点的量价行为具有建设性。尽管该股票快速下跌到 50 日移动均线,但是它之后出现一个逆转上涨交易日,它跌穿 50 日移动均线,之后收盘接近当天盘中高点。随后两个交易日出现低量,该股试图进一步下跌,但是失败了,这是一个具有建设性的信号。

4. 突破 50 日移动均线的第四个口袋支点,是谨慎性支点,它出现在不久前的跳空下跌之后。

5. 第五个口袋支点脱离 50 日移动均线。随后的两个×都远离 10 日移动均线。

图 5.43　露露柠檬(LULU)走势

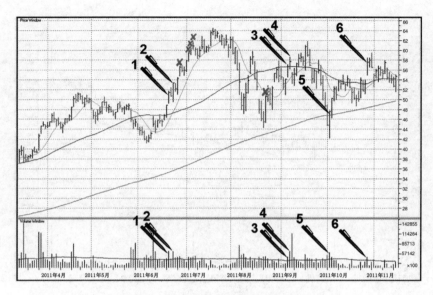

图 5.44　露露柠檬（LULU）走势（答案）

1. 第一个口袋支点是谨慎性支点，因为它是从底部直线上涨，远离 10 日移动均线。它与突破新高同时发生。

2. 第二个口袋支点是一种逆转式突破新高形态。这种逆转式上涨是强势形态。接下来的四个×都远离 10 日移动均线。第五个×出现在起伏不定的下跌趋势中。

3. 第三个口袋支点出现在几周起伏不定的价格行为之后，是谨慎性支点。它收盘位于 50 日移动均线。

4. 第四个口袋支点出现在几周起伏不定的价格行为之后，走出了短线的 V 形形态，也是谨慎性支点。它冲到前期顶峰，并且收盘高于 50 日移动均线。正如你所看到的，评估口袋支点的质量，就像是评估基部的质量一样，包括各种不同权重的因素。

5. 第五个口袋支点是谨慎性支点，出现在下跌趋势中，但是相对于整体形态而言，它是在重新试探前期低点，收盘仅高于 200 日移动均线。

6. 第六个口袋支点是谨慎性支点，在某些起伏不定的价格行为之后，以迷你上涨缺口的形式出现。

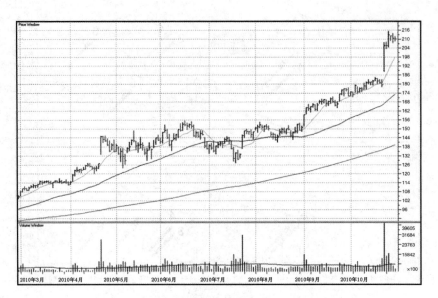

图 5.45　墨西哥连锁快餐(CMG)走势

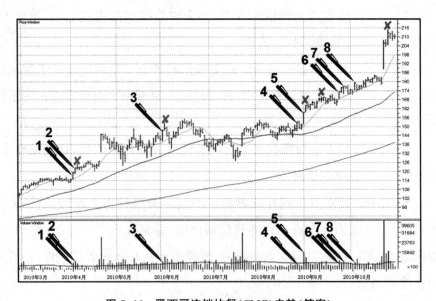

图 5.46　墨西哥连锁快餐(CMG)走势(答案)

1. 第一个口袋支点脱离 10 日移动均线,出现在稳健的横盘整理之后。

2. 第二个口袋支点是谨慎性支点,因为部分价格区间相对于第一个口袋支点并不稳健。随后的×远离 10 日移动均线。

3. 第三个口袋支点出现在具有建设性基部形态之后,脱离 10 日移动均线。收盘创出新高。随后的×远离 10 日移动均线。

4. 第四个口袋支点出现在具有建设性基部形态之后,脱离 10 日移动均线。更进一步地说,突破 50 日移动均线的缺口是一个具有建设性的信号。

5. 第五个口袋支点是基部新高突破。随后的两个×远离 10 日移动均线。请注意,2010 年 9 月 23 日,它在不到七周的时间内就背离了 10 日移动均线,因此,投资者转而使用 50 日移动均线背离作为止损参考。

6. 第六个口袋支点出现在横盘整理之后,脱离 10 日移动均线。

7. 第七个口袋支点是谨慎性支点,部分交易区间相对于之前口袋支点不太稳健。

8. 第八个口袋支点出现在短暂盘整后,脱离 10 日移动均线。随后的×远离 10 日移动均线。

图 5.47　苹果公司(AAPL)走势

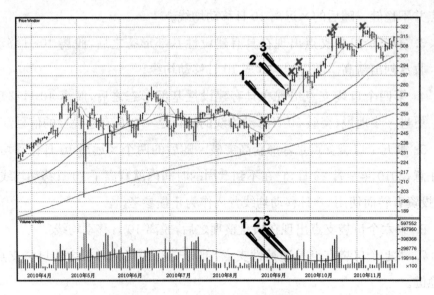

图 5.48 苹果公司(AAPL)走势(答案)

1. 第一个口袋支点之前的×,收盘低于 50 日移动均线。第一个口袋支点是谨慎性的支点,因为它略微远离 10 日移动均线,并且出现在自底部直线上涨之后。也就是说,之前几天的上涨成交量,包括在第一个×处的上涨成交量,稍稍降低了该口袋支点的有效性。

2. 第二个口袋支点也是谨慎性支点,远离 10 日移动均线,并且远高于 W 形态的中点。

3. 第三个口袋支点是新高突破。随后的×都远离 10 日移动均线。请注意,2010 年 10 月 4 日,苹果公司在不到七周的时间内背离了 10 日移动均线,因此,投资者应该转而使用 50 日移动均线背离作为止损参考。

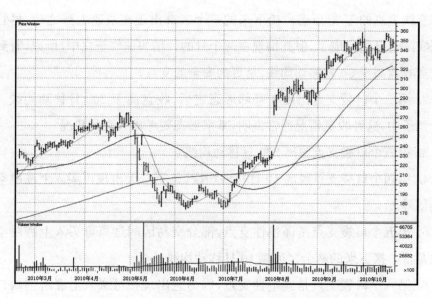

图 5.49　价格线网（Priceline. com, PCLN）走势

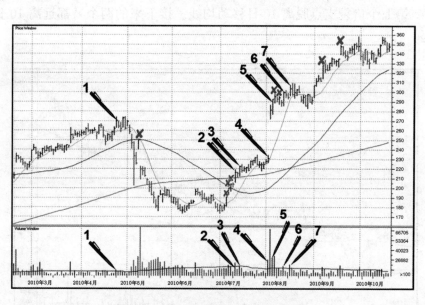

图 5.50　价格线网（PCLN）走势（答案）

1. 第一个口袋支点是谨慎性支点，因为它略微远离 10 日移动均线。随后的第一个×出现在行情快速修正之后，收盘低于 50 日移动均线，并且是一个自

底部直线上涨的 V 形形态。接下来的三个×都出现在快速上涨之后,尽管该
基部实际上已经完成了,但其出现在两个月的行情快速修正之中,所以,看到口
袋支点收盘高于 50 日移动均线,是更为安全的支点。

2. 第二个口袋支点出现在基部形态之后,收盘高于 200 日移动均线。在
这个例子中,这种收盘情况通常说明,基部形态要考虑大盘的状况。

3. 第三个口袋支点脱离 200 日移动均线。

4. 第四个口袋支点脱离 10 日移动均线,是第二天出现可买入上涨跳空缺
口的信号。

5. 第五个口袋支点是谨慎性支点,部分交易区间远离可买入上涨跳空缺
口收盘价。接下来的两个×远离 10 日移动均线。

6. 第六个口袋支点是谨慎性支点,因为它出现在可买入上涨跳空缺口之
后,经过震荡向上的盘整,远离 10 日移动均线。

7. 第七个口袋支点脱离 10 日移动均线。接下来的两个×都远离 10 日移
动均线。

图 5.51 日能公司(SPWR)走势

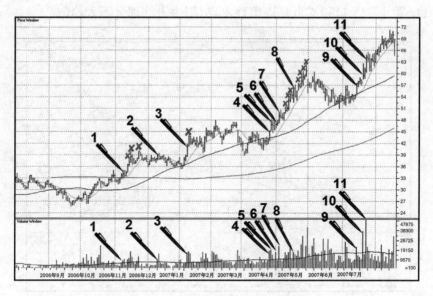

图 5.52　日能公司（SPWR）走势（答案）

1. 第一个口袋支点出现在具有建设性的基部完成之后，脱离 200 日移动均线。随后的三个×都远离 10 日移动均线。

2. 第二个口袋支点出现在横盘整理后，脱离 10 日移动均线。

3. 第三个口袋支点是新高突破。随后的×远离 10 日移动均线。

4. 第四个口袋支点出现在具有建设性的盘整之后，脱离 50 日移动均线。

5. 第五个口袋支点是新高突破。

6. 第六个口袋支点位于第五个口袋支点区间之内。

7. 第七个口袋支点是谨慎性支点，因为高于基部高点的部分或许不太稳健。接下来的三个×都远离 10 日移动均线。

8. 第八个口袋支点是谨慎性支点，因为有点远离 10 日移动均线，但它是一种逆转式上涨，一般情况下，这是一种强势形态。接下来的四个×都远离 10 日移动均线。

9. 第九个口袋支点出现在具有建设性的基部与 50 日移动均线相交之后，脱离 50 日移动均线。

10. 第十个口袋支点是迷你缺口式新高突破。

11. 第十一个口袋支点是谨慎性支点,因为上端部分不太稳健。

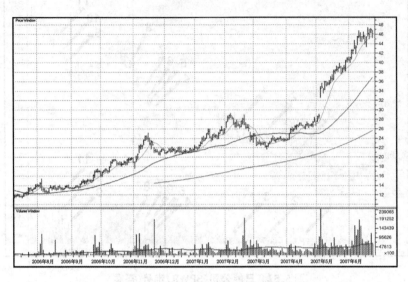

图 5.53　卡洛驰公司(CROX)走势

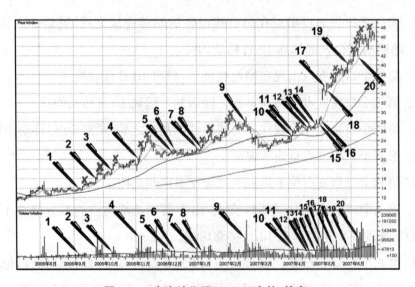

图 5.54　卡洛驰公司(CROX)走势(答案)

1~3. 前三个口袋支点都脱离 10 日移动均线。

4. 第四个口袋支点在两个交易日快速下跌后,脱离 10 日移动均线,第二个下跌交易日收盘接近交易区间高点,这是一种支撑信号。到此为止,图表中所示的五个×都远离 10 日移动均线。

5 和 6. 第五个和第六个口袋支点都脱离 10 日移动均线。

7～9. 第七个和第八个口袋支点脱离 10 日移动均线。在第八个和第九个口袋支点之间的四个×都远离 10 日移动均线。

10～11. 第十个口袋支点收盘在 50 日移动均线上,之前几个交易日的稳健横盘整理引致了该支点,第十一个口袋支点脱离 50 日移动均线,随后的×远离 10 日移动均线。

12. 第十二到第十四个口袋支点都脱离 10 日移动均线,完成了基部右侧形态。

13. 第十五和第十六个口袋支点都有点远离 10 日移动均线,这二者都是谨慎性支点,但是二者均在前期柄部形态中上涨接近新高。

14. 第十七和第十八个口袋支点都是谨慎性支点,它们的部分交易区间相对于之前可买入上涨跳空缺口交易日收盘价,有点不太稳健。

15. 第十九个口袋支点脱离 10 日移动均线。巨大的上涨动能使这个支点成为一个强势的持续性口袋支点。

16. 第二十个口袋支点略微远离 10 日移动均线,但也是一种逆转式上涨口袋支点。图 5.54 中所示的最后六个×都远离 10 日移动均线。

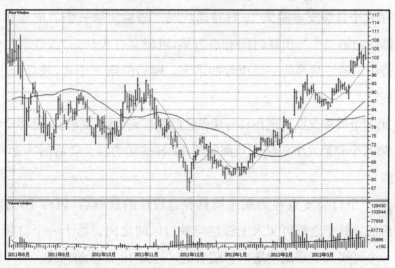

图 5.55　领英(LNKD)走势

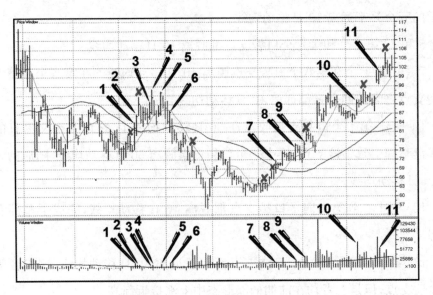

图 5.56　领英(LNKD)走势(答案)

1. 第一个口袋支点之前的×,收盘低于 50 日移动均线,价格形态仍然有点不稳健。第一个口袋支点收盘高于 50 日移动均线。该价格上涨幅度很大,校正了之前价格行为有点不稳健的情况。

2. 第二个口袋支点脱离 50 日移动均线。随后的×远离 10 日移动均线。

3. 第三个到第五个口袋支点脱离 10 日移动均线。

4. 第六个口袋支点脱离 10 日移动均线。随后的第一个×出现在下跌趋势中。随后的第二个×出现时间有点过早,可能会有人认为,该股票仍然处于下跌趋势中。最好是等待一个更好的形态。随后的第三个×,收盘低于 50 日移动均线。

5. 第七个口袋支点出现在具有建设性的基部完成后,突破 50 日移动均线。

6. 第八个和第九个口袋支点都脱离 10 日移动均线。随后的×远离 10 日移动均线。

7. 第十个口袋支点在为期三周具有建设性的盘整后,脱离 10 日移动均线。随后的×处于之前可买入上涨跳空缺口区间之内。第十一个口袋支点实际上是一个可买入上涨跳空缺口。随后的×远离 10 日移动均线。

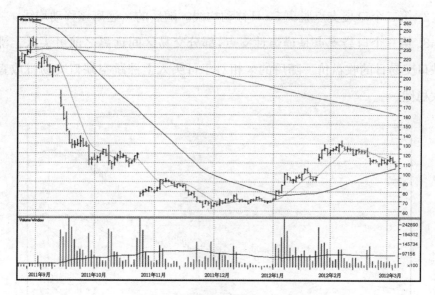

图 5.57　奈飞公司（NFLX）走势

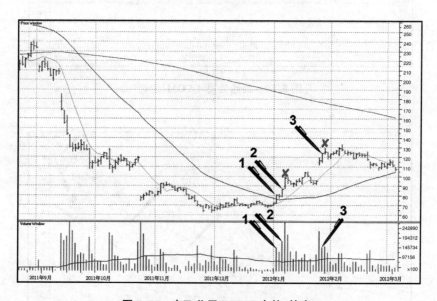

图 5.58　奈飞公司（NFLX）走势（答案）

1. 第一个口袋支点出现在低量稳健的横盘整理之后，突破 50 日移动均线。在大盘呈现高波动性、无趋势行情之后，该口袋支点值得买入。一般来说，在上升趋势市场中，不要采用抄底式口袋支点。

2. 第二个口袋支点脱离 50 日移动均线。随后的×远离该移动均线。

3. 第三个口袋支点是谨慎性支点,部分交易区间远离之前可买入上涨跳空缺口交易日的收盘价。随后的×相对于可买入上涨跳空缺口交易日收盘价不太稳健。

图 5.59　高通公司(QCOM)走势

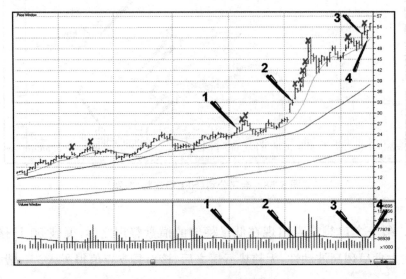

图 5.60　高通公司(QCOM)走势(答案)

1. 第一个口袋支点脱离 10 日移动均线,并且是新高突破。接下来的两个×都远离 10 日移动均线,有人可能认为,第二个×的下端部分能够买入,因为它相对于第一个口袋支点,没有不稳健行为。

2. 第二个口袋支点是谨慎性支点,因为部分交易区间相对于之前可买入上涨跳空缺口交易日收盘价不太稳健。接下来的六个×都远离 10 日移动均线。

3. 第三个口袋支点在突破新高时脱离 10 日移动均线。随后的×脱离 10 日移动均线。

4. 第四个口袋支点脱离 10 日移动均线。

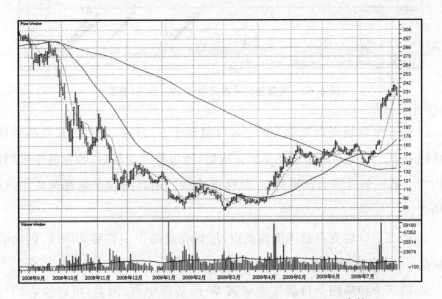

图 5.61　直觉外科手术公司(Intuitive Surgical,ISRG)走势

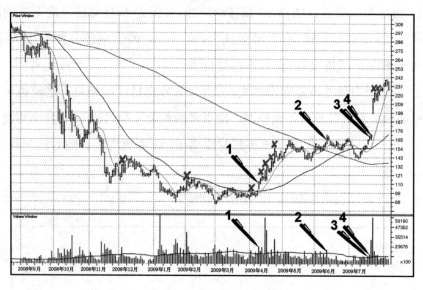

图 5.62 直觉外科手术公司(ISRG)走势(答案)

1. 第一个口袋支点之前头两个×收盘低于 50 日移动均线,并且都出现在下跌趋势中。第三个×出现在基部完成后,经过稳健盘整后,收盘低于 50 日移动均线。第一个口袋支点脱离 50 日移动均线。随后的四个×都远离 10 日移动均线。

2. 第二个口袋支点是谨慎性支点,尽管收盘高于主要移动均线,创出数月内新高,但是它略微远离 10 日移动均线。

3. 第三个和第四个口袋支点突破 W 形基部中点,因此,可以说它们与基部突破同时出现。随后的两个×相对于可买入上涨跳空缺口收盘价都不太稳健。

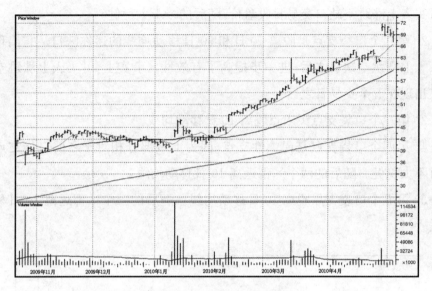

图 5.63　百度公司(BIDU)走势

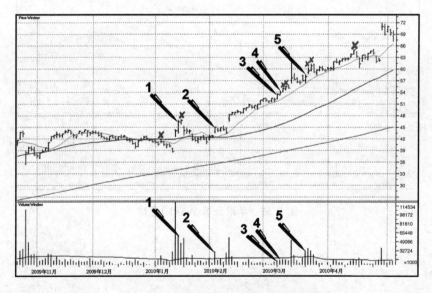

图 5.64　百度公司(BIDU)走势(答案)

1. 第一个口袋支点之前的×收盘恰好位于 50 日移动均线下方。第一个口袋支点是可买入上涨跳空缺口后的新高突破。相对于任何一条移动均线以及可买入上涨跳空缺口交易日收盘价,随后的×不太稳健。

2. 第二个口袋支点是脱离 10 日和 50 日移动均线的迷你缺口。它出现在可买入上涨跳空缺口之后,进一步提高了有效性。事实上,可买入上涨跳空缺口又出现在五个交易日之后。

3. 第三个口袋支点买入点脱离 10 日移动均线。

4. 第四个口袋支点是谨慎性支点,因为上端部分相对于之前口袋支点交易日不太稳健。随后的两个×都远离 10 日移动均线。

5. 第五个口袋支点脱离 10 日移动均线。随后的三个×都远离 10 日移动均线。

图 5.65   苹果公司(AAPL)走势

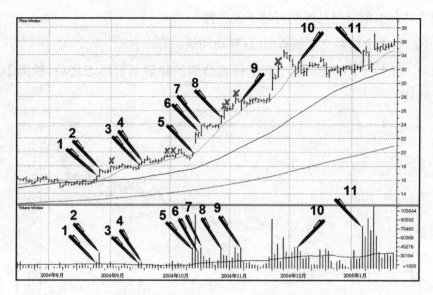

图 5.66　苹果公司(BIDU)走势(答案)

1. 第一个口袋支点出现在具有建设性的稳健横盘整理之后,脱离 10 日移动均线。

2. 第二个口袋支点与基部突破同时出现。随后的×远离 10 日移动均线。

3. 第三个口袋支点出现在稳健的横盘整理到 10 日移动均线之后,脱离 10 日移动均线。

4. 第四个口袋支点是谨慎性支点,部分交易区间远离之前口袋支点交易日收盘价。随后的两个×都远离 10 日移动均线。

5. 第五个口袋支点脱离 10 日移动均线。

6. 第六个口袋支点处于之前可买入上涨跳空缺口交易区间。

7. 第七个口袋支点是谨慎性支点,部分交易区间远离可买入上涨跳空缺口交易日收盘价。

8. 第八个口袋支点在稳健的横盘整理后,脱离 10 日移动均线。随后的三个×都远离 10 日移动均线。

9. 第九个口袋支点是脱离 10 日移动均线的反转式上涨。随后的×相对于可买入上涨跳空缺口收盘价不太稳健。可买入上涨跳空缺口交易日交易区间很大,因此,部分交易区间可能不太稳健。

10. 第十个口袋支点脱离 10 日移动均线。

11. 第十一个口袋支点出现在横盘数周的稳健基部形态之后,脱离 10 日移动均线。

图 5.67 亿贝网(eBay,EBAY)走势

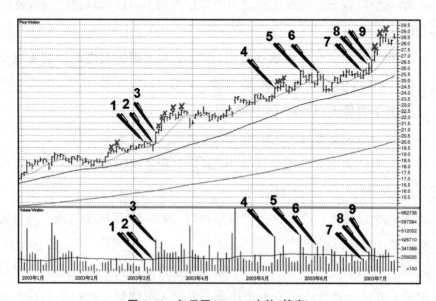

图 5.68 亿贝网(EBAY)走势(答案)

1. 第一个口袋支点之前的两个×远离 10 日移动均线。第一个口袋支点脱离 10 日移动均线。

2. 第二个口袋支点是逆转式上涨,收盘于 10 日移动均线。逆转式上涨强劲有力。

3. 第三个口袋支点脱离 10 日移动均线。随后的五个×都远离 10 日移动均线。

4. 第四个口袋支点出现在稳健的横盘整理之后,脱离 10 日移动均线。随后的三个×都远离 10 日移动均线。

5 和 6. 第五个和第六个口袋支点脱离 10 日移动均线。

7~9. 第七到第九个口袋支点在具有建设性的盘整后,脱离 10 日移动均线。随后的三个×都远离 10 日移动均线。

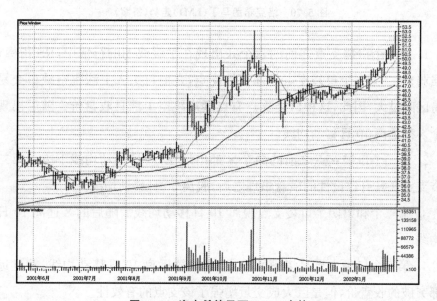

图 5.69　洛克希德马丁(LMT)走势

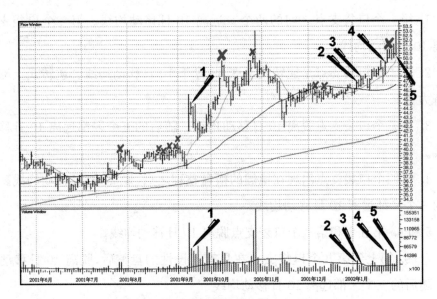

图 5.70 洛克希德马丁(LMT)走势(答案)

1. 第一个口袋支点之前的六个×出现在平缓波动的行情中,RS 指标(相对强弱)低。第一个口袋支点是谨慎性支点,之前可买入上涨跳空缺口交易日交易区间过大,因此,这种口袋支点有点远离跳空上涨日收盘价。随后出现的两个×都远离 10 日移动均线。

2. 第二个口袋支点之前的两个×都出现在 50 日移动均线下方。第二个口袋支点在具有建设性的横盘整理之后,脱离 50 日移动均线。

3. 第三个和第四个口袋支点脱离 10 日移动均线。随后的×远离 10 日移动均线。

4. 第五个口袋支点是谨慎性支点,它略微远离 10 日移动均线,并且远离基部突破的收盘价,但是巨大成交量增强了该支点的有效性。

图 5.71 SPDR 黄金信托(GLD)走势

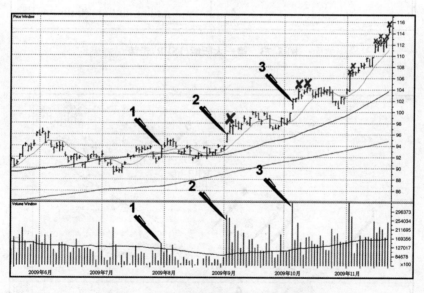

图 5.72 SPDR 黄金信托(GLD)走势(答案)

1. 第一个口袋支点出现在具有建设性的七周盘整后,脱离 50 日移动均线。

2. 第二个口袋支点与基部突破同时出现,上涨到该基部中点之上。随后的×远离基部突破收盘价。

3. 第三个口袋支点是谨慎性支点,它可能有点不太稳健,但是它具有巨大的成交量,且是可买入上涨跳空缺口。随后的×远离 10 日移动均线。

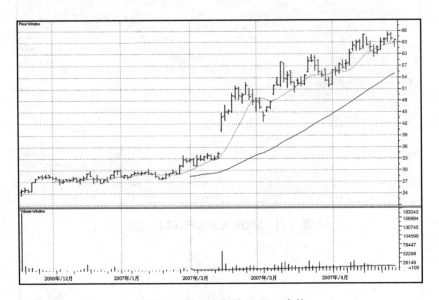

图 5.73　第一太阳能(FSLR)走势

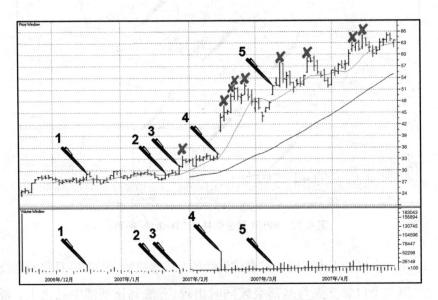

图 5.74　第一太阳能(FSLR)走势(答案)

1. 第一个口袋支点出现在该公司 IPO 数周后,脱离 10 日移动均线。

2. 第二个口袋支点脱离 10 日移动均线,处于基部形态之中。它能够让投资者及早进入。

3. 第三个口袋支点脱离 10 日移动均线,在具有建设性的数周横盘整理之后,与基部突破同时发生。随后的×远离 10 日移动均线。

4. 第四个口袋支点出现在具有建设性的横盘整理之后。脱离 10 日移动均线,量能柱在六周内最高,这是第二天可买入上涨跳空缺口的信号。随后四个×远离 10 日移动均线。

5. 第五个口袋支点是谨慎性支点,因为它出现在 V 形形态之后,略微远离 10 日移动均线,但是,它在开盘时产生放量迷你缺口,这是强势信号。随后的四个×都远离 10 日移动均线。

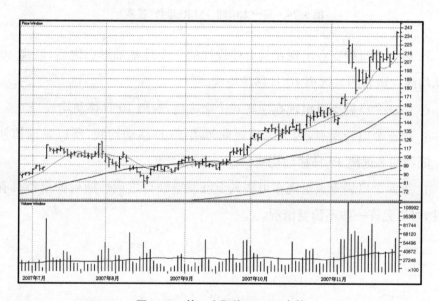

图 5.75　第一太阳能(FSLR)走势

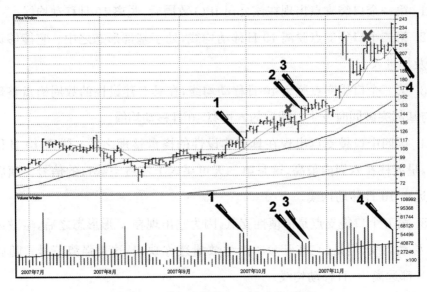

图 5.76　第一太阳能(FSLR)走势(答案)

1. 第一个口袋支点出现在具有建设性的三个月基部形态之后,脱离 10 日移动均线。随后的×远离 10 日移动均线。

2. 第二个口袋支点出现在逆转式上涨之后,脱离 10 日移动均线。

3. 第三个口袋支点,因为上端区间远离 10 日移动均线,所以是谨慎性支点。随后的×远离 10 日移动均线。

4. 第四个口袋支点出现在可买入上涨跳空缺口之后。随后的盘整具有建设性,可以允许一些不稳健情况。

图 5.77 思科系统（Cisco Systems, CSCO）走势

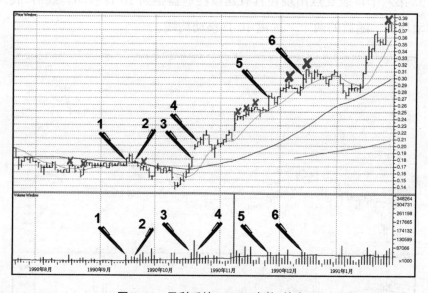

图 5.78 思科系统（CSCO）走势（答案）

1. 第一个口袋支点之前的两个×出现在下跌趋势之中,并且低于 50 日移动均线。第一个口袋支点出现在稳健的横盘价格整理之后,突破 50 日移动均线。

2. 第二个口袋支点是稳健的,恰好收盘于 50 日移动均线。随后的×低于 50 日移动均线。如果投资者已经在两个口袋支点买入,那么应该在这里卖出,因为该股重新跌回到了基部。

3. 第三个口袋支点脱离 50 日移动均线。尽管它出现自底部直线上涨行为,但是相对于为期数月的整体基部形态而言,仍具有建设性。重要的是,不仅要看近期股价行为,还要看整个基部期间的股价行为。这是为期数月图表更为理想的原因,一般情况下,它会显示至少 12 个月的量价数据。

4. 第四个口袋支点是谨慎性支点,部分交易区间远离之前可买入上涨跳空缺口收盘价。随后的三个×都远离 10 日移动均线。

5. 第五个口袋支点出现在稳健横盘整理到 10 日移动均线后,脱离 10 日移动均线,其中包括一个逆转式上涨交易日。随后的×远离 10 日移动均线。

6. 第六个口袋支点出现在具有建设性地盘整到 10 日移动均线后,脱离 10 日移动均线。随后的两个×远离 10 日移动均线。

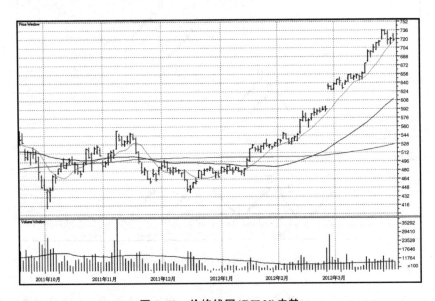

图 5.79　价格线网(PCLN)走势

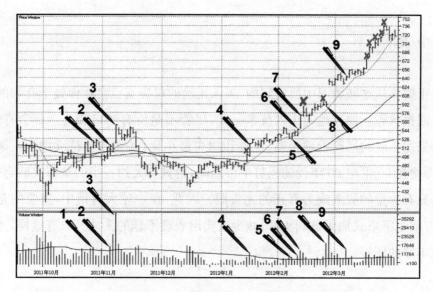

图 5.80 价格线网（PCLN）走势（答案）

1. 第一个口袋支点是脱离 10 日、50 日和 200 日移动均线的迷你缺口。它产生于股价动荡之后，或许你需要建立更小的初始头寸。

2. 第二个口袋支点脱离 10 日、50 日和 200 日移动均线。

3. 第三个口袋支点与基部突破同时出现。请注意，2011 年是一个最不具趋势且波动性巨大的年份，因此，前三个口袋支点应该谨慎买入。绝对不要低估市场条件的重要性。

4. 第四个口袋支点之前的×收盘于 200 日移动均线下方。第四个口袋支点出现在具有建设性的基部形态之后突破 200 日移动均线时。

5 和 6. 第五个和第六个口袋支点出现在更具建设性的量价行为之后，脱离 10 日移动均线。

7. 第七个口袋支点是新高突破。随后的两个×远离 10 日移动均线。

8. 第八个口袋支点出现在脱离 10 日移动均线的稳健交易区间，允许中等柱体收盘。该交易日的巨量是第二天可买入上涨跳空缺口的信号。

9. 第九个口袋支点是谨慎性支点，部分交易区间远离之前可买入上涨跳空缺口收盘价。随后的五个×都远离 10 日移动均线。

小 结

正如你从这些练习中所看到的,买入正确的口袋支点会让你处于有利的风险—回报状态。像其他的买入技术一样,尽管不是所有的口袋支点都会有效,但是采用正确的风险管理策略,能够让损失最小化,并使收益持续增长。请牢记,即使在 20 世纪 90 年代的强势牛市期间,也只有大约一半的基部突破有效,并且只有少量的股票成为真正的龙头股。因此,在一轮大行情中,重要的是持有并/或金字塔式加码盈利头寸,减少或卖出表现不佳的头寸。只有这样,才能获取丰厚的回报。

第六章

可买入上涨跳空缺口训练

在本章中,我们用大量的练习训练你的图表眼,识别跳空上涨缺口及其关键特征。通常情况下,可买入上涨跳空缺口呈现出持续上升形态,但重要的是理解,跳空上涨缺口过大时,这种上涨的视觉往往产生一种错觉。跳空上涨的股票通常会在接下来的数周或数月内大幅上涨。这会导致该股票价格图表出现这样一种情况,即相对于整体价格上涨而言,最初的跳空上涨缺口看起来微不足道,例如,2004 年 10 月,苹果公司(AAPL)出现巨量可买入上涨跳空缺口,当年最后一个季度出现一轮大幅上涨行情(见图 6.1)。

在下面的每个练习中,你要选择是否买入图表中的跳空上涨缺口,并讨论买入或不买入的理由。

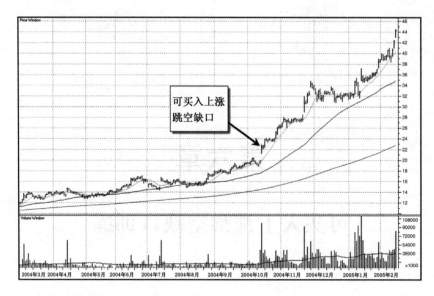

HGS 软件公司供图,版权 2012。

注:尽管当时的最初跳空上涨缺口或许看似很高,但是该股最终的价格波动让最初启动上涨行情的跳空上涨看起来微不足道。

图 6.1　2004 年苹果公司(AAPL)日线

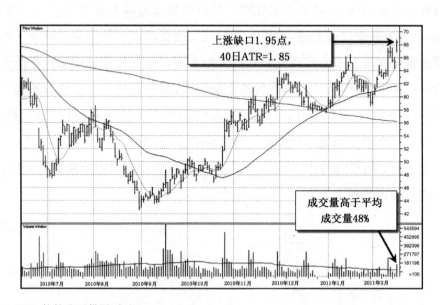

HGS 软件公司供图,版权 2012。

图 6.2　动态研究公司(RIMM)走势

HGS 软件公司供图，版权 2012。

图 6.3　动态研究公司（RIMM）走势（答案）

这个跳空上涨缺口不值得买入。尽管跳空上涨缺口足够大，但是成交量只超过平均成交量 48％，或者说是 50 日移动平均成交量的 1.48 倍。可买入上涨跳空缺口成交量必须超过 50 日移动平均成交量的 1.5 倍。

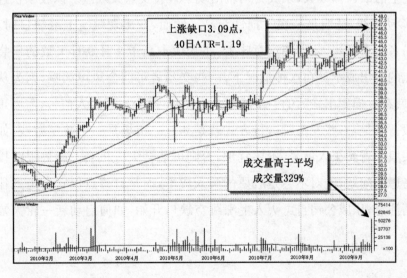

HGS 软件公司供图，版权 2012。

图 6.4　乐威公司（Rovi Corp，ROVI）走势

跳空上涨缺口

HGS 软件公司供图,版权 2012。

图 6.5　乐威公司(Rovi Corp,ROVI)走势(答案)

　　无论是股价真实波动均值方面,还是成交量方面,该跳空上涨缺口都绰绰有余。请注意,巨大成交量是强势上涨缺口的特征。你或许会注意到,在 9 月 9 日跳空上涨缺口前 5 天,乐威公司就出现了口袋支点买入点。该股票快速跌破 50 日移动均线,证明是一次亏损性交易。然而,在出现跳空上涨缺口时,警惕的交易者会重新买入,即使这意味着,买入成本高于 9 月 9 日失败的口袋支点买入点的卖出成本。在这种情况下,一些交易者可能会风声鹤唳,因为从心理上讲,就在亏损卖出之后的一个或两个交易日,马上出现买入信号,需要重新买入该股。但是,一些龙头股运行方式就是如此。市场是一个数字游戏,如果你在龙头股中看到买入信号,不要犹豫,否则可能会失去机会。趋势跟踪投资者真正考虑的问题,绝对不会是股票的买入成本,而是自该点位它会走到什么位置。请注意,乐威公司自可买入上涨跳空缺口开始,如何启动新一轮大幅上涨行情。

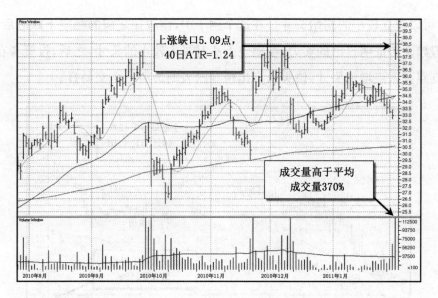

HGS 软件公司供图，版权 2012。

图 6.6　绿山咖啡烘焙公司（GMCR）走势

HGS 软件公司供图，版权 2012。

图 6.7　绿山咖啡烘焙公司（GMCR）走势（答案）

这个跳空上涨缺口是创出新高的基部突破，新高基部式突破是一种强势上涨形态。之前形态中，跳空下跌可能令人感到一些担忧，因此，为了应对这种情况,可以建立较小的初始头寸。在这个例子中,该股在之前的跳空下跌之后,让该股票走势证明自己的实力,在跳空上涨时买入较小的头寸,之后,投资者在口袋支点买入点增加头寸,该买入点出现在图表的最后一个交易日。

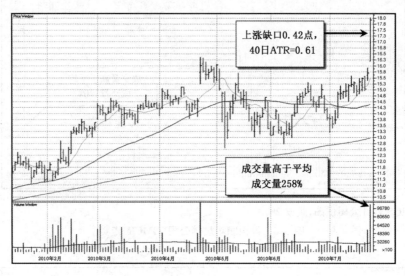

HGS软件公司供图,版权 2012。

图 6.8　河床科技(RVBD)走势

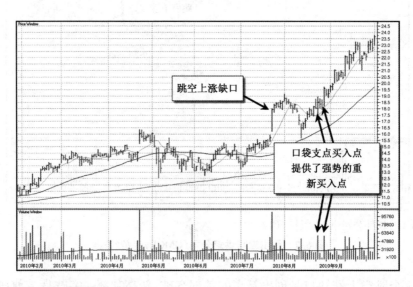

HGS软件公司供图,版权 2012。

图 6.9　河床科技(RVBD)走势(答案)

2010年夏季,河床科技(RVBD)出现了一个最低标准可买入上涨跳空缺口,(1)它也是一个基部突破,(2)在低点开盘,之后全天走高,收盘接近宽幅交易区间高点。这个基部突破意味着,投资者在开盘时或者低于基部顶部5%以内买入,因为跳空上涨缺口本身低于40日真实波动幅度均值的0.75倍。然而,该股维持小幅跳空上涨缺口并迅速走高,这种情况有助于降低保证金。请注意,当大盘处于中级调整后期阶段时,大约在三周后,该股实际上下跌到可买入上涨跳空缺口当天低点之下3.4%。然而,在这种情况下,与之前基部顶部相一致,使用50日移动均线作为卖出指标(因为这是基部突破),这让投资者在止损之前,给该股留出更多的腾挪空间(比正常1%~2%稍多)。相比于其他情况而言,将这种情况与股价快速回调到基部顶部相结合,更易于管理。一个有趣的例外情况是,即使投资者在迅速回调到突破点的过程中被震仓出局,该股后来也出现了两个口袋支点,摆脱回调,创出新高,这正是河床科技真正启动迅速上涨行情的阶段。

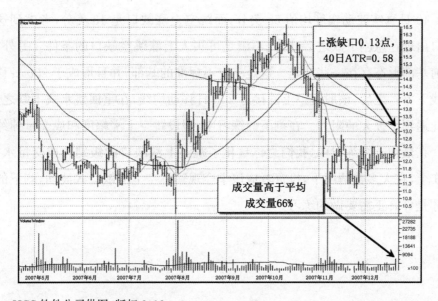

HGS软件公司供图,版权2012。

图6.10　艾可美(Acme Packet,APKT)走势

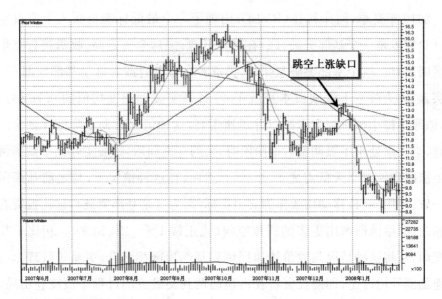

HGS 软件公司供图,版权 2012。

图 6.11　艾可美(Acme Packet,APKT)走势(答案)

40 日真实波动幅度均值 58 美分,而跳空上涨缺口是 13 美分,考虑到这个缺口出现在急剧下跌之后,因此不满足可买入上涨跳空缺口的条件。另外,它之前基部形态存在一些缺陷。这是一个不标准的基部,并且形成于 200 日移动均线下方。之后,该股跳空上涨接近 200 日移动均线,在重回跳水式下跌之前,在此遇到了强大的阻力。在剩下的练习中,假设跳空上涨幅度和成交量绰绰有余。在最初五个练习中,我们为你量化了跳空上涨缺口的级别和成交量水平,事实上,在大多数情况下,投资者应该学会观察跳空上涨缺口式波动,剩下的练习才是你真正需要做的练习。

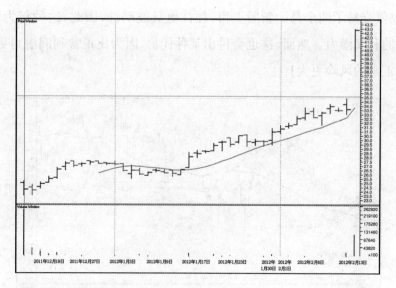

HGS 软件公司供图，版权 2012。

图 6.12　迈克柯尔控股公司（Michael Kors Holdings, KORS）走势

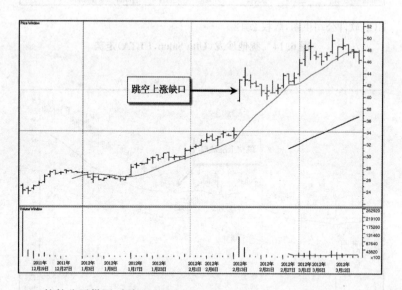

HGS 软件公司供图，版权 2012。

图 6.13　迈克柯尔控股公司（KORS）走势（答案）

　　这个可买入上涨跳空缺口出现在具有建设性的上升趋势之后，可以看到，该股始终沿着 10 日移动均线波动。该股刚上市，在这个可买入上涨跳空缺口之前,仅仅交易了两个月。新股上市,往往更具波动性,因此,这种行为可能产生更大的利润潜力。然而,这也会付出某种代价,因为比正常利润潜力更大,意味着比正常的风险更大!

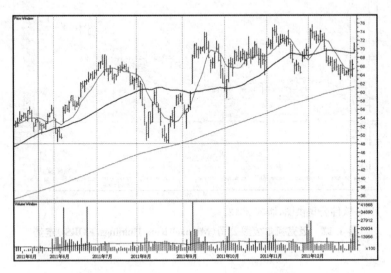

HGS 软件公司供图,版权 2012。

图 6.14　犹他沙龙(Ulta Salon,ULTA)走势

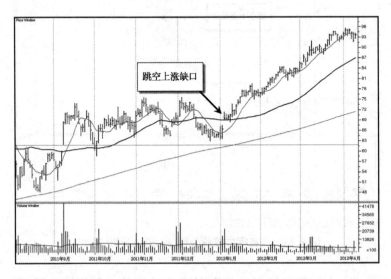

HGS 软件公司供图,版权 2012。

图 6.15　犹他沙龙(Ulta Salon,ULTA)走势(答案)

这个可买入上涨跳空缺口突破 50 日移动均线,出现在具有建设性的基部形态中。这个基部形态之所以具有建设性,是因为它有点横盘波动且较为平缓,之后,在跳空上涨突破关键移动均线之前,沿着低点走出弧线形态。尽管沿着基部顶端存一些上档卖盘,但是,股价在最终创出新高之前在随后的交易日中以具有建设性的方式,很好地维持住了可买入上涨跳空缺口和 50 日移动均线。

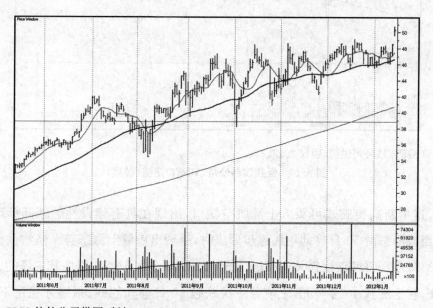

HGS 软件公司供图,版权 2012。

图 6.16　怪物饮料公司(Monster Beverage,MNST)走势

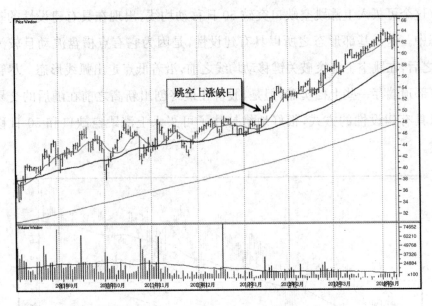

图 6.17 怪物饮料公司(MNST)走势(答案)

这个新高突破式可买入上涨跳空缺口,出现在具有建设性的基部形态之后,当该形态沿 50 日移动均线逐步形成时,呈现出稳健上涨态势。怪物饮料公司(MNST),原汉森饮料公司(Hansen's Beverage, HANS),以极其古怪的方式上涨,它上涨到 40 多美元,之前曾三次跌破 50 日移动均线,最终才稳定下来。具有建设性的是,我们看到,其量价行为在平稳下跌时,变得更加稳健,通常情况下,这会为一些买入/卖出信号的出现做好准备。请注意,在可买入上涨跳空缺口之前的口袋支点买入点,该股平稳下跌,并变得更加稳健,之后,上涨脱离 50 日移动均线。

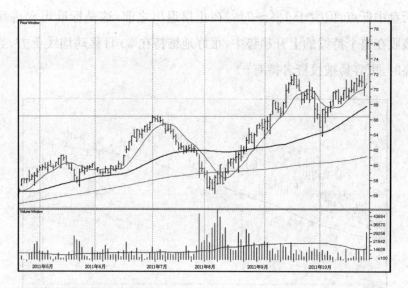

HGS 软件公司供图,版权 2012。

图 6.18 奥莱利汽车(O'Reilly Automotive,ORLY)走势

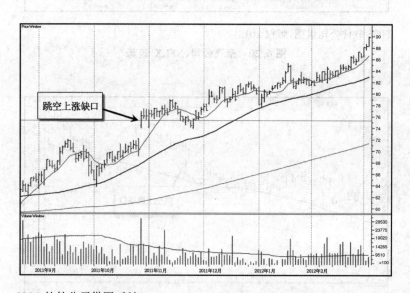

HGS 软件公司供图,版权 2012。

图 6.19 奥莱利汽车(ORLY)走势(答案)

短期杯体基部形态在 50 日移动均线获得支撑,奥莱利汽车在这里形成了该形态的低点,之后出现可买入上涨跳空缺口。几周以后,它跌破跳空上涨缺口当天盘中低点,但少于1%～2%,在止损退出之前,这是标准可允许缓冲空间。该股在整个持续的上升趋势中,很好地维持在50日移动均线上方,当它持续走高时,更容易被投资者持有。

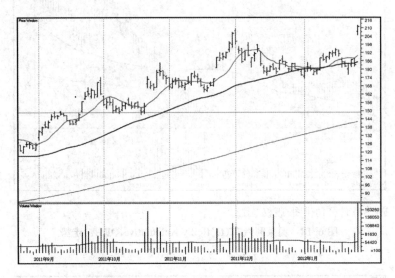

HGS软件公司供图,版权2012。

图6.20　奈飞公司(NFLX)走势

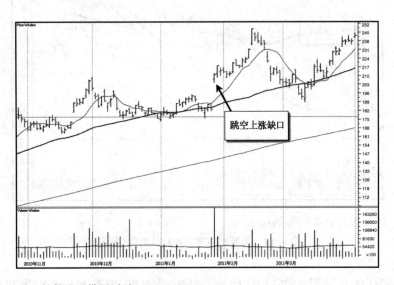

跳空上涨缺口

HGS软件公司供图,版权2012。

图6.21　奈飞公司(NFLX)走势(答案)

这是一个很标准的基部突破式可买入上涨跳空缺口,沿着 50 日移动均线波动,从具有建设性的基部形态中产生。在这个例子中,奈飞公司说明了,为何完美的可买入上涨跳空缺口仍有可能止损退出。奈飞公司跌破可买入上涨跳空缺口当天盘中低点,并超过了可以接受的缓冲空间时,该交易就失败了。就在几天后,它背离 50 日移动均线,但是仍然维持着上涨趋势,似乎是每前进四步就后退三步。图表的左侧,投资者能够看到之前失败的可买入上涨跳空缺口,这是奈飞公司在 2011 年期间的典型形态,反过来说,这是当年无趋势、高波动市场环境所导致的。

当然,预测这种无趋势、高波动性市场环境,以及与之相伴的个股不稳定行为,可能有点徒劳无功。在类似于奈飞公司的情况下,这种挑战性行为出现几个月后,投资者依据竞争状况制定头寸规模决策,寻找其他可投资股票,不要买入像奈飞公司这样的股票,尽管同样是无趋势、高波动大盘行情,但是其他股票可能以更具有建设性的方式交易。

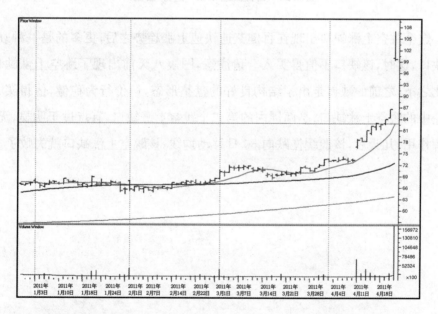

HGS 软件公司供图,版权 2012。

图 6.22　百健艾迪（Biogen-Idec, BIIB）走势

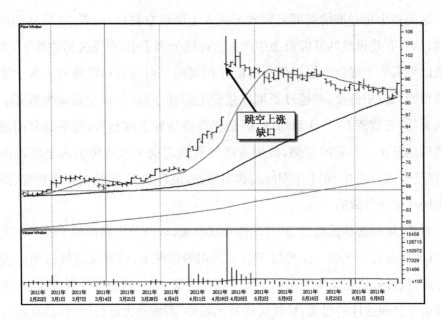

图 6.23   百健艾迪(BIIB)走势(答案)

这个跳空上涨缺口出现在百健艾迪快速上涨趋势之后,更多的是一种衰竭型缺口,这时,该缺口不值得买入。请注意,图表八天前出现了跳空上涨缺口。相比之下,之前的缺口走出了结构良好的盘整形态,量价行为稳健,值得买入。讨论中的跳空上涨缺口,是两周内的第二个跳空上涨缺口,有点过于明显,无法发挥作用,几天后,该股缓慢跌向 50 日移动均线,该跳空上涨缺口就失败了。

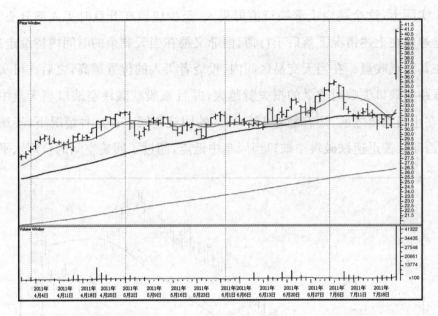

HGS 软件公司供图，版权 2012。

图 6.24　西菲义德（Cepheid，CPHD）走势

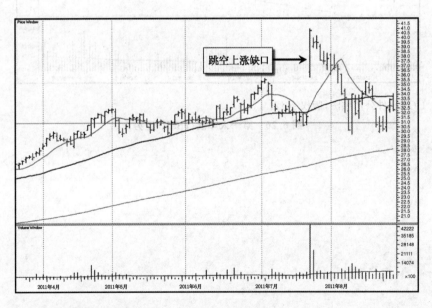

HGS 软件公司供图，版权 2012。

图 6.25　西菲义德（CPHD）走势（答案）

实际上,这个跳空上涨缺口值得买入,至少应该在开盘时买入部分头寸。这是避免在上述情况下落后于行情,西菲义德在当天剩余的时间内持续走高,并在其高点收盘。在当天交易区间内,投资者买入的位置越高,之后在可买入上涨跳空缺口失败时遭受的损失就越大,并且该股跌破跳空缺口当天盘中低点,在止损退出之前,还有额外 $1\frac{1}{2}\%\sim2\frac{1}{2}\%$ 的回旋空间。在这种情况下,不难看出,西菲义德迅速跌破跳空缺口当天盘中低点,超过了回旋空间的合理水平。

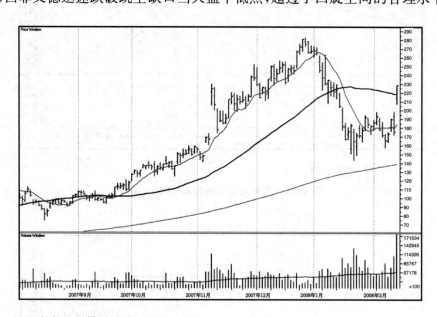

HGS 软件公司供图,版权 2012。

图 6.26　第一太阳能(FSLR)走势

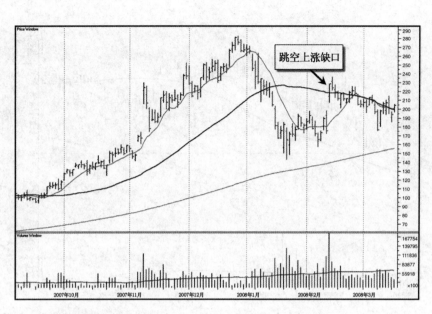

图 6.27 第一太阳能(FSLR)走势(答案)

第一太阳能在一年内巨幅上涨(+1 104%)之后,出现跳空上涨缺口。即使投资者只有这张图表,无法看到该股之前的长线波动(我们始终提倡,投资者分析考虑买入股票的日线图和周线图,全面了解该股票在其整体趋势和价格波动中所处位置),也可以看到,该跳空上涨缺口出现在大幅回调和错误的基部形态之后,跳空上涨缺口之前的左侧部分并没有跌破之前低点。第一太阳能跳空上涨,突破 50 日移动均线,诱使投资者买入,因为该股在之前一年大幅上涨。投资者知道该基部形态并不完美,可能会买入较小的头寸来试试水,几天之后,该股跌破跳空上涨缺口当天盘中低点,不论跌幅多大(没有回旋空间),都要卖出,因为此次买入的风险比正常情况下更大。

如果投资者等待在 2008 年 3 月 27 日出现的口袋支点,那么可能已经获得了大约 15% 的回报,两个月之后,该股票于 2008 年 5 月 28 日背离 50 日移动均线,卖出它。2008 年,15% 是一个极为出色的回报,在大部分时间内,直到股市在当年年底崩盘,都是一种不稳定的、无趋势的行情。

HGS 软件公司供图，版权 2012。

图 6.28　百度公司(BIDU)走势

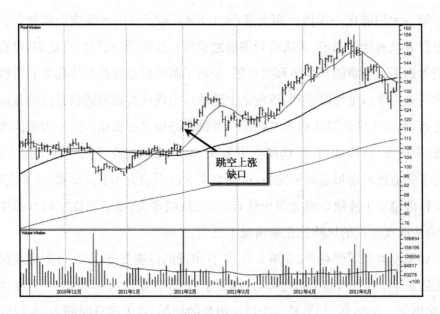

HGS 软件公司供图，版权 2012。

图 6.29　百度公司(BIDU)走势(答案)

　　这种基部突破式可买入上涨跳空缺口出现在具有建设性的基部形态之后，可以看到该股面临抛盘压力，跌破 50 日移动均线，并最终恢复了元气。百度公司反弹到了该线上方，在跳空上涨缺口之前横盘整理时，维持稳健和平缓的跌势。百度公司自 2009 年年初开始就一直是龙头股，尽管上市时间已久，但并不能阻止这个可买入上涨跳空缺口发挥作用。三个月后，当它背离 50 日移动均线时卖出，会获得大约 12％的小幅回报。考虑到 2011 年是艰难的一年，充满了亏损性交易，这种回报还是不错的。在这个例子中，百度公司证明了，在跳空上涨缺口当天盘中低点下方，应该允许出现一些回旋空间，来应对一些波动。请注意，在跳空上涨缺口出现后三周，百度公司跌破了跳空上涨缺口当天的盘中低点，但是并没有收盘于该水平下方，因此，这留出了一些回旋空间，让投资者继续持有该股票。

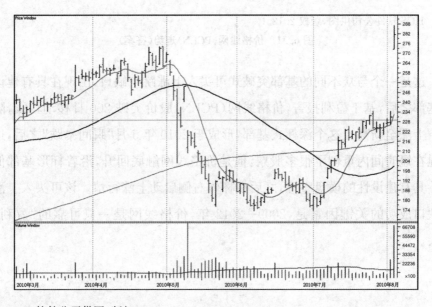

HGS 软件公司供图，版权 2012。

图 6.30　价格线网（PCLN）走势

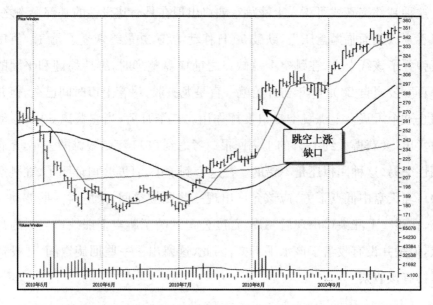

跳空上涨
缺口

HGS 软件公司供图,版权 2012。

图 6.31　价格线网(PCLN)走势(答案)

　　这是一个与众不同的基部突破式可买入上涨跳空缺口,出现在具有建设性的基部之后,基于盈利报告,价格线网(PCLN)股价突破 200 日移动均线,随后跳空上涨至新高。这个深杯式基部,形成于 2010 年 5 月"瞬间暴跌"之后,这种情况在短时间内重创了很多股票,但是价格线网触底回升,沿着杯形基部低点开始具有建设性的横盘整理,之后在杯体右侧启动上涨行情。该可买入上涨跳空缺口成功的关键因素是,2009—2012 年,价格线网是一只可靠的"盈利股"龙头。

HGS 软件公司供图,版权 2012。

图 6.32 直觉外科手术公司(ISRG)走势

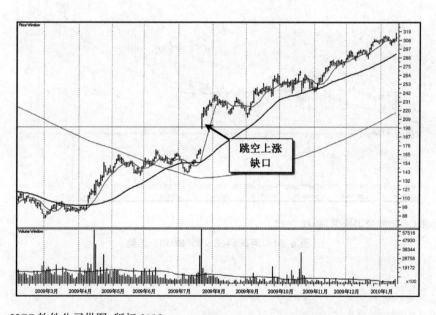

跳空上涨
缺口

HGS 软件公司供图,版权 2012。

图 6.33 直觉外科手术公司(ISRG)走势(答案)

直觉外科手术公司(ISRG)类似于价格线网(PCLN),它调整、下跌,形成新基部的低点,然后,在基部形态右侧一路上涨,最后出现了这个可买入上涨跳空缺口。2008年大崩盘,导致大多数股票跌去了至少一半的市值,此时,直觉外科手术公司形成基部低点。一旦该股票恢复动力,重新在200日和50日移动均线进行具有建设性的横盘整理,就处于发出新买入信号的有利位置,并且以这种强势跳空上涨缺口的形式出现,同时,这还是强劲盈利报告的结果。这是一个巨大的可买入上涨跳空缺口,到收盘时,该股上涨26.9%。在图中,该股远离10日移动均线,但在之前图表形态中,它并非如此。此时看起来买入很令人担忧,但是,即使你犹豫再三,两个月后,还会产生另一个买入机会,2009年9月9日,它产生了口袋支点和标准基部突破。

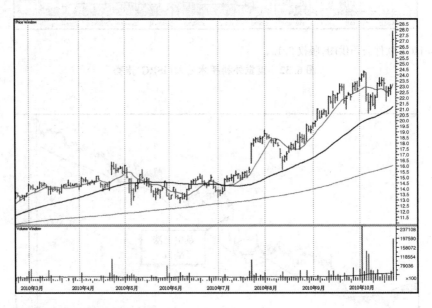

HGS 软件公司供图,版权 2012。

图 6.34　河床科技公司（RVBD）走势

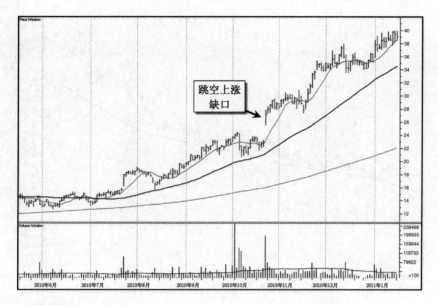

跳空上涨
缺口

HGS 软件公司供图,版权 2012。

图 6.35　河床科技公司(RVBD)走势(答案)

　　这个可买入上涨跳空缺口出现在短线、具有建设性的盘整之后,脱离 50 日移动均线。请注意,河床科技公司(RVBD)第二个可买入上涨跳空缺口出现在其基部突破所形成的上涨趋势之后。该形态中的第二个跳空上涨缺口非常清晰,一旦市场明确上涨趋势,它就出现了。回顾 7 月行情,市场仍然深受中期调整的折磨,该股紧随可买入上涨跳空缺口的犹豫行为可能是市场的作用,因为市场自身还没有进入上升趋势。然而,河床科技公司(RVBD)在 7 月出现强势行情,在随后的市场追盘日和新一轮牛市反弹中,被确认为潜在的强势龙头股,到 2010 年 10 月第二个跳空上涨缺口出现时,该股已很好地处于上升趋势中,在第二个跳空上涨缺口之后,它继续保持上升趋势。

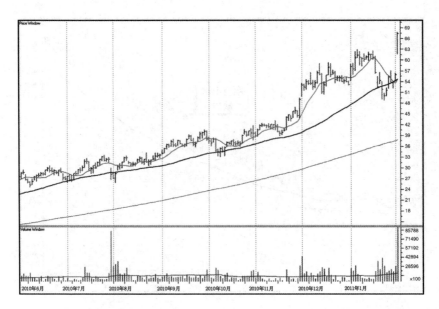

HGS 软件公司供图,版权 2012。

图 6.36　艾可美(APKT)走势

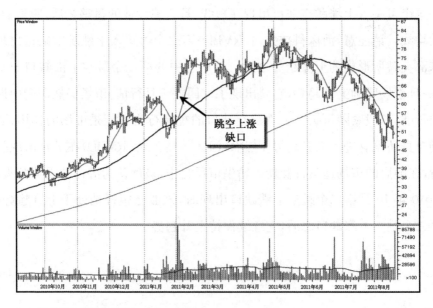

HGS 软件公司供图,版权 2012。

图 6.37　艾可美(APKT)走势(答案)

这个可买入上涨跳空缺口出现在快速跌破 50 日移动均线之后，尽管值得买入，但是该股不稳健行为产生了一点风险。艾可美（APKT）在跳空上涨缺口之后，确实在持续走高，因为它是云计算板块中的一员，在 2010 年大部分时间内，该板块都是领涨板块，它则是领涨板块中的龙头股，投资者买入该股时，必须考虑这个跳空上涨缺口。虽然它在七周后背离了 50 日移动均线，但是投资者最有可能在接近盈亏平衡点时退出。

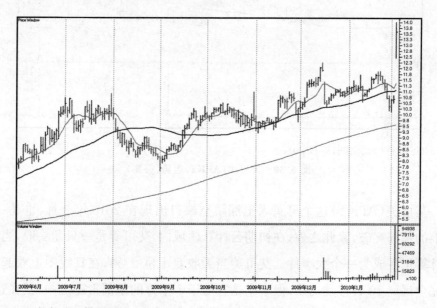

HGS 软件公司供图，版权 2012。

图 6.38　艾可美（APKT）走势

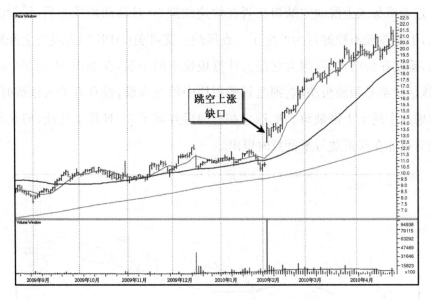

跳空上涨缺口

图 6.39　艾可美(APKT)走势(答案)

　　艾可美(APKT)这个可买入上涨跳空缺口出现在 2010 年 2 月,也是一个标准的基部突破,除此之外,在初期云计算领域内,艾可美是一只龙头股,当时,云计算正在成为一个大事件。艾可美当天收盘上涨 27%,在日线图上看起来,这完全远离 10 日移动均线,但事实是它处于 7 个月的基部形态之中,就在这个可买入上涨跳空缺口之后不久,启动了一轮真正的大幅上涨。如果投资者对标准基部突破买入没有把握,因为它很快就远离了该突破点,那么他本可以只使用跳空上涨缺口买入规则。可买入上涨跳空缺口提供了一种买入远离突破点的方法。果断的行动总是必要的,但很多情况下,如果你在跳空上涨缺口当天未能买入,那么该股常常会提供第二个买入点,要么是紧随跳空上涨缺口出现,具有建设性地低量回调,正如艾可美在接下来两天的行情,要么是在随后的交易日产生口袋支点。

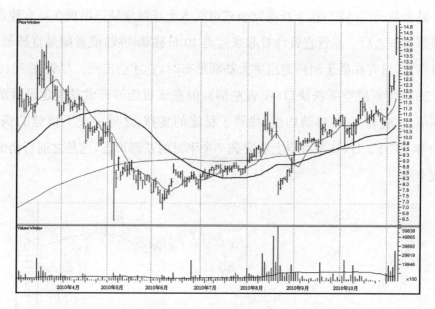

HGS 软件公司供图，版权 2012。

图 6.40 爵士制药（Jazz Pharmaceutieals，JAZZ）走势

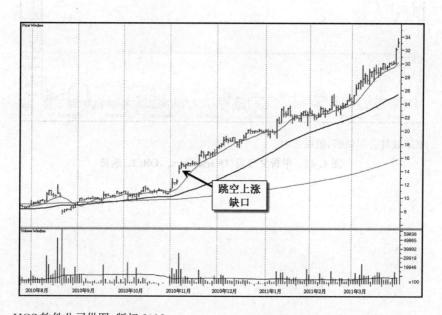

HGS 软件公司供图，版权 2012。

图 6.41 爵士制药（JAZZ）走势（答案）

　　爵士制药(TAZZ)这个新高突破式可买入上涨跳空缺口出现在具有建设性的基部形态之后。尽管它或许看起来远离 10 日移动均线,或者像是直插云霄,但事实上,只有在爵士制药走出更大基部形态时,它才会出现。尽管在 2010 年 8 月 23 日出现跳空下跌缺口(图表左侧),但是该股能够形成具有建设性的右侧基部,它脱离 50 日移动均线,找到了稳定的支撑,之后完成了稳健的柄部。2010 年 11 月 5 日,该股跳空上涨突破 7 个半月的基部形态,这是之前行情的补偿式上涨。

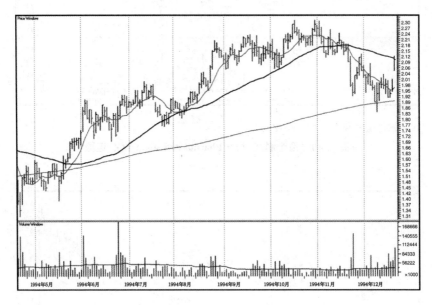

HGS 软件公司供图,版权 2012。

图 6.42　甲骨文公司(Oracle Corp. ,ORCL)走势

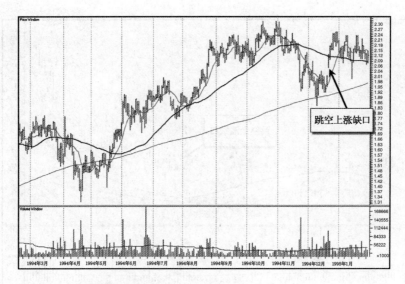

跳空上涨缺口

HGS 软件公司供图，版权 2012。

图 6.43 甲骨文公司（ORCL）走势（答案）

跳空上涨缺口出现在该股快速下跌趋势之后，不值得买入。尽管在跳空上涨缺口当天，该股收盘在 50 日移动均线，但是该基部形态处于下跌趋势中，不是横盘波动，也没有处于具有建设性的上升趋势中，因此，不要买入。

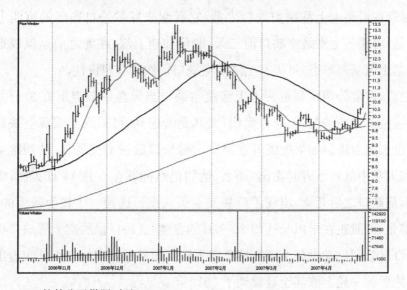

HGS 软件公司供图，版权 2012。

图 6.44 百度公司（BIDU）走势

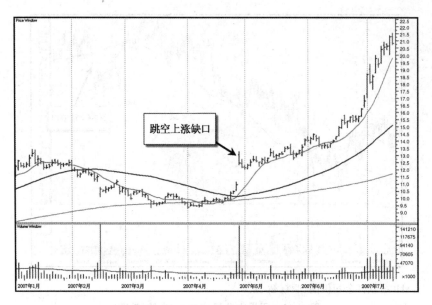

HGS 软件公司供图,版权 2012。

图 6.45　百度公司(BIDU)走势(答案)

　　这个可买入上涨跳空缺口出现在数周稳健盘整之后。百度公司(BIDU)正在走出 20 个月的基部和盘整,自 2005 年首次公开上市开始,它就形成了该基部。尽管在可买入上涨跳空缺口之前,它看起来好像是自底部的直线上涨形态,但是,可买入上涨跳空缺口前三天,股价加速上涨,在此之前是弧线形基部形态,基于该基部形态,可买入上涨跳空缺口仍然具有建设性。

　　之后,百度公司跌到可买入上涨跳空缺口当天盘中低点下方 2.4%,在图表中,这是不错的情况,不应该卖出,尤其是考虑到,可买入上涨跳空缺口前三天,股价加速上涨。如果投资者在跳空上涨缺口后一个交易日,跌到跳空上涨缺口当天盘中低点下方时卖出,那么,他们仍然能够在 5 月 14 日买回,因为在跳空上涨缺口之后几周,出现了口袋支点买入点。这是一个较为棘手的例子,但关键是,该股正在走出长达约 20 个月的盘整,这种巨量跳空上涨缺口极其强势,为百度公司启动大幅上涨行情奠定了坚实的基础,这时,它正首次走出长期基部,之后的一轮上涨甚至延续到了 2012 年。

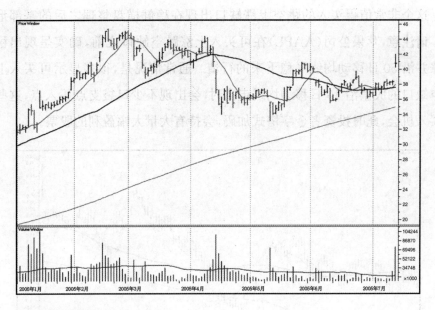

HGS 软件公司供图，版权 2012。

图 6.46　苹果公司（AAPL）走势

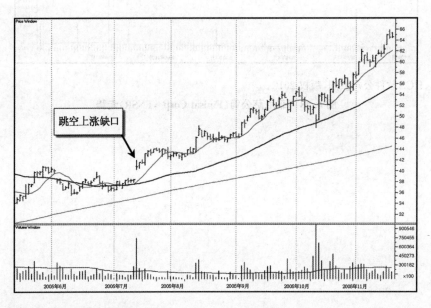

HGS 软件公司供图，版权 2012。

图 6.47　苹果公司（AAPL）走势（答案）

　　这个非常值得买入的跳空上涨缺口出现在稳健横盘整理之后的基部形态中。请注意,苹果公司(AAPL)在可买入上涨跳空缺口之前,确实呈现出稳健上涨并沿50日移动均线平稳下来的行情。通常情况是,很多显示可买入上涨跳空缺口的股票沿10日移动均线走高时,会出现不少口袋支点买入点,这些都是买入机会,此时投资者金字塔式加码,会持有大量大幅盈利的股票。

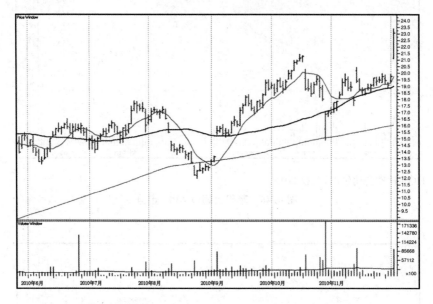

HGS软件公司供图,版权2012。

图6.48　菲尼萨公司(Finisat Corp. ,FNSR)走势

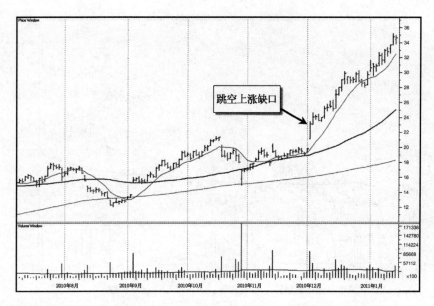

HGS 软件公司供图,版权 2012。

图 6.49 菲尼萨公司(FNSR)走势(答案)

　　考虑到之前日线图中小型带柄杯子类基部出现跳空下跌缺口,投资者一开始或许会回避菲尼萨公司(FNSR)这个可买入上涨跳空缺口。然而,在交易区间内,跳空下跌缺口下端带有长尾,该杯体的低点显示出了强势支撑行为。此后,该股重新跟上 50 日移动均线,开始稳健上涨,持续沿着 50 日移动均线移动,产生了长达三周的稳健上涨行情,开始创出新高。所有这些建设性行为都会弥补小型杯体左侧出现的糟糕行情。

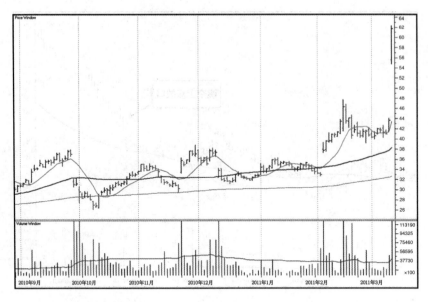

HGS 软件公司供图,版权 2012。

图 6.50　绿山咖啡烘焙公司(GMCR)走势

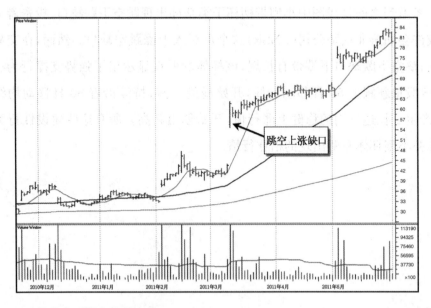

HGS 软件公司供图,版权 2012。

图 6.51　绿山咖啡烘焙公司(GMCR)走势(答案)

　　绿山咖啡烘焙公司(GMCR)是一只龙头股,在2009年市场触底后上涨,出现很多跳空上涨缺口,在图表上非常明显。这个跳空上涨缺口非常值得买入,它紧跟着2011年2月出现的跳空上涨缺口。这两个上涨缺口都出现了巨量,并且从未回调到缺口价格。在这个练习中,具有建设性的盘整领先于所讨论的跳空上涨缺口,可以看到,该股票在一路上涨过程中非常稳健,但是在10日移动均线顶部,情况出现了变化。请注意,紧随可买入上涨跳空缺口之后,股价上涨很缓慢,但是,在2011年这个特殊的市场环境下,大盘是不稳定、无趋势的行情,这是该股走势的大背景。在更为强势、更具趋势性的市场环境中,股价波动可能会有点缓慢,投资者或许基于此而卖出股票。对于2011年的绿山咖啡烘焙公司(GMCR),大盘环境就是这样,大多数股票几乎没有上涨,通常也是不稳定的,因此市场上没有什么大幅潜在盈利的股票,这使得持有绿山咖啡烘焙公司成为很不错的选择。当投资者每天或者全天都操作时,他感觉到,在既定时间内有很多强势股值得买入。这种情况会对以下情况产生动态和直接的影响:投资者在投资组合中持有多少种股票,投资者个人的市场风险容忍度,以及投资者是否决定止损疲弱的股票,为潜在的强势股票留出空间。

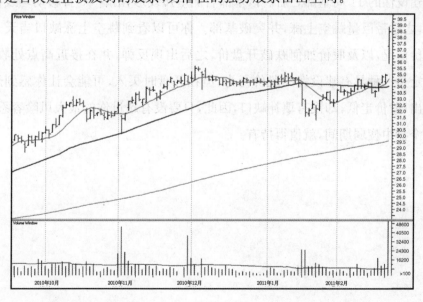

HGS软件公司供图,版权2012。

图6.52　康宝莱(Herbalife,HLF)走势

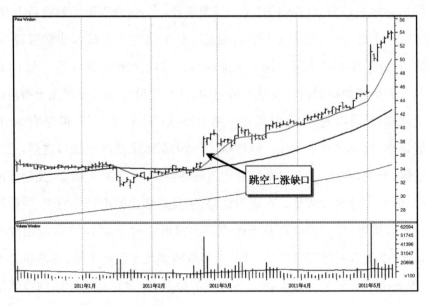

跳空上涨缺口

图 6.53　康宝莱(HLF)走势(答案)

　　这是一个非常好的基部突破式可买入上涨跳空缺口,出现在康宝莱(HLF)具有建设性的 11 周基部之后。该基部右侧呈弧线形,沿着 50 日移动均线稳健上涨,之后带巨量跳空上涨,并突破基部。你可以看到跳空上涨缺口当天开盘的股价情况,以及股价如何跌破开盘价,之后出现反弹,并在接近高点处收盘。这肯定是一种具有建设性的股价行为,但在开盘时买入,可能会让你感到恐惧而卖出,股价走低,却没有填补缺口,因此,只要没有超过你的最大风险容忍度,在整个盘中疲弱期间,就值得持有。

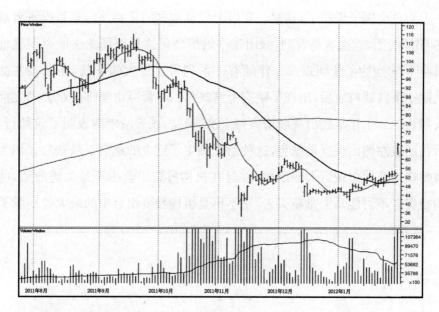

HGS 软件公司供图，版权 2012。

图 6.54　绿山咖啡烘焙公司（GMCR）走势

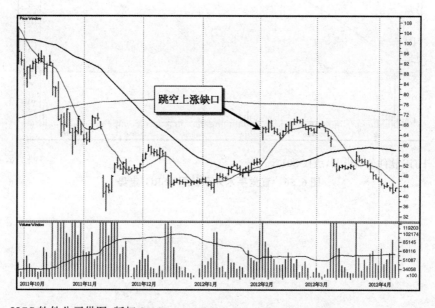

HGS 软件公司供图，版权 2012。

图 6.55　绿山咖啡烘焙公司（GMCR）走势（答案）

上面这个例子说明了，观察一年以上股价数据的重要性。要是投资者观察
2009年周线图，就很容易看到，绿山咖啡烘焙公司这只市场龙头股很明确地在
2011年年末到达了长期顶部。伴随着一系列带巨量大幅下跌，在图表左侧的
巨大跳空下跌缺口之后，出现了跳空上涨缺口。尽管绿山咖啡烘焙公司之前是
龙头股，在2011年年底出现股价大幅上涨，但是，图表清晰地表明了筑顶行为，
之后在图表左侧出现巨量抛售，这种情况催生了巨大的跳空下跌缺口。因为绿
山咖啡烘焙公司出现巨大的跌幅，并且在机构投资组合中不是关键股票，所以
机构投资者不可能马上重新买入，它不再是机构投资组合中的最大盈利股了。

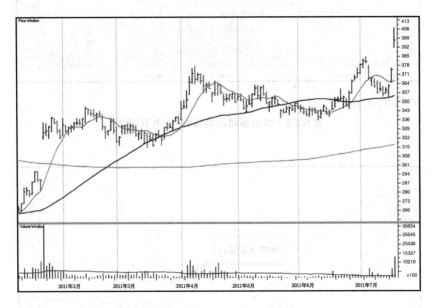

HGS软件公司供图，版权2012。

图6.56　直觉手术外科公司(ISRG)走势

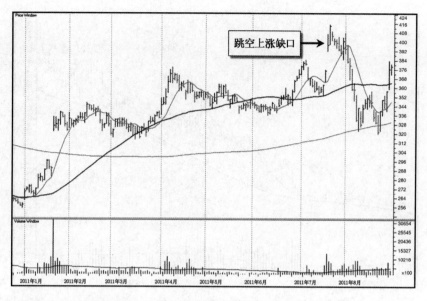

跳空上涨缺口

HGS 软件公司供图，版权 2012。

图 6.57 直觉手术外科公司（ISRG）走势（答案）

这个可买入上涨跳空缺口出现在具有建设性的基部形态之后，但是，当直觉外科手术公司股价跌到跳空上涨缺口当天盘中低点下方时，它就失败了。这个失败的跳空上涨缺口出现在 2011 年 8 月，当时，大盘急剧下跌。2011 年的大盘处于波动性强且呈现无趋势状态，对大多数股票来讲，很难出现持续性上升趋势。一旦市场摆脱困境，直觉外科手术公司就在 2011 年 10 月产生了另一个可买入上涨跳空缺口，如果使用七周规则，就会在不到 6 个月的时间内以较小的风险获得大约 28％的收益。尽管在不到 6 个月的时间内获得 28％的收益看似并不丰厚，但是其年化回报率约为 61％。

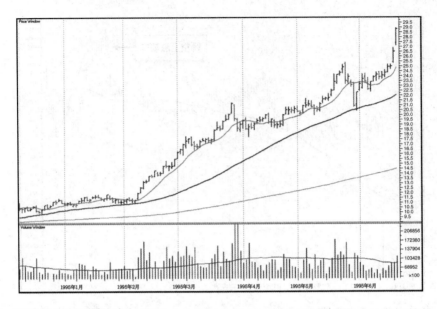

HGS 软件公司供图,版权 2012。

图 6.58　美光科技(Micron Technology,MU)走势

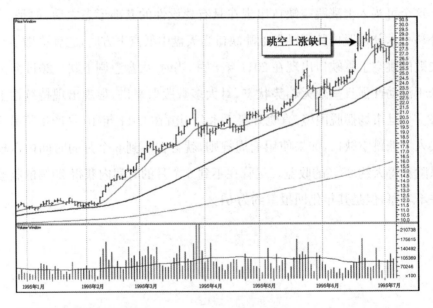

HGS 软件公司供图,版权 2012。

图 6.59　美光科技(MU)走势(答案)

在 1995 年科技股大牛市期间,美光科技(MU)是一只获利丰厚的股票。该股在 1995 年 2 月初取得突破,形成强势上涨趋势后,产生了这个可买入上涨跳空缺口。5 月末,该股首次回调,试探了 50 日移动均线,当机构投资者买入该股时,它在此突然下跌,但找到了可靠的支撑。之后,美光科技向上反弹,脱离 50 日均线,但是成交量较为清淡。就成交量和价格来讲,这个跳空上涨缺口勉强符合条件,第二天,美光科技出现了放量逆转下跌,这可能是疲弱信号。如果投资者在可买入上涨跳空缺口当天买入,依据巨量逆转情况,他可能会在第二天卖出部分头寸,几天后,美光科技跌破跳空上涨缺口当天盘中低点,卖出剩余的头寸。投资者不会给予该股票任何的灵活性(回旋空间),因为成交量不是很强势,当跳空上涨缺口出现时,该股远离 10 日移动均线,这个可买入上涨跳空缺口存在几个缺陷。

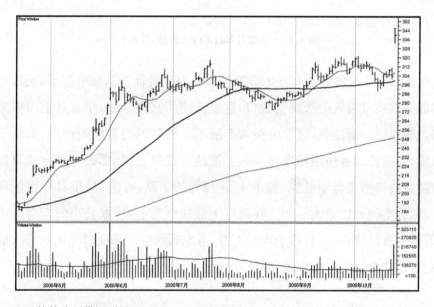

HGS 软件公司供图,版权 2012。

图 6.60　谷歌公司(GOOG)走势

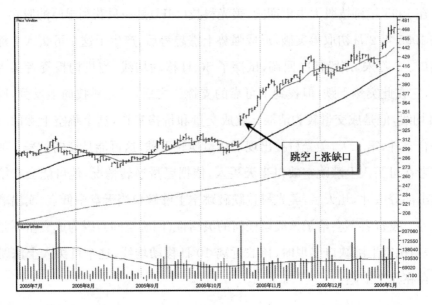

跳空上涨缺口

图 6.61　谷歌公司(GOOG)走势(答案)

　　在新兴大牛股谷歌公司(GOOG)完成具有建设性的基部形态后,出现了这个基部突破式可买入上涨跳空缺口,这也证明了它自 2004 年 8 月上市以来的强势龙头地位。请注意,这个可买入上涨跳空缺口的交易区间稳健,降低了下跌风险,假设投资者使用标准可买入上涨跳空缺口止损,那么可设定成可买入上涨跳空缺口当天盘中低点,加上 1%～2% 的下跌,有时,如果具体市场环境允许,回旋空间可以更大一些。在跳空上涨缺口之前,谷歌公司的走势并不稳健,但是一直维持在 50 日移动均线上方,考虑到跳空上涨缺口当天的巨大成交量,它可以作为可买入上涨跳空缺口。

HGS 软件公司供图,版权 2012。

图 6.62 日能公司(SPWR)走势

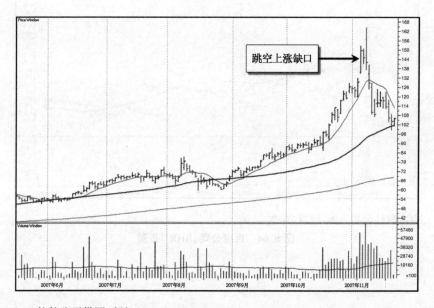

HGS 软件公司供图,版权 2012。

图 6.63 日能公司(SPWR)走势(答案)

到现在为止,这个练习可能有点儿不地道,但愿读者会看到,这个答案是多么显而易见,但它也表明了另一种看法。跳空上涨缺口出现在几周巨幅上涨之后,并且处在上涨过程中,应该不要买入。日能公司(SPWR)是2007年太阳能板块的大龙头股,这一年,投资者可以看到,大量太阳能股票上市,启动了一轮典型的巨幅板块上涨,这种情况让人们想起了1995年的半导体股和1999年的网络股。在这个跳空上涨缺口之前,日能公司以抛物线式上涨,获得了巨量收益,这种大涨表明了高潮式顶点,跳空上涨缺口出现在其末期,是一个衰竭型缺口,而不是一个可买入上涨跳空缺口。如果投资者在跳空上涨缺口当天买入,就是一个明显的错误,但是,至少投资者会被迫关注可买入上涨跳空缺口止损位,两天后,出现巨量逆转交易日,卖出。实际上,该成交量是这只股票历史上最高的,有助于产生极好的做空机会,我们把这部分内容留给另一本书。

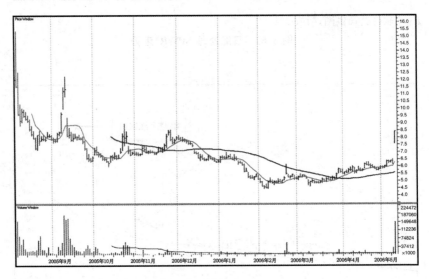

HGS软件公司供图,版权2012。

图6.64   百度公司(BIDU)走势

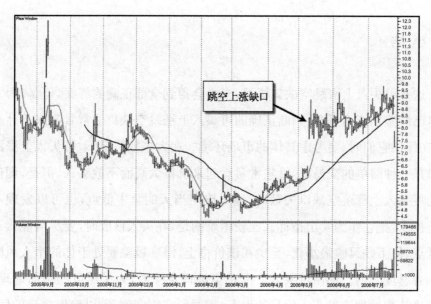

HGS 软件公司供图，版权 2012。

图 6.65　百度公司(BIDU)走势(答案)

　　之前的练习显示了百度公司(BIDU)2007 年上半年的跳空上涨缺口，但本练习中的这个缺口出现在 2005 年。这个可买入上涨跳空缺口出现在具有建设性基部形态之后，尽管百度公司当时的相对强弱(RS)指标在这个跳空上涨缺口前，是极低的 17。百度公司相对强弱指标极低的部分原因在于，它刚刚在 9 个月前上市，在 2005 年夏季的首个交易日出现急剧的跳跃式上涨，之后，股价没有明显上涨。其实，百度公司在 IPO 首日疯狂上涨之后，进入了一个长期基部形态。回顾一下，百度公司上市发行价是每股 28 美元，首日上涨到高达 151.21 美元，当天收盘于 122.54 美元。自此之后，它基本上处于下跌趋势之中，直到 2007 年 6 月，才再次触及这个收盘价。考虑到百度的这种走势，投资者或许会在可买入上涨跳空缺口当天买入少量头寸，请注意，在接下来的数周内，该股没有选择明确方向。时间就是金钱，百度公司的时间价值令人担忧，因此，投资者在几周内会明智地卖出，在该股跳空下跌之前，这样做当然是很不错的，我们看到就在图表的最右侧，确实出现了跳空下跌缺口。

小 结

这些可买入上涨跳空缺口练习,未必会得到全部正确的答案,但是,为了提高自己的鉴别能力,你要判断正确的可买入上涨跳空缺口通常看起来是什么样子,在评估它们时,要考虑具体的市场环境。在大多数情况下,可买入上涨跳空缺口是一种简单的交易,尽管它常常看起来价格太高而不敢买入,但是,即使正确的可买入上涨跳空缺口失败时,通过确定当天的盘中低点,也可以发现不错的止损点,把它作为卖出指标。比较困难的是,在买入该股时,要尽可能接近盘中低点,使下跌风险最小化,至少在该价格上,潜在风险要处于你的个人风险偏好和容忍度之内。使用可买入上涨跳空缺口意味着,为了尽可能全面地理解,如何确认和处理这种买入信号和形态,需要研究很多例子,以确保自己的回报。在这个过程中,读者应该仅仅把本章看成起点,而非终点。

第七章

模拟交易

    把前面章节所涉及的内容整合在一起的最有效方式是进行传统的模拟交易。我们带着你,一步一步、一天一天地回顾最近牛市周期中两只龙头股的相关量价行为。通过这种方式,我们依据 OWL(欧奈尔-威科夫-利维摩尔)投资和交易规则和技术,就如何实时做出决策,让你获得一些实践性认识。

    这是一种理论联系实际的方法,对于教导投资者如何使用口袋支点、可买入上涨跳空缺口和其他与七周规则、关键移动均线相关的 OWL 买入点,这是唯一真实和有效的方法。现实生活中,真实市场肯定在不断动态变化,使用真金白银在市场上操作,会存在很多细微差别、扭曲和例外情况,这需要投资者在健康完善的买卖和头寸管理规则背景下判断。在某个点位上,买入点会变得更加可靠。培养投资者的这种判断力,需要亲身实践,并在一定程度上优化处理。尽管我们无法将多年的市场经验直接赋予你,也无法把你连接到某种科幻式机器上,给你输入经验丰富的交易者和投资者的共同智慧和判断力,但是,我们能带你一起分析一些例子,模拟实时的交易决策。我们希望,以这种方式加快你的成长,培养你对市场的判断力,具体来说,就是评估利用口袋支点、可买入上涨跳空缺口、七周规则以及使用关键和相关移动均线获得成功的概率。

为此,我们选择了两只新世纪的股票:2007—2008 年太阳能板块的第一太阳能(FSLR)和 2010—2011 年云计算板块的艾可美(APKT)。通过从最近市场中所选择的两个例子,我们希望把这个模拟交易转化成如何实时交易的背景。

2007—2008 年第一太阳能(FSLR)

在 2006 年年末,即将打响太阳能股票领涨行情的第一枪,始自第一太阳能首次公开募股(IPO)。第一太阳能 IPO 价格是 20 美元,最初于 2006 年 11 月 17 日交易时,股票代码为 FSLR。我们的方法规定,当 IPO 首日出现疯狂和不连贯行为时,投资者和交易者绝对不要交易。最好是先等股价稳定下来,实际上第一太阳能马上以具有建设性的方式步入上涨趋势,很快就出现了跳空上涨缺口,在 IPO 价格上方以略超过 20% 的价格交易。之后,它以小型 IPO 短旗形态盘整了两天多。11 月 22 日,该股上市第四天,出现了 IPO 式口袋支点买入点。考虑到第一太阳能是一只炙手可热的新股,从日线图短旗形态中突破,且具有建设性,从技术上讲,确实也出现了上涨成交量标志,高于该形态之前 10 个交易日中任何一个下跌成交量。因此,尽管该股票仅仅交易了四天,但仍应该买入少量头寸。实际上,在这种极为罕见的例子中,紧随 IPO 的四个交易日量价结构,投资者可以据此采取行动。

第一太阳能背离 10 日移动均线,跌破之前交易日盘中低点,收盘于 10 日移动均线下方。然而,该股在收盘时重新站上了 10 日线,因此,这个阶段,在更具灵活性的、像第一太阳能这样的新股中持有头寸,方法是(1)等待收盘,或者(2)观察该股是否跌破 12 月 5 日的盘中低点——在图 7.2 中,是 7 天之前。通过这种方式,投资者能够解释并管理像第一太阳能这样炙手可热的新股的内在波动性。

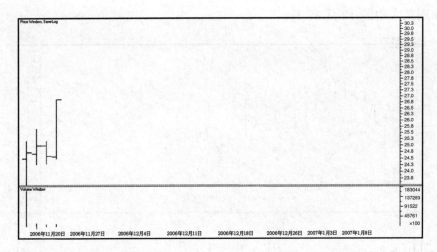

HGS 软件公司供图,版权 2012。

图 7.1 第一太阳能 2006 年 11 月 22 日走势

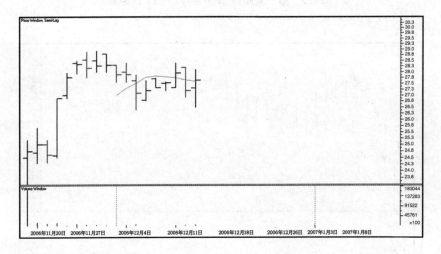

HGS 软件公司供图,版权 2012。

图 7.2 第一太阳能 2006 年 12 月 12 日走势

这是一个口袋支点买入点,尽管该股收盘于该交易日交易区间的中部,我们称为中柱体收盘或中区间收盘。

紧跟着前一交易日的中柱体口袋支点,这是一个明确的口袋支点买入点,上涨脱离 10 日移动均线。连续两个交易日出现买入点,即图 7.3 中的 12 月 14

日和图 7.4 中的 12 月 15 日。

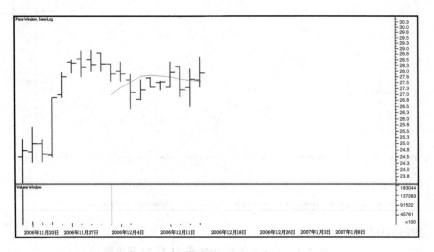

HGS 软件公司供图，版权 2012。

图 7.3 第一太阳能 2006 年 12 月 14 日走势

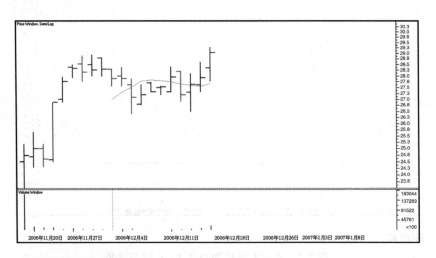

HGS 软件公司供图，版权 2012。

图 7.4 第一太阳能 2006 年 12 月 15 日走势

这是一个迷你跳空下跌缺口，成交量较低，但找到了盘中支撑（见图 7.5）。第一太阳能短暂性盘旋下跌，但是沿之前基部低点找到支撑，没有下跌到新低，最终收盘接近于日交易区间的高点，请再次注意第一太阳能在 IPO 首日交易的波动性。同样重要的是,投资者需要考虑到大盘在同步回调,这为股票下跌行为提供了符合逻辑的市场条件。在这种震仓策略中,它找到了可靠的支撑,这种行为具有建设性。

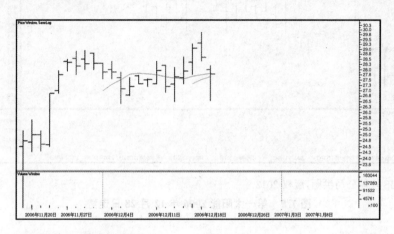

HGS 软件公司供图,版权 2012。

图 7.5 第一太阳能 2006 年 12 月 19 日走势

当大盘回调时,第一太阳能坚持不回调,并没有跌破该形态沿 26～27 美元的低点。12 月 27 日,它产生了一个口袋支点买入点。

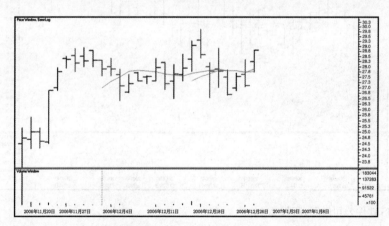

HGS 软件公司供图,版权 2012。

图 7.6 第一太阳能 2006 年 12 月 27 日走势

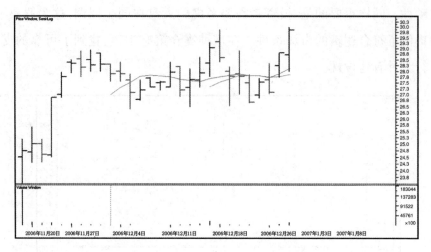

HGS 软件公司供图，版权 2012。

图 7.7　第一太阳能 2006 年 12 月 28 日走势

第一太阳能产生了一个口袋支点买入点，也是一个新高基部突破，并且，该股票收盘非常具有建设性，接近当天日交易区间的顶部。

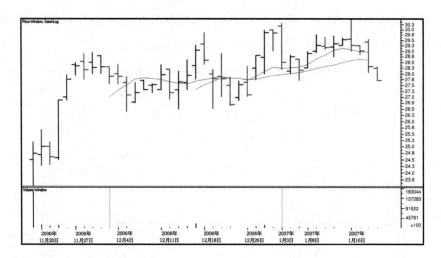

HGS 软件公司供图，版权 2012。

图 7.8　第一太阳能 2007 年 1 月 19 日走势

2007 年 1 月 19 日，出现了背离 10 日移动均线的情况，但请注意，该股在背离后并没有创出新低。相反，它继续构建平缓、横盘的基部。

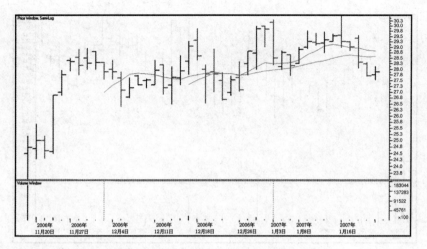

HGS 软件公司供图,版权 2012。

图 7.9 第一太阳能 2007 年 1 月 22 日走势

当该股票沿基部低点获得支撑时,它产生一个口袋支点,但这个口袋支点出现在 10 日移动均线下方,因此,最好不要在这个支点买入。

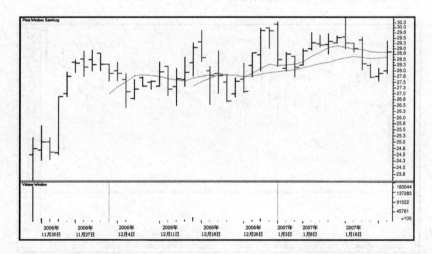

HGS 软件公司供图,版权 2012。

图 7.10 第一太阳能 2007 年 1 月 23 日走势

这个口袋支点买入点收盘于 10 日移动均线上,因此,它是可行的,可以买入。

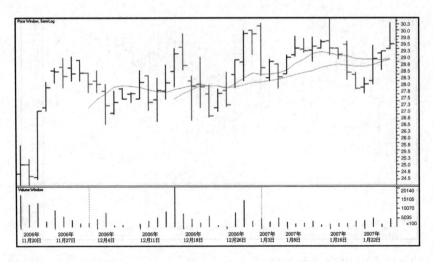

图 7.11　第一太阳能 2007 年 1 月 25 日走势

　　这是另一个口袋支点买入点,在前期高点遭遇阻力,反转下跌,收盘接近该股票交易区间低点。如果投资者在此买入,必须保持谨慎。

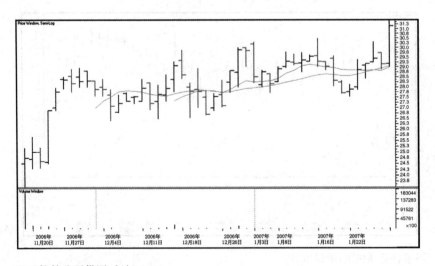

图 7.12　第一太阳能 2007 年 1 月 29 日走势

　　这个口袋支点买入点也是一个新高基部突破买入点。此外,大盘出现了一个短线低点。

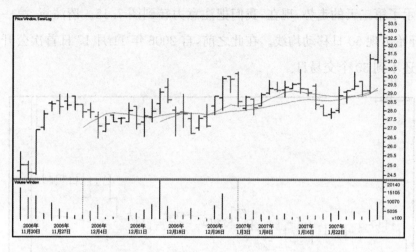

图 7.13　第一太阳能 2007 年 1 月 30 日走势

　　尽管该交易日的行为具有口袋支点买入点的量能特征,但是收盘价远离 10 日移动均线,因此最好不要在这个支点买入。

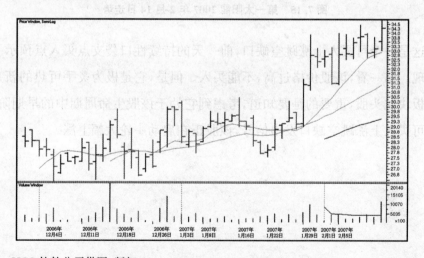

图 7.14　第一太阳能 2007 年 2 月 2 日走势

自 1 月 29 日以来(见图 7.12),该股票稳健地沿 10 日移动均线上涨。现在,它产生了持续性口袋支点,脱离 10 日移动均线。这个持续性口袋支点买入点,预示了第二天的走势,现在,我们把注意力转到图 7.15。请注意,第一太阳能刚开始出现 50 日移动均线。在此之前,自 2006 年 11 月 17 日首次公开上市以来,还不到 50 个交易日。

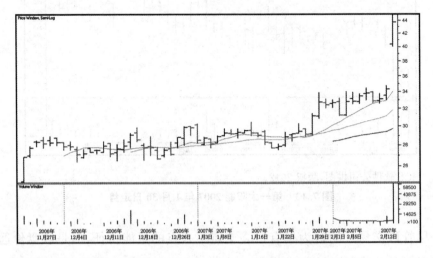

HGS 软件公司供图,版权 2012。

图 7.15　第一太阳能 2007 年 2 月 14 日走势

这是一个可买入上涨跳空缺口,前一天的持续性口袋支点买入点预示了它的出现。乍一看,该股价格过高,不能买入。但是,它是极为炙手可热的新兴太阳能板块龙头股,重要的是要知道,考虑到它处于该股生命周期中的早期阶段,这个可买入上涨跳空缺口发出信号,该股正在启动一轮大幅上涨。

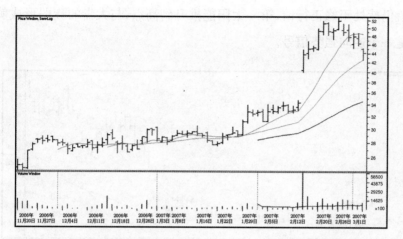

HGS 软件公司供图,版权 2012。

图 7. 16 第一太阳能 2007 年 3 月 5 日走势

在 1 月 29 日突破(见图 7. 12)的七周之内,该股票背离 10 日移动均线。根据七周规则的要求,我们使用 50 日移动均线作为卖出指标。这次回调是由短线、快速的市场修正引致的,你可以看到,纳斯达克指数自顶部下跌了 7. 9%。

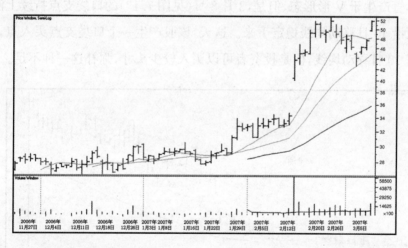

HGS 软件公司供图,版权 2012。

图 7. 17 第一太阳能 2007 年 3 月 8 日走势

该股反弹,跳空上涨到 10 日移动均线上方,产生一个口袋支点买入点,但是,这个口袋支点出现在 V 形形态中,因此,最好不要买入。从积极的方面来看,大盘仍然处于修正行情,第一太阳能推升到高点,与大盘的疲弱形成鲜明对比,这是一个逆向强势信号。

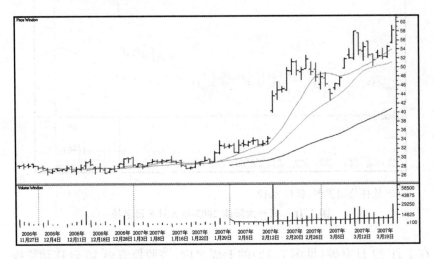

图 7.18　第一太阳能 2007 年 3 月 22 日走势

尽管产生于 V 形形态,但是,3 月 8 日(见图 7.17)的口袋支点持续上涨,并且该股沿 10 日移动均线稳定下来。这天,该股产生一个口袋支点买入点,它略微远离 10 日移动均线,但是投资者可以买入较少头寸,弥补这一种不足。

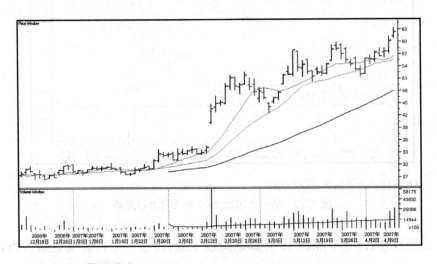

图 7.19　第一太阳能 2007 年 4 月 11 日走势

这个口袋支点远离 10 日移动均线,因此,不应该买入。读者或许会注意到,考虑到第一太阳能是一只新股,随着它产生更多历史价格,我们会增加图表宽度,从本质上讲,即我们缩小图表,显示更多股票量价数据。观察之前长达一年的量价历史数据,总是很有价值的。

HGS 软件公司供图,版权 2012。

图 7.20　第一太阳能 2007 年 5 月 4 日走势

这个可买入上涨跳空缺口,出现在自 50 日移动均线反弹之后,很具有建设性。第一太阳能不满足七周规则中把 10 日移动均线作为卖出指标的要求(见图 7.16),我们使用 50 日移动均线作为卖出指标。该股在 50 日线找到可靠的支撑,并且该可买入上涨跳空缺口与首次回调到 50 日移动均线保持一致。

在可买入上涨跳空缺口出现七周内,该股背离 10 日移动均线,因此,我们仍然使用 50 日移动均线作为卖出指标。请注意,该股没有背离 5 月 4 日(见图7.20)跳空上涨缺口当天的盘中低点,在此基础上,该股的持续性非常好。

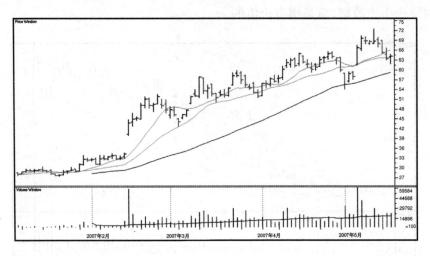

HGS 软件公司供图,版权 2012。

图 7.21　第一太阳能 2007 年 5 月 16 日走势

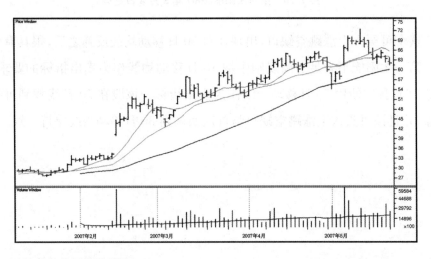

HGS 软件公司供图,版权 2012。

图 7.22　第一太阳能 2007 年 5 月 21 日走势

该股几乎跌破了 5 月 4 日(见图 7.20)可买入上涨跳空缺口当天的盘中低点,仅仅差几美分,恰好处于 1%～2% 的回旋空间,还恰好位于或接近于 10 周和 50 周移动均线——不要卖出。

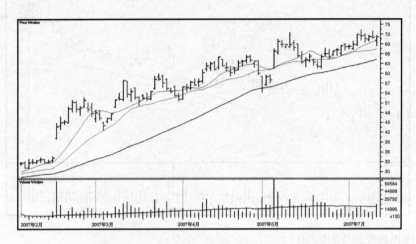

HGS 软件公司供图,版权 2012。

图 7.23　第一太阳能 2007 年 6 月 12 日走势

这是一个逆转上涨式口袋支点买入点,当天早盘,该股在此首次跌破 10 日移动均线之后逆转反弹上涨。支撑性成交量飙升,产生了口袋支点的成交量信号,并且推升该股重返 10 日移动均线上方,产生了一个清晰的口袋支点买入点。

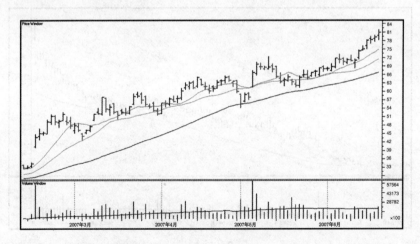

HGS 软件公司供图,版权 2012。

图 7.24　第一太阳能 2007 年 6 月 20 日走势

　　这个口袋支点出现在远离 10 日移动均线的点位,很明显的情况是,尽管成交量满足了口袋支点成交量条件,但是股价没有满足条件。

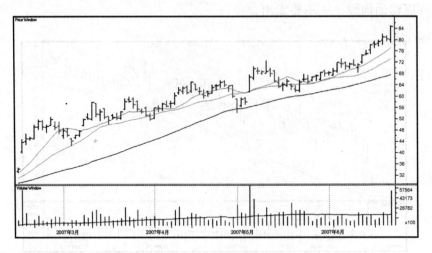

HGS 软件公司供图,版权 2012。

图 7.25　第一太阳能 2007 年 6 月 22 日走势

　　这是另一个远离 10 日移动均线的口袋支点,距离不太远,但是,出现了巨大买入成交量,被认为是一个持续性口袋支点,在类似情况下,投资者可以买入少量头寸。

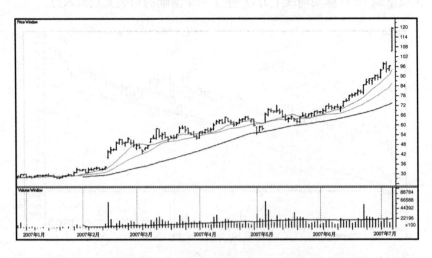

HGS 软件公司供图,版权 2012。

图 7.26　第一太阳能 2007 年 7 月 9 日走势

这个跳空上涨缺口出现在一个远离 10 日移动均线的位置,该股票过去 5～6 个月涨幅相当可观,因此,这可能是一个高潮式缺口,而不是启动快速上涨趋势的缺口。在这个位置,上涨趋势处于加速状态,从过去的角度看,有点儿是抛物线式上涨。因此,这种背景之中的跳空上涨缺口,最好不要买入。

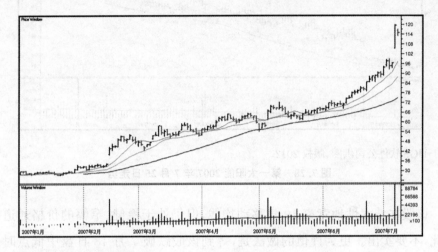

HGS 软件公司供图,版权 2012。

图 7.27　第一太阳能 2007 年 7 月 10 日走势

此时,正像我们平常说的那样,自 5 月 4 日可买入上涨跳空缺口(见图 7.20)以来,第一太阳能遵循 10 日移动均线已有大约七周时间,因此,我们依据七周规则,使用背离 10 日移动均线作为卖出指标,而不再使用背离 50 日移动均线。前期价格大幅上涨后,该股随之出现远离 10 日移动均线的情况,因此,这样做是有利的。

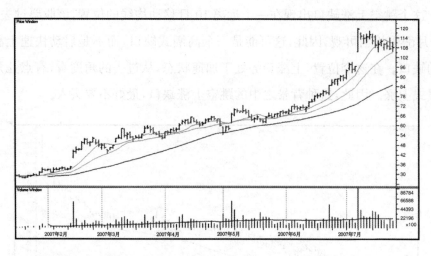

图 7.28 第一太阳能 2007 年 7 月 25 日走势

该股在技术性地背离 10 日移动均线,但仍处于稳健、窄幅的价格通道内,因此,不要卖出。更为谨慎的做法是,等到该股跌破 7 月 18 日盘中低点时,才卖出。

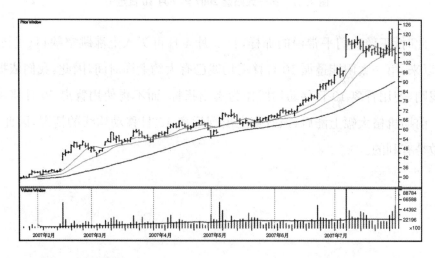

图 7.29 第一太阳能 2007 年 8 月 1 日走势

该股逆转式上涨并突破,在试图创出新高时失败了。之后,它跌破了这两周形成的稳健的、横盘旗形形态低点,下跌到 7 月 18 日低点这个关键点。该股明确地背离 10 日移动均线。请注意,与该背离行为同时出现的是,该股票下跌到 7 月 9 日跳空上涨缺口(正如我们在图 7.26 中的讨论,不值得买入)盘中低点,并超过了 1%~2% 回旋空间,因此,这是一个卖出点位。

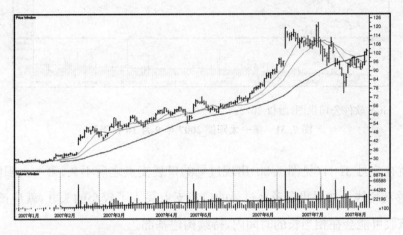

HGS 软件公司供图,版权 2012。

图 7.30 第一太阳能 2007 年 8 月 31 日走势

该股突破 50 日移动均线,产生这个口袋支点,但是,它或许出现时间过早。自 2006 年 11 月上市以来,该股完成首次大幅修正并背离 50 日移动均线之后,这个口袋支点出现了。由于快速下跌以及背离 50 日移动均线,该股可能需要更长的时间盘整,重新构建一个新的稳健基部形态。因此,只应该买入少量头寸。

HGS 软件公司供图,版权 2012。

图 7.31　第一太阳能 2007 年 9 月 10 日走势

就在 8 月 31 日(见图 7.30)出现过早的口袋支点之后不久,第一太阳能背离 10 日移动均线。如果投资者在过早的口袋支点买入了较小的头寸,就应该卖出,因为该股可能会在相当长的时间内,持续构建基部。

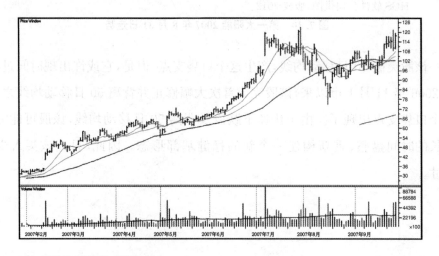

HGS 软件公司供图,版权 2012。

图 7.32　第一太阳能 2007 年 9 月 28 日走势

在该股构建并完成一个强势基部形态之后,出现了口袋支点买入点。投资者在此可以重新买入,其思路是,新一轮上涨的机会可能即将来临。

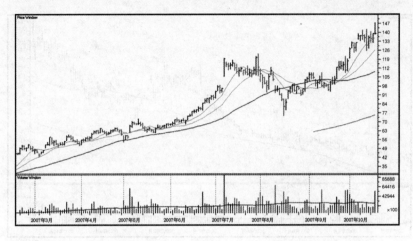

HGS 软件公司供图,版权 2012。

图 7.33 第一太阳能 2007 年 10 月 17 日走势

这天,一开始看起来像是在酝酿着口袋支点买入点,但是到收盘时,该股放量逆转式下跌。如果基于 9 月 28 日(见图 7.32)口袋支点重新买入,增加了股票头寸,那么,基于这个逆转式下跌,投资者应该卖出部分或全部头寸,因为股价逆转式下跌到了日交易区间底部。

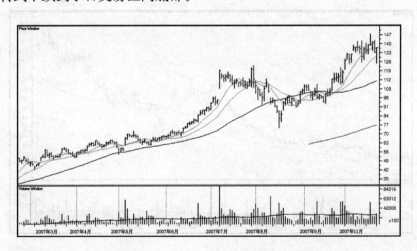

HGS 软件公司供图,版权 2012。

图 7.34 第一太阳能 2007 年 10 月 22 日走势

在 9 月 28 日买入点七周内,该股背离 10 日移动均线,因此,根据七周规则,我们使用 50 日移动均线作为卖出指标。

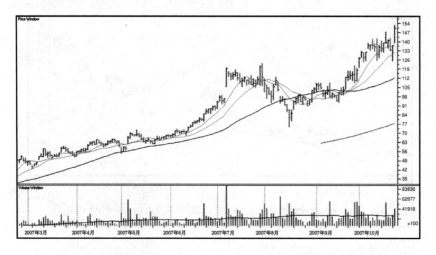

HGS 软件公司供图,版权 2012。

图 7.35　第一太阳能 2007 年 10 月 23 日走势

口袋支点买入点出现脱离 10 日移动均线的迹象,这提供了一个买入点,投资者可以在 9 月 28 日(见图 7.32)买入的基础上加仓。如果投资者在图 7.33 的逆转日全部抛售,就可以重新买入。

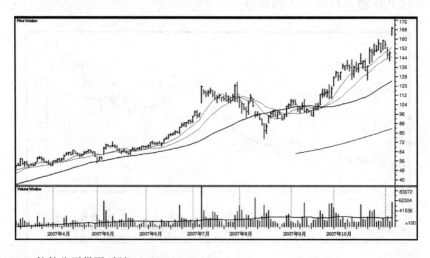

HGS 软件公司供图,版权 2012。

图 7.36　第一太阳能 2007 年 11 月 6 日走势

　　这是一个可买入上涨跳空缺口,提供了另一个加仓的点位。值得注意的是,此时,大盘开始反转下跌,在2008—2009年熊市确立之前,形成了最终的顶部。通常情况下,龙头股可能在大盘见顶时产生逆向行为,在几周内继续走高,有时会超出市场顶部几个月。因此,投资者应该依据七周规则操作,避免受到大盘行情的恐吓,提前卖出头寸。

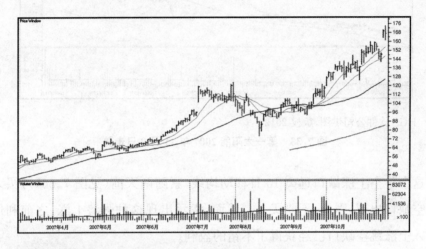

图7.37　第一太阳能2007年11月7日走势

　　出现可买入上涨跳空缺口后,该股跌破前一天盘中低点1.6%,这是一个可以接受的跌幅。如果投资者前一个交易日没有买入,那么他可以在今天买入,因为该股保持在昨天可买入上涨跳空缺口区间之内。

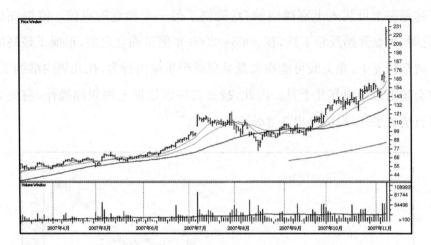

HGS 软件公司供图,版权 2012。

图 7.38　第一太阳能 2007 年 11 月 8 日走势

这个跳空上涨缺口远离 10 日移动均线,紧随两天前(见图 7.36)可买入上涨跳空缺口出现,因此,不要买入。然而,幸亏出现这种强势上涨,之前利用的可买入上涨跳空缺口已经获得了不错的盈利。

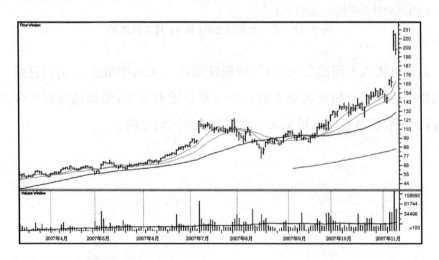

HGS 软件公司供图,版权 2012。

图 7.39　第一太阳能 2007 年 11 月 9 日走势

该股跌破前一交易日盘中低点 2.6%,这种情况至少是部分卖出信号,投资者在此可以卖出一半头寸,锁定从强势上涨行情中获得的盈利,自 9 月 28 日(见图 7.32)买入点以来,该股产生了可观的涨幅。

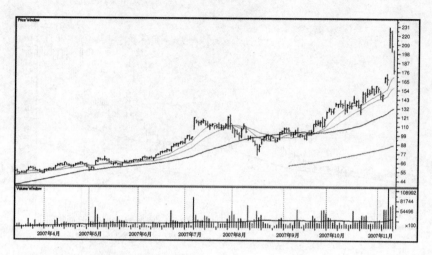

HGS 软件公司供图,版权 2012。

图 7.40 第一太阳能 2007 年 11 月 10 日走势

该股进一步跌破跳空上涨缺口当天盘中低点,投资者应该卖出剩余的股票。

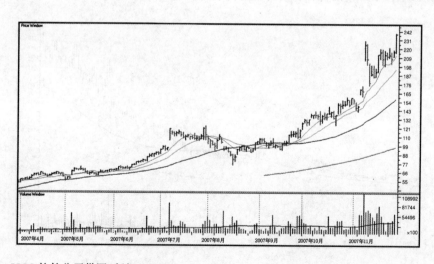

HGS 软件公司供图,版权 2012。

图 7.41 第一太阳能 2007 年 11 月 29 日走势

尽管出现了数周不利行情,但第一太阳能还是产生了口袋支点买入点,脱离 10 日移动均线。尽管风险增大,投资者可以重新买入,但由于大盘走势以及该股的上涨较迟,买入机会变得更为明显。

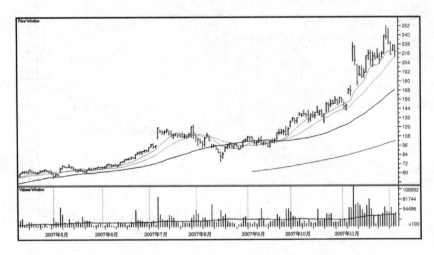

HGS 软件公司供图,版权 2012。

图 7.42　第一太阳能 2007 年 12 月 6 日走势

该股在买入点之后七周之内背离 10 日移动均线,因此,投资者使用 50 日移动均线作为卖出指标。如果该股背离 50 日移动均线,就卖出。

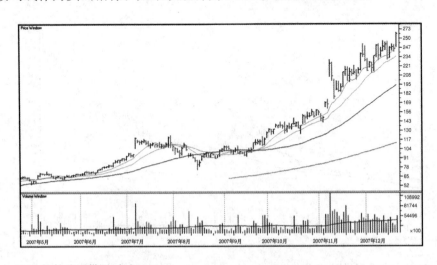

HGS 软件公司供图,版权 2012。

图 7.43　第一太阳能 2007 年 12 月 21 日走势

　　由于大盘正在上涨,脱离了短线低点,因此这只持续上升的股票搭上了大盘短线上涨的"顺风车",闪现一个口袋支点买入点,脱离10日移动均线。

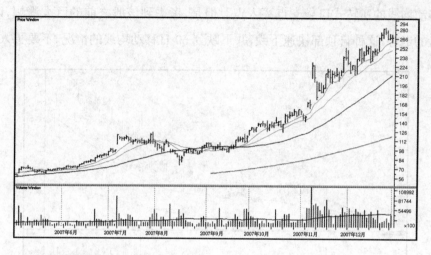

图 7.44　第一太阳能 2008 年 1 月 2 日走势

　　该股收盘略高于当天交易价格的中部区间,出现了另一个脱离 10 日移动均线的口袋支点买入点。然而,该股存在的一个问题是,大盘开始再次反转下跌,因此,如果投资者在这个阶段仍然持有第一太阳能,那么应该保持警惕。

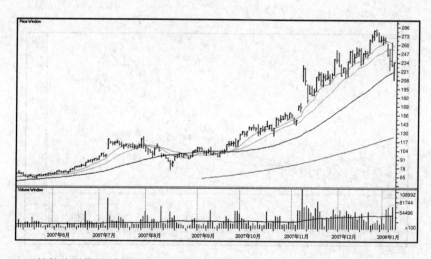

图 7.45　第一太阳能 2008 年 1 月 9 日走势

现在,第一太阳能也感受到了大盘的压力,此时,它回调跌向 50 日移动均线。然而,该股在 10 日移动均线获得了一些强势支撑的成交量,并且出现了脱离 50 日移动均线的逆转式口袋支点买入点。但是,考虑到该股之前的巨大涨幅,以及大盘的走势,这种自顶部快速下跌,并下跌到 50 日移动均线的情况,不要买入。

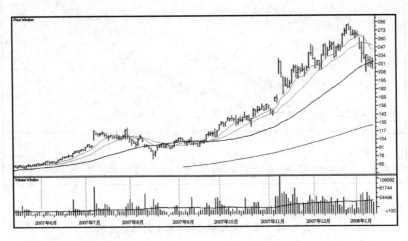

HGS 软件公司供图,版权 2012。

图 7.46　第一太阳能 2008 年 1 月 14 日走势

现在,该股背离 50 日移动均线,卖出头寸。所有第一太阳能股票应该抛售一空。

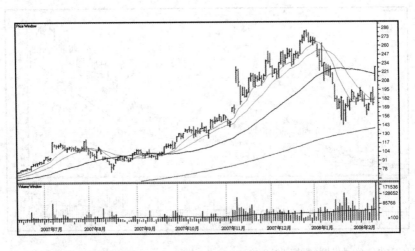

HGS 软件公司供图,版权 2012。

图 7.47　第一太阳能 2008 年 2 月 13 日走势

　　这是一个有缺陷的跳空上涨缺口,出现在第一太阳能大幅调整之后,正常情况下,这是龙头股见顶信号。龙头股要花费几个月时间形成顶部,出现类似于这种情况的痉挛式上涨。尽管这个跳空上涨缺口收盘确实高于 50 日移动均线,但是它出现在有缺陷的量价行为之后:(1)没有跌破前期低点;(2)没有圆弧底式基部;(3)之前在 50 日移动均线下方的量价行为不稳定,也没有出现正确的形态,表明该股票会平稳下跌并产生该跳空上涨缺口。因此,这是一个不可买入上涨跳空缺口。

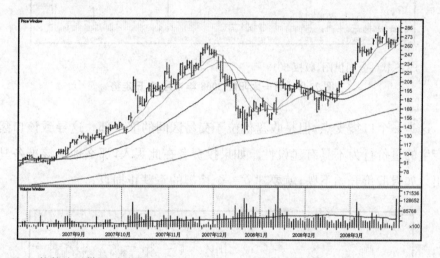

HGS 软件公司供图,版权 2012。
图 7.48　第一太阳能 2008 年 4 月 4 日走势

　　过去两周,该股在挑战历史高点,但是,这种行为值得怀疑,因为它是自底部的直线式上涨,并且出现在具有缺陷的基部中,这是一个不标准的带柄杯子形态,其柄部位于该形态的下半部。整体形态呈现出宽大松散结构,不仅出现在之前价格大幅上涨之后,而且还在该股生命周期的后期阶段。如果第一太阳能要出现另一轮价格上涨,那么只有在更加具有建设性的基部形态中,才会出现这种情况。

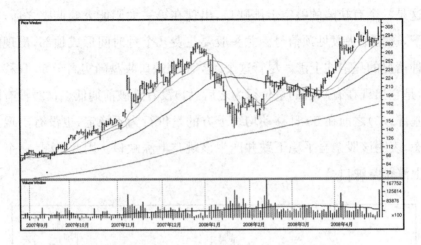

HGS 软件公司供图,版权 2012。

图 7.49　第一太阳能 2008 年 4 月 30 日走势

　　这是一个口袋支点,但是收盘价位于交易区间的下半部。这导致该口袋支点产生的量价行为不具有建设性。如果投资者在此买入,那么他应该准备马上卖出。如果股价开始下跌,就要建立一个稳健的下跌止损点。

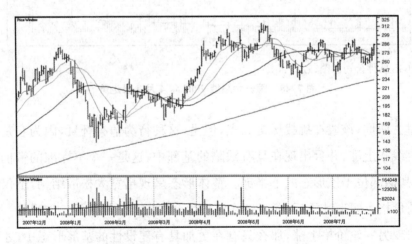

HGS 软件公司供图,版权 2012。

图 7.50　第一太阳能 2008 年 7 月 30 日走势

　　2008 年,春季大部分时间和整个夏季,大盘处于横盘波动状态,第一太阳能同步横盘波动。这里,当该股试图构建一个新基部时,我们在这种横盘波动中发现了一个口袋支点买入点。考虑到该股之前大幅上涨以及基部宽松,投资者可以在这里买入少量头寸,或者不要买入。最好的情况是,该股需要更多时间盘整;最糟糕的情况是,它在构建一个长期顶部。

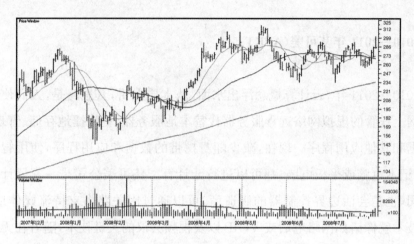

HGS 软件公司供图,版权 2012。

图 7.51　第一太阳能 2008 年 7 月 31 日走势

这是一个在尝试性突破时的巨量逆转式上涨。如果基于该交易日早盘突破行情买入,那么卖出它,或者是建立一个稳健的止损点;如果该股走低,就在第二天卖出。

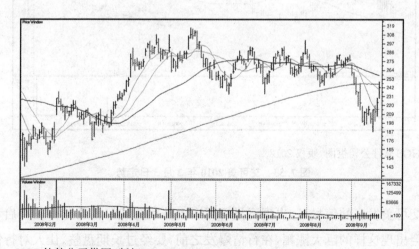

HGS 软件公司供图,版权 2012。

图 7.52　第一太阳能 2008 年 9 月 19 日走势

在突破新高失败后,第一太阳能已经位于 200 日移动均线下方。这里,在后期基部失败卖空形态中,它试图向上反弹到 200 日移动均线和 50 日移动均线。实际上,当大盘快速反转下跌时,这是一个理想卖空点。

2010—2011 年艾可美(APKT)

2010.—2011 年,云计算概念浮出水面,从本质上讲,其思路是,人们使用在互联网上托管的虚拟网络远程服务器代替本地服务器,更快捷地存储、管理、处理数据和其他应用程序。现在,减少随身携带的数据和应用程序,使用智能手机、笔记本电脑或平板电脑,都可以进行云计算。艾可美公司是一家云计算领域公司,也是会话边界控制器的制造商,可以通过网关路由支持流媒体应用。这种技术就像诸如网络电话或 VOIP 以及视频会议的关键技术,随着在无线网络上应用越来越多这类技术,艾可美的业务蓬勃发展,股价大幅上涨。

HGS 软件公司供图,版权 2012。

图 7.53　艾可美 2010 年 2 月 3 日走势

艾可美发出的信号是,出现巨量可买入上涨跳空缺口。新龙头股在启动时往往会出现这样的巨大涨幅,在行情爆发之前,要经过长期盘整,让人对行情失去兴趣。通常情况下,投资者可以在这里买入初始头寸。

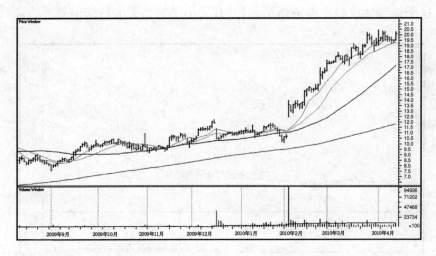

图 7.54 艾可美 2010 年 4 月 14 日和 15 日走势

紧随 2 月 3 日跳空上涨缺口(见图 7.53),艾可美沿 10 日移动均线出现非常稳健的上涨趋势。其中,产生几个口袋支点成交量标志,但它们都远离 10 日移动均线,不值得买入。2 月 14 日,该股上涨,脱离 10 日移动均线,出现正确的口袋支点买入点。这是一个持续性口袋支点,在第二天即 2 月 15 日,突破至新高时又出现一个口袋支点买入点,处于 14 日口袋支点的交易区间内。

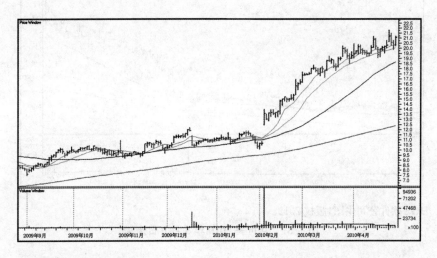

图 7.55 艾可美 2010 年 4 月 29 日走势

这个持续性口袋支点值得买入,并且发出了第二天的行情信号。

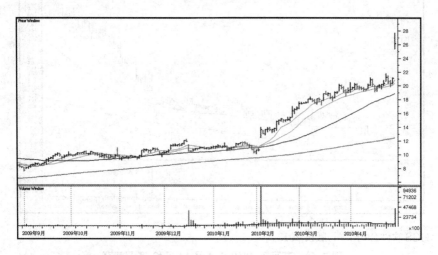

HGS 软件公司供图,版权 2012。

图 7.56　艾可美 2010 年 4 月 30 日走势

这是一个可买入上涨跳空缺口,该股走出了具有建设性的上涨趋势。像往常一样,我们在该交易日盘中低点建立止损位,并增加 2％ 的回旋空间。

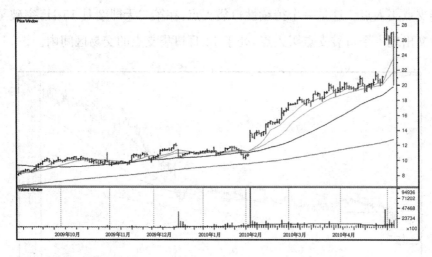

HGS 软件公司供图,版权 2012。

图 7.57　艾可美 2010 年 5 月 6 日走势

4 月 30 日可买入上涨跳空缺口出现四天之后(见图 7.56),该股跌破可买入上涨跳空缺口当天盘中低点,超过了所允许的 2% 回旋空间,我们卖出,兑现利润。

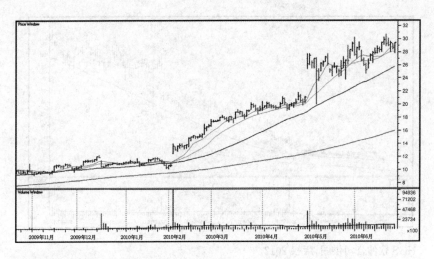

图 7.58 艾可美 2010 年 6 月 25 日走势

该股给我们发出重新买入的信号,口袋支点买入点突破 10 日移动均线。

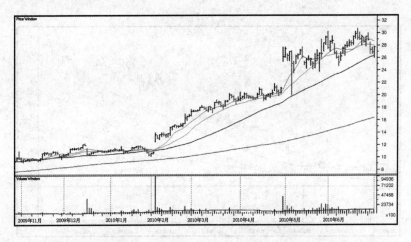

图 7.59 艾可美 2010 年 7 月 1 日走势

在 6 月 25 日口袋支点出现七周内(见图 7.58),该股背离 10 日移动均线,因此,使用 50 日移动均线作为卖出指标。请注意,在这一天,该股恰好触及 50 日移动均线,试探这里所使用的七周规则。

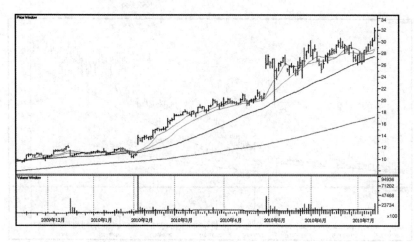

HGS 软件公司供图,版权 2012。

图 7.60　艾可美 2010 年 7 月 14 日走势

这是一个在巨量突破新高时出现的口袋支点,这时,该股进入上升式基部。可以买入。

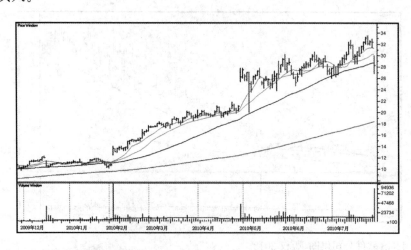

HGS 软件公司供图,版权 2012。

图 7.61　艾可美 2010 年 7 月 30 日走势

这是一个放量的巨大跳空下跌缺口。该股在这里大幅跳水,没有任何理由。在这个巨大跳空下跌缺口中,我们就在开盘时卖出,因这可能是最好的情况,接下来还可能出现进一步的抛售。

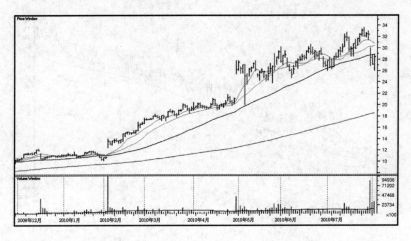

HGS 软件公司供图,版权 2012。

图 7.62 艾可美 2010 年 8 月 3 日走势

现在,该股真正背离 50 日移动均线。如果你在三个交易日前(即 7 月 30 日出现巨大跳空下跌缺口时)没有卖出,那么今天一定要卖出。

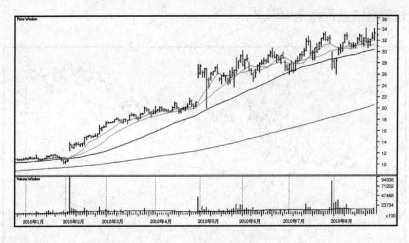

HGS 软件公司供图,版权 2012。

图 7.63 艾可美 2010 年 8 月 27 日走势

原来,50 日移动均线背离是一次震仓行为。然而,风险必须管理好。考虑到该股自 2010 年 2 月最初突破,到 5 月 6 日(见图 7.57)出现卖出信号,已经产生了巨额利润,从概率上讲,这类行为往往会导致更大幅度的损失。

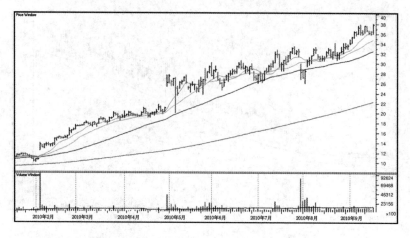

HGS 软件公司供图,版权 2012。

图 7.64　艾可美 2010 年 9 月 17 日走势

艾可美脱离 10 日移动均线,闪现出一个口袋支点买入点,因此,我们再次买入。我们并不会考虑之前在 50 日移动均线下方卖出的情况,我们更感兴趣的是,该股自该点位将走向哪里。

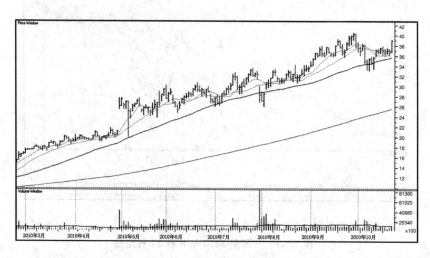

HGS 软件公司供图,版权 2012。

图 7.65　艾可美 2010 年 10 月 22 日走势

　　紧随 9 月 17 日的口袋支点,该股背离 10 日移动均线,但是在 50 日移动均线找到了支撑,我们使用该线作为卖出指标。该股上涨脱离 50 日移动均线,当它沿10 日移动均线走出稳健的横盘整理时,闪现出一个口袋支点买入点。

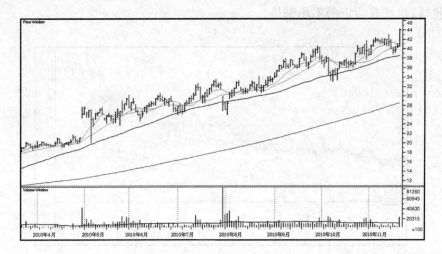

HGS 软件公司供图,版权 2012。

图 7.66　艾可美 2010 年 11 月 19 日走势

　　自最近口袋支点买入点(见图 7.65),艾可美持续稳步走高,今天闪现出另一个口袋支点买入点,突破并脱离 10 日移动均线,产生了强势上涨成交量。

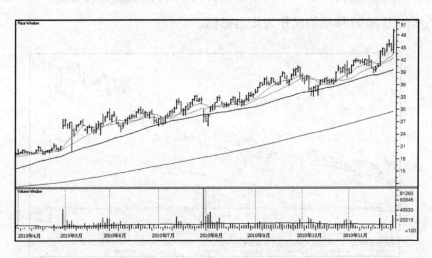

HGS 软件公司供图,版权 2012。

图 7.67　艾可美 2010 年 11 月 30 日走势

　　该股开始积累上涨动能,有助于弥补早期走势缺陷。今天,它也闪现出一个口袋支点,其成交量高于11月19日(见图7.66)强势口袋支点的成交量。请注意,这是一个持续性口袋支点,如果投资者在当天宽幅日交易区间的高位买入股票,就具有一定的不稳健性。

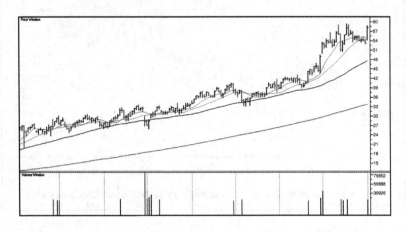

HGS 软件公司供图,版权 2012。

图 7.68　艾可美 2011 年 1 月 3 日走势

　　自艾可美最近闪现的正确买入点以来,已经超过了一个月,股价已经上涨不少。今天,该股又产生一个口袋支点买入点,并出现强势成交量。请注意,我们仍然使用 50 日移动均线作为卖出指标。

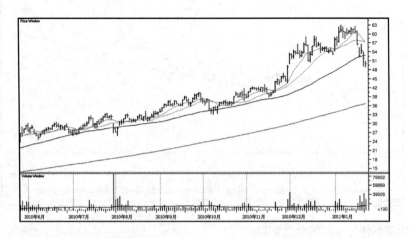

HGS 软件公司供图,版权 2012。

图 7.69　艾可美 2011 年 1 月 25 日走势

该股背离 50 日移动均线,因此,我们全部清仓。我们在最近回调时没有大幅加仓,而且因为买入较早、成本较低,所以还有一些利润。

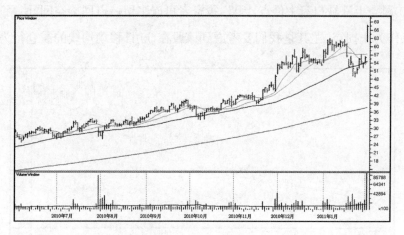

HGS 软件公司供图,版权 2012。

图 7.70 艾可美 2011 年 2 月 2 日走势

艾可美似乎喜欢在 50 日移动均线将投资者震仓出局,1 月 25 日(见图 7.69)背离 50 日移动均线后,它出现反转式上涨,产生另一个可买入上涨跳空缺口。我们重新买入,建立正常的初始头寸。

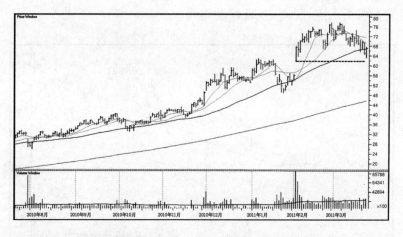

HGS 软件公司供图,版权 2012。

图 7.71 艾可美 2011 年 3 月 23 日走势

艾可美再次背离50日移动均线,基于该移动均线背离规律,我们把这种情况作为技术性卖出信号。然而,这里有一个利好因素,那就是该股没有跌破2月2日(见图7.70)跳空上涨缺口盘中低点,因此,投资者可以多留一点回旋空间,使用这个盘中低点作为止损点,尤其是我们要考虑到该股在50日移动均线的震仓行为。

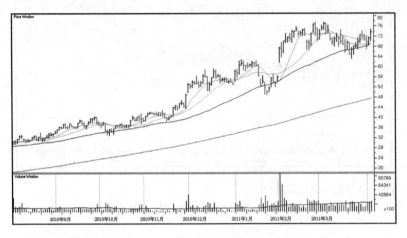

HGS软件公司供图,版权2012。

图7.72　艾可美2011年4月5日走势

果然不出所料,艾可美在50日移动均线震仓,再次走高。今天,它又产生一个口袋支点买入点,脱离10日移动均线。

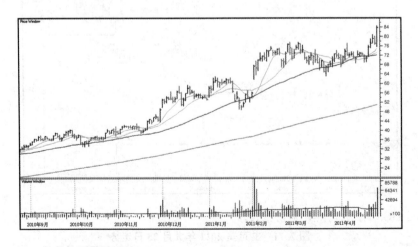

HGS软件公司供图,版权2012。

图7.73　艾可美2011年4月27日走势

这是一个口袋支点买入点,也是基部突破,可以买入。然而,该股已到了上涨趋势后期阶段,这时候的行为过于明显。自 2010 年 2 月首次突破以来,该股已经上涨一年多。令人好奇的是,这次突破能否成功。

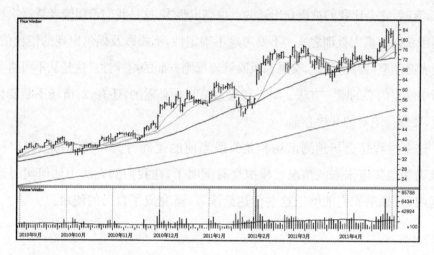

HGS 软件公司供图,版权 2012。

图 7.74　艾可美 2011 年 5 月 3 日走势

该股跌回基部,自此开始,该次突破实际上已经不再稳健,之后,在接下来的数周内,该股最终永久性地背离 50 日移动均线。应该注意的是,2011 年,大多数龙头股,诸如苹果公司(AAPL)以及价格线网(PCLN),都没有出现明显的上升趋势,因为 2011 年是一个几乎没有趋势且波动性很强的年份,让很多精明的投资者都感到举步维艰。

小　结

通过观察如何实时运用我们的规则和方法,读者应该对该过程的动态性有了更好的理解。我们没有选择完美的案例,正如我们看到的,艾可美几次背离50 日移动均线,不料却将我们震仓出局,我们卖出头寸后,该股马上就反转上涨。同样,读者通过第一太阳能(FSLR)可以看到,应该如何处理炙手可热板块中的新股。在本案例中是太阳能板块中有较大内在波动性的股票。

　　读者应该知道,没有任何系统或方法是完美的,因为市场不会按照完美的方式运行。形势总是动态的,投资者在整个过程中坚持同样的动态性,必须考虑新信息因素。在某只股票上被震仓出局,并不会妨碍投资者在其出现另一个买入点时重新买入,有时,它会比我们被震仓出局的点位高出很多,这是我们希望读者从这次模拟交易中获得的重大教训之一。不要考虑不确定性,不要顾及偶尔出现的糟糕信号,投资者必须坚持在方法论、交易和风险管理规则方面的纪律性。这是从不可避免的挫折中恢复信心的唯一方法。耐心和毅力总归是必需的,还有,对市场不断变化的信息,要保持绝对的开放心态。

　　这个过程总会与预测市场和龙头股当前的正确行为相关,但是,我们从来不能确切地知道未来的情况。模拟交易阐明了,在我们的方法中如何实时运用上述内容,如果我们能够把这些传达给读者,就完成了自己的使命。

第八章

常见问题解答

自第一本著作《像欧奈尔信徒一样交易——我们如何在股市赚得 18 000％ 的利润》出版，并推出极其成功的 VirtueofSelfishInvesting. com 网站以来，我们收到了成千上万封电子邮件，提出了大量与其阐述内容相关的问题。问题的多样性和独特性，成为本章常见问题解答的纲要，通常是指，用首字母缩拼词表示的 FAQs。我们在大标题下进行了分组，但是，很多 FAQs 可能会在几个领域内交叉，诸如口袋支点和头寸规模，二者可能同时与在既定时间内买入股票的过程相关。

在某些情况下，这些 FAQs 本身可能激发你的更深层次问题，如果你遇到这些问题，希望你给我们发送电子邮件，邮箱是 info@ virtueofselfishinvesting. com。

最近，如果你希望在关键词搜索框输入搜索词，查找特定主题，或者进入我们网站中不断更新的 FAQs 版块，那么，请访问 www. virtueofselfishinvesting. com/faqs。

口袋支点买入点

口袋支点买入点的十条纪律(提示)

1. 正如基部突破一样,正确的口袋支点应该出现在具有建设性的基部形态之内,或者是正走出该基部形态。

2. 该股的基本面应该强势,主要包括优秀的业绩、销售额、税前利润、净资产回报率以及在行业领域内的强势龙头地位等。

3. 当天成交量应该超过之前 10 天中最大的下跌成交量。

4. 如果口袋支点出现在该股突破之后的上涨趋势中,那么它应该围绕 10 日移动均线出现建设性的行为。只要成交量高于之前 10 天最大下跌成交量,显示出韧性,哪怕跌破 10 日移动均线,也可以接受。

5. 口袋支点有时与基部突破或跳空上涨缺口同时出现。这种情况可能是产生了更大的上涨动力。

6. 如果整体图表形态处于几个月的下跌趋势中(5 个月以上),就不要买入口袋支点。最好是等待基部的弧形形态出现后再买入。

7. 如果该股低于关键移动均线,诸如 50 日移动均线或 200 日移动均线,就不要买入。如果该股恰好位于 50 日移动均线下方,并且在 200 日移动均线附近获得支撑,就可以买入,因为这个基部具有建设性。

8. 如果该股形成 V 形形态,抛压导致股价跌穿 10 日移动均线或 50 日移动均线,之后以 V 形形态直线式反弹,那么在这种情况下,不要买入。这种形态容易导致口袋支点失败。

9. 避免买入楔形形态后的口袋支点。

10. 一些口袋支点可能会出现在该股远离基部之后。如果该支点恰好出现在 10 日移动均线附近,就可以买入,否则它就是一种不稳健行为,不要买入。给 10 日移动均线留出追上该股价上涨的机会,该股会在此盘整几个交易日,之后再买入。

　　对于有效的口袋支点来讲,该口袋支点收盘必须接近于其交易区间顶部吗?如果满足了所有的标准,但是收盘价位于当天交易区间下半部或最下面四分之一处,它还是一个有效的口袋支点买入点吗?

　　在理想情况下,我们更愿意看到该股收盘于当天交易区间的顶部。然而,如果它收盘在交易区间的上半部,并且当天出现上涨,那么它可能仍然是有效的。量价行为取决于其背景因素,例如,我们想知道,为何它会收盘于当天交易区间的下半部。可能当天大盘疲弱,这种收盘情况更容易接受,或者说,该股可能是一只交投清淡的小盘股,从本质上讲,就有更大的波动性。

　　我的问题与双重口袋支点有关,也就是说,某只特殊股票在仅仅几个交易日内就出现了多个口袋支点。从统计意义上讲,出现双重口袋支点会增加股价上涨概率吗?或者说,这会增加股价上涨的幅度吗?

　　口袋支点具有背景性因素,就像股市上的大多数事情一样。多重口袋支点在几个交易日内扎堆出现,但是,这种情况不会导致该股大幅上涨,在极为强势市场或者牛市背景下,多重口袋支点或许还会被认为是一种弱势行为,但是,在弱势或者熊市背景下,它可能是一种强势信号。在弱市中反弹的股票,显示出强势。在某种情况下,该股走高,随之产生多个口袋支点买入点,当然,当龙头股趋势走高时,往往产生多重口袋支点,这一般是股票走好的表现。如图 8.1所示,口袋支点的强度也可能是一个影响因素,我们从图中可以看到,莫利矿业(MCP)的两个巨量口袋支点恰好就出现在它上涨并脱离横盘整理和基部形态低点之时。在这种情况下,这些口袋支点是大盘反弹阶段清晰的强势信号,因此也是强势市场行为,股价将快速上涨。

　　如果在当天早盘建立了初始头寸,这时股票成交量巨大,有望出现口袋支点买入点,但之后成交量逐渐降低,甚至成交量不足,那么我要马上卖出吗?

　　这取决于你的头寸以及风险管理情况。如果该股维持上涨,收盘接近或处于当天高点,但是不满足当天成交量高于之前 10 天任何下跌成交量的条件,那么它就不符合口袋支点买入点的定义。然而,如果当天成交量高于前一天的成交量,换句话说,就是成交量增加,那么,从技术角度而言,它在当天的行为仍然

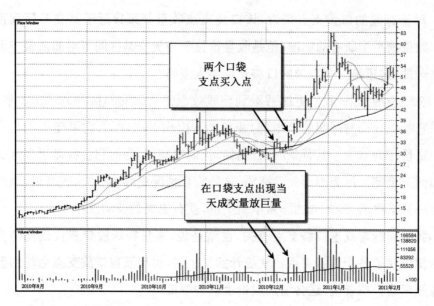

两个口袋
支点买入点

在口袋支点出现当
天成交量放巨量

HGS 软件公司供图,版权 2012。

注:基部形态出现后,股价快速上涨。两个口袋支点出现当天,成交量放巨量。

图 8.1　2010 年莫利矿业(MCP)日线

很好,尽管没有达到口袋支点所需要的成交量标准。如果你最初决定了何时建立头寸,但确实没有达到口袋支点所需要的成交量标准,那么你就卖出,这是止损规则。如果你买入该股,想使用 3⅜～5⅜ 的止损位,这就是另一种止损规则。这是两种完全不同的处理方法,它基于你对该交易、风险容忍度以及交易时间的期望。请牢记,市场始终存在风险。(另参见"止损和常用卖出规则"。)

股票的口袋支点买入点具体在哪里? 如何与基部突破中的口袋支点比较?

从本质上说,口袋支点是一个早期买入点,可能出现在股票基部中,或者说与基部突破相关(确认突破并增加可信度)。它还可能以持续性口袋支点的形式出现,在该股突破基部之后,作为增加筹码的点位,或者在继续上涨趋势时,远离该基部。

所采用的支点要与整幅图表相匹配。对于基部突破,仅结合外部市场环境加以考虑,是不足的。例如,对于某些基部,你能够沿低点画出向下倾斜的线,这会成为突破点启动的可能点位。另外一些基部,它是该股触及新高时的基准点。对于其他基部来说，作为基准点的是柄部高点，而不是整体基部高点。

通常情况下，对于口袋支点来说，支点是口袋支点出现当天的收盘价。在它与基部突破同时出现的情况下，正常的突破点（新高、柄部高点或向下倾斜的线）通常是基准点。请注意，如果该股出现巨幅上涨，投资者就必须把这个因素考虑到自己的风险容忍度之内，因为这样的股票可能会出现更大幅度的回调。

强势市场中有如此多的口袋支点，你如何发现最好的支点，或者说你会全部买入它们吗？

在强势牛市中，有很多稳健龙头股票走势持续向好，趋势走高，打个比方说，这种诱惑或许类似于你尝试亲吻所有孩子，但这是不可能的。为了赚到大钱，一旦市场出现新一轮反弹或牛市，投资者就必须基于客观事实，关注自己认为最有可能成为龙头的股票。因此，如果新出现的龙头股具有新特征（把 2004年的苹果公司和谷歌公司、2007 年的太阳能股票或者 1999 年的网络股看作股票板块的例子，它们在价格大幅上涨过程中出现了很多新特征），你以恰当的价格持有该股恰当的头寸，例如，没有过多干预，或者抛售头寸，利用股票当天走势可能会增加最近的丰厚回报。当大盘出现盘整甚至下跌时，通常情况下，龙头股会上涨。龙头股在市场上涨时出现盘整，投资者不要感到诧异。只要该股票盘整并出现正常走势，就无须操作。

当你看到龙头股产生了一个口袋支点买入点，但自己的投资组合中没有更多的资金时，可以卖出最疲弱的股票，为买入新股腾出空间。这样的操作能将自己的资金强制投入最强势股票。换句话说，你卖出更迟缓、更疲弱的股票，买入最强势的股票，请牢记，强势股票也会经历之前所讨论的短暂盘整期，尤其是在获得巨大涨幅之后。

你经常说，在大多数情况下，自 10 日移动均线上方启动的口袋支点买入点，可以被认为是一种不稳健行为。请解释一下。

本书中介绍了很多远离性口袋支点的例子，这些支点不是有效的口袋支点买入点。从视觉上看，这是在 10 日移动均线上方出现的口袋支点。通常情况下，你会看到，图表中的当天价格以某种形式触及 10 日移动均线，要么上涨远离该线,要么跌破该线。一种可能的例外情况是,出现远离10日移动均线的跳空上涨,在这种情况下,如果你想象一下,连接当天价格低点到前天收盘价,填满这个缺口,那么它就会触及或者非常接近该线了。

在什么情况下,股票会在整体价格波动中过于远离其10日移动均线而无法买入这个口袋支点? 威廉·J. 欧奈尔指出,投资者不应该追逐超过突破点5%左右的股票,但是,你的方法似乎与该规则相关性不高。

我们的方法与该规则无关,因为它(1)仅适用于标准基部突破买入点,(2)不适用于其他买入点和技术,而我们的方法会使用这些买入点和技术。买入的价格越高,风险和亏损概率就越大。例如,不要买入超过基部突破买入点5%以上股票,其简单逻辑是,如果你在这个口袋支点上涨5%时才买入,要是这个买入点不正确,你的亏损就会超过5%。在大多数情况下,我们不会买入涨幅超过5%的股票,只会等待下一个买入信号。然而,并没有准确的统计证据表明,买入高于基部突破4.8%的股票,其风险会低于买入高于基部突破5.2%的股票。一切都可以归结为,不论是标准的基部突破、口袋支点买入点,还是可买入上涨跳空缺口,当投资者基于买入点买入股票时,自己能够容忍的最大损失是多少。

应用七周规则时,什么情况会导致七周时间重置归零? 它会在每个持续性口袋支点或可买入上涨跳空缺口重置吗?

它会在可买入上涨跳空缺口重置。通常情况下,它会在基部之内或与基部突破同时出现的口袋支点重置,但这需要考虑背景因素。在某些特定情况下,计算时间会在口袋支点前几个交易日或更长时间。但它不会在持续性口袋支点重置。

在应用七周规则时,你仅在该股突破基部,或者首次收盘高于该移动均线之后,才开始计算周数吗?

计算情况取决于整体图表的背景因素。在一些情况下,图表遵循口袋支点之前的10日移动均线,计数就从这里开始。持续性口袋支点(支点出现在突破之后)以及一些可买入跳空上涨缺口都属于这种情况。该股在构建基部时一般从关键买入点当天开始计算(例如口袋支点、标准基部突破、可买入上涨跳空缺口等),因为该股仍然会在横盘的基部形态内上下波动,不大可能在数周内遵循10日移动均线,它通常会在基部内遵循10日移动均线,这是一件理所当然的事情。因此,这种在基部内短期遵循10日移动均线的情况,通常不包括在计数之内。

你可以讨论一下如何处理股票 XZY 吗?我犯了一个错误,在交易的最初30分钟内买入。我认为它正在突破基部,因此,我在早期口袋支点买入后又加仓了。现在,它看起来不像是明智之举。

首先,你必须知道,你的措辞是不准确的。这和我们在特定环境下如何处理股票无关,因为我们处理每一只股票的方法,可能都不一样,反过来说,或许与你处理股票的方式完全不同。你如何处理股票,完全取决于自己的个人风险偏好以及交易风格,所有这些应该与你的个人心理保持一致,在进入交易前,也需要考虑这些因素。无论你在什么时候买入股票,都要预先确定自己卖出的条件,如(1)自买入点下跌的百分比——典型的止损百分比;(2)对该交易的期望;(3)突然出现在该股中的不寻常或有害行为;(4)相反的大盘条件;诸如此类。

如果你基于自己看到的多头技术性行为增加头寸,在这之后不久,多头技术性行为逆转,不再满足增加头寸的前提条件,那么你如何处理这种情况?如果你增加头寸,目前股价处于买入价下方,你必须决定,这部分头寸的止损点在哪里,是10日移动均线还是50日移动均线?是在之前基部顶部还是突破点顶部?是该基部底部,还是其他支撑位的前期低点?或者说,是全部头寸最大下跌幅度为7%~8%吗?这些及其他类似问题,还有风险管理参数,都需要你考虑,如果你真的想知道如何交易和投资,就要亲自操作。把你自己武装起来!(另参见"止损和常用卖出规则"。)

2011 年,我们可能无法真正抓住某个趋势,在这一年,如何执行口袋支点买入点策略?

口袋支点买入点不代表股票指数,也不代表投资组合,后者只会获得某种与指数相似的业绩。投资者必须知道,口袋支点是什么,以及如何使用口袋支点。口袋支点买入点的重点,不是它一定会比买入清晰的突破更为成功,而是它会提供可能的早期买入点或适合的加仓点(如果是持续性口袋支点),在寻求建立龙头股头寸时,请把它放到你的技术工具箱内。利用口袋支点并试图衡量其绩效,无法告诉你口袋支点的有效性——口袋支点不是一项投资策略,而是技术工具,因此,认为它们体现了某种总体业绩的想法,并不准确。你依据口袋支点买入三只股票,其中两只或许不起作用,但是第三只可能会出现快速上涨行情。诸如2010年和2011年的莫利矿业。你从买入成功口袋支点中所获得的绩效,取决于你如何处理头寸,因此,从中期到长期的过程中,绩效情况完全独立于口袋支点本身。

2011年的确非同寻常,但是,2011年上半年白银和黄金的口袋支点出现后,都强势上涨。使用贵金属ETF,如SPDR黄金股票(GLD)和安硕白银信托(SLV),基于整个强势上涨趋势中的口袋支点买入点,完全值得参与。正如我们在第三章的讨论,对我们来说,2011年是成功的一年,主要是因为我们抓住了白银在该年4月和5月出现的抛物线式上涨趋势。

你如何利用历史数据测试口袋支点交易策略?

口袋支点买入点可以回溯测试到20世纪20年代。在回溯测试中,卡彻博士观察符合OWL思想中基本面和技术面特征的量价行为,也就是说,在行业领域中的龙头股(或者像利维摩尔所说的"主要股票"),强有力的盈利/销售增长、优秀的利润率和净资产回报率(ROE)等。卡彻博士还关注基本面相对较弱的股票。具有强劲基本面特征的股票,在过去20多个市场周期中,已由数以百计的实例加以证明了,在具有建设性的口袋支点买入点买入股票,有更高的成功率。

基于严格的回溯测试,包括数千次,乃至上万次量价图表的分析,该方法不仅在2004—2006年不稳定的横盘市场中有效,而且在20世纪90年代以及完全不同的时代,诸如繁荣的20年代——大约100年前,都有效。我们认为,如果在20世纪90年代有了口袋支点工具,那么我们的回报会远远超出之前的实际回报,21世纪前十年,哪怕股市处于更为不稳定的横盘市场环境,回报也肯定会超出实际回报。

对于产生口袋支点或跳空上涨缺口的股票，为什么一些股票相对于另一些股票更难处理？

在连续的市场疲弱期间，主要指数遭到大幅抛售，股票会多次产生口袋支点买入点，最初它不会导致进一步上涨，实际上，可能会出现弱势收盘或者连续几个交易日下滑。任何一只股票的行为，无论它有多么强势，都会受到大盘因素的影响。因此，困难可能是大盘环境带来的。还可能是受与行业或板块相关的消息的影响，抑或该股是一只小盘股，交投清淡。

在口袋支点买入的时候，你建议交易者使用什么作为止损指标？你经常把 10 日移动均线作为卖出指标，但是，如何在卖出股票时，使用 10 日/50 日移动均线（我假设是在产生利润时卖出股票）？另外，如何应用其他人所提出的、最多亏损 7%～8% 的规则？在什么时候，我们提供最大亏损为下跌 7%～8% 的空间，而不是在背离 10 日移动均线时卖出？

大多数以 OWL 方法为指导的投资者都使用 7%～8% 的止损位，这也是威廉·J. 欧奈尔所提倡的。在我们看来，始终坚持这条规则过于死板。如果该股在此之前背离 10 日移动均线，那么，无论你是持有头寸，还是卖出，都取决于多个因素。这些因素包括大盘强度以及股票质量。另外，如果你产生了利润，该股在不到七周时间内背离 10 日移动均线，那么，依据七周规则，你应该使用背离 50 日移动均线作为卖出指标。七周规则表明，如果该股在七周以上时间内没有背离 10 日移动均线，那么投资者应该使用背离 10 日移动均线作为卖出指标（另参见"止损和常用卖出规则"）。

在 ETF 与股票中，口袋支点买入点存在差异吗？它全部适用吗？

指数型 ETF 的行为，由于其成分股过于分散，因此不太适合用口袋支点。口袋支点更适用于个股。然而，在 ETF 涵盖范围较小的情况下，只关注单一投资品，诸如 GLD 和 SLV 只针对黄金和白银的 ETF 产品，这时，口袋支点有效。决定 ETF 产品是否与口袋支点买入点相关，最可能取决于它的涵盖范围，在这种情况下，单一商品 ETF 显示出来的可买入性，就像股票一样。

我发现,如果在出现口袋支点时买入股票,在几天内没有出现走高的情况下,很难继续持有。但当我卖出后,它就开始走高。

我在口袋支点上遇到的最大障碍是,股票在口袋支点没有出现大幅变动时,对持股缺乏耐心。

投资者如何判断口袋支点买入点是否有充分的时间,如何合理地预期它显示利润信号,或者说,它是否应该卖出,你有什么建议吗?

如果你在口袋支点买入,即使市场处于上升趋势,股票在一周或两周内没有走高,那么你或许会为了另一只闪现出口袋支点买入点的股票而卖出它,或者如果你还有钱买入另一只自己想买的股票,你就把它保留在投资组合中。当然,投资者必须自己决定,自己的交易资金承担多大程度的风险,这归根结底取决于投资者的个人风险容忍度。另外,如果你的股票由于市场疲弱而没有走高,假如它还没有触及止损位,就可以继续持有。即使市场处于牛市阶段,股票也可能会以露露柠檬(LULU)在 2010 年下半年(见图 8.2)的方式,产生几个口袋支点。该股拒绝下跌,在横盘整理过程中持续产生口袋支点,这是一种潜在的强势信号,之后事实证明正是如此。就像往常一样,股票行为受到大盘的影响。

如果股票跌破口袋支点当天低点,有可能做空吗?

这或许存在很多种情况,但肯定不能做空。在强势牛市环境中,口袋支点买入点可能会在接下来的几个交易日内,跌破口袋支点当天的盘中低点,却仍然能发挥作用。在不稳定的、毫无趋势的市场环境中,例如,就像 2011 年一样,跌破口袋支点当天低点的股票,可能会走低,但是,接下来的下跌,是不是高盈利的卖空机会,这种观点不甚明朗。要想确定这种情况,投资者必须在宏观背景下分析该股票的行为,诸如该股票可能开始形成的不同类型的顶部形态,就像后期失败基部一样,这里不再论及失败的口袋支点买入点。作为一个例子,图 8.2 中,露露柠檬(LULU)跌破了第二个口袋支点买入点当天低点(中间箭头),但是该股维持在 50 日移动均线上方,出现反转式上涨。

比如说,股票遵循 10 日移动均线,之后在某个交易日跌到该线下方。在随

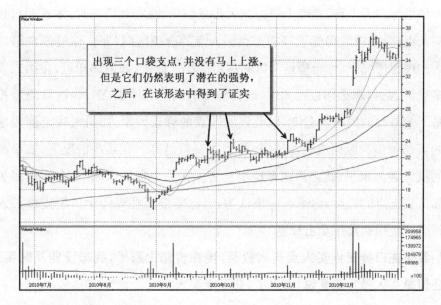

HGS 软件公司供图，版权 2012。

注：出现三个口袋支点，并没有马上上涨。第一个口袋支点出现后横盘整理了几天，第二个口袋支点出现后股价走低，第三个口袋支点出现后横盘并下跌，之后，该股票反转，启动了一轮上涨行情。

图 8.2　2010 年露露柠檬（LULU）日线

后交易日中，该股票没有背离首次跌破 10 日移动均线交易日当天低点，并且反弹到 10 日移动均线。一周后，该股再次跌破 10 日移动均线，但没有跌破一周前初次跌破 10 日移动均线当天的低点。第二次跌破 10 日移动均线，会向上调整你的止损点吗（到第二次跌破当天的低点）？在初次跌破后，第二次跌破收盘价，却没有跌破最低价情况下，要重置止损位吗？

第二次跌破可能要向上重置你的止损位，将其设置为第二次跌破当天的低点，但是，这要考虑整体图表的市场因素。例如，如果该股看上去以横盘的形式运行了几天，甚至是几周，那么你可能要使用第一次背离当天低点作为卖出指标。否则，当该股第二次跌破 10 日移动均线时，你可能要卖出一半头寸。之后，当跌破第一次背离 10 日移动均线的当天低点时，卖出剩余头寸。

如果股票产生口袋支点买入点，但是第二天才能够交易，那么你在第二天什么位置买入呢？

如果你白天上班,在晚上进行当天市场回顾、观察和研究时,才看到口袋支点买入点,要是该股仍处于口袋支点买入点的合理区间,那么你应该在第二天买入。理想情况下,你希望这个区间尽可能小。但是,如果你知道,在第二天必须多支付 $X\%$,那么你也要知道,该交易中的风险会增加 $X\%$。这就要看投资者基于他或她的风险容忍度,以及该股图表的背景因素,如何来确定他或她最大的 $X\%$ 价值。股票波动性越强,最大 $X\%$ 就越高。在某些情况下,如果高于你的最大 $X\%$ 水平,就必须放弃这次交易。在一个良性市场中,存在很多买入可靠口袋支点的机会,你绝不应该认为,自己需要抓住每一个口袋支点买入点(另参见"止损和常用卖出规则")。

我想在口袋支点买入点买入股票,现在价格上涨了,我却没能及时买入。它还值得买入吗? 或者说,太迟了,我不能买入?

每一名投资者必须决定,在口袋支点之上多大的百分比就是过于不稳健而不能购买的情况。保守型投资者会把这个百分比设置在相对较低的水平,可能是低于口袋支点 3%。投资者还应该考虑股票波动性。相对强弱指标(RS)高于 95 的高波动性股票,可能会产生巨大的上涨潜力,因此,投资者可能希望在稍晚买入时,给它们更大的回旋空间,直到该股出现过度不稳健情况。买入价远离口袋支点的幅度,略大于正常情况下的容忍水平。请注意,股票在哪一点位会被认为过度不稳健,应该结合该股整体波动性以及上涨潜力综合考虑。

依据盈利报告所产生的口袋支点买入股票,你对持有这种股票有什么看法?

在即将发布利好盈利报告时,口袋支点量价行为能够提前一天或两天发出信号。也就是说,如果你买入该股后没有盈利,那么在发布盈利报告时持有大规模头寸,是一种愚蠢行为。在发布盈利报告而没有利润缓冲空间时,你可以持有较小头寸,但是请谨记,也有可能出现超过 10% 的跳空下跌缺口。除此之外,在发布盈利报告后,该股下跌并触及卖出警报,使用正常卖出规则卖出。

如果选择在盈利报告发布时持有股票,就要考虑你的风险以及头寸规模。例如,如果你希望在 XYZ 发布盈利报告时,持有 10% 的头寸,XYZ 下跌 20%,那么投资组合整体损失是 2%。如果希望持有 20% 的头寸,投资组合损失就是

4％。你要在既定背景下潜在风险因素框架内，考虑这个问题，并且能够容忍这种潜在的下跌风险。另外，你还要考虑下跌 20％～30％ 的最坏情况，尽管上述情况极为罕见，但仍然存在这种可能性。在 10％ 的头寸上下跌 30％，会对投资组合造成 3％ 的损失，你要以这种方式考虑各种潜在结果。

在首次出现持续性口袋支点时，买入股票，这是我在该股票的初始头寸。对于该头寸来讲，最佳的止损位是什么，也就是说，是背离 10 日或 50 日移动均线，还是其他标准？

由于你买入了持续性口袋支点，也就是说，当该股突破该基部时，口袋支点出现，如果你建立头寸，可以使用背离 10 日移动均线作为卖出指标。请记住，如果损失超过你的最大允许程度，对于大多数投资者来讲，是 7％～8％，不要再问任何理由，必须卖出。这就是说，在触及 7％～8％ 最大下跌止损之前，可能会出现背离 10 日移动均线的止损情况（另参见"止损和常用卖出规则"）。

有没有可能预测口袋支点买入点？

如果该股停留在 10 日或 50 日移动均线，卖出量能衰竭，那么投资者可以预测股票上涨行为，无论它是不是口袋支点。在极端量能衰竭买入时，可以用于强势龙头股，因为它们偶尔出现在强势趋势中，其间它们会在上涨过程中伴随着强势成交量，之后，在再次走高前，量能出现衰竭，迅速进入盘整行情。这更加适合于那些可以处理较高风险的投资者，他们通常采用更为积极的买入策略。如果投资者同时观察股票所在行业和特征，在经过一段时间——几天或几周——观察并买入强势龙头股后，有时可能会对走势产生出一种直觉。

当我看到股票出现口袋支点买入点时，我总希望看一下，它是否会略微小幅回调，以便获得更好的价格。有时，其间差价是 50 美分到 1 美元，但是很多情况下，该股价只会上涨到更高。我是不是过于吹毛求疵了？

你是过于吹毛求疵了。如果该股处于口袋支点当天的合理区间内，就可以买入，至少应该建立初始头寸。请谨记，买入股票的重点，不是为了 1～2 个点，而是为了 50％～100％，甚至更高。对于经验匮乏的投资者来讲，这种事情似乎难以理解。他们过于关注 1～2 个点的波动，纠结于他们是在小幅波动的顶部还是底部进入,而不是等待正确进入时间,抓住潜在的更大波动,从一开始,这才是首要目标。

口袋支点的成功率如何?

实际上,在上升趋势市场中,大约一半高质量股票的口袋支点会发挥作用。在 20 世纪 90 年代,这大约相当于上升趋势市场中标准基部突破的成功率。区别在于,口袋支点买入的损失通常情况下会在 5％以内,小于买入基部突破时的损失,因为突破的本质导致其股价处于主要移动均线上方更高位置,诸如 10 日或 50 日移动均线。因此,对于任何股票,不论以何种方法买入,最重要的是,为每个头寸建立止损点。伯纳德·巴鲁克曾说,要想赚大钱,投资者不必在所有时间内操作正确,而是在一些时间内操作正确,只要他能够充分利用自己的头寸,在处于正确状态时,让交易持续下去,而在出现错误时,快速止损。

在很多情况下,我在交易日结束时分析股票,很多股票似乎不能满足口袋支点的标准,看似随机的巨幅下跌交易日,当天下跌成交量远远超过了日均成交量,尽管在过去两周内,所有其他下跌交易日都是正常的成交量水平。要不是过去两周内,某个单一巨量下跌交易日扭曲了成交量,本来可以产生口袋支点,你如何处理这类情况? 你是否会使用简单的方法,在真正口袋支点出现前避免交易? 或者说,你仍然认为这种情况可以买入?

最好是使用简单方法,先不要买入。稳健的股票市场会出现很多买入机会。在我们看来,最为慎重的是,买入基本面和技术面最好的股票。因此,在有疑问时,作为例外情况处理是不实际的,也是不必要的。

当市场导向模型发出卖出信号,并且大盘处于下跌趋势或者出现修正时,你会按照常规买入股票吗? 这似乎与在市场上升趋势中买入股票的观点相悖?

如果股票在市场修正期间产生口袋支点买入点,尤其是股价已经下跌了相当大的幅度时,那么它们可能会成为逼近市场底部并反转上涨的预兆。因此,它们至少值得你关注,把特定股票放到买入观察名单,以免大盘出现一轮新的强势上升趋势。

投资者应该关注股票中具有建设性的量价行为,甚至在大盘疲弱期间也是如此。股票买入机会可能随时出现。我们筛选股票很严格，在我们认为市场导向模型发出卖出信号时，会变得更加严格。如果我们看到某些股票通过了所有的筛选条件，就会对它们更加关注，在某些情况下，甚至在该股票买入初始头寸，尤其是，它们产生了容易确认的且稳健的走势。

你买入某只股票，出现股价翻倍情况，之后卖出。在几天内，又闪现出具有吸引力的口袋支点。你会加倍买入，还是相同数量买入？

这取决于很多因素。如果我在自己的账户中仍然持有相同数量的现金头寸，大盘保持在上升趋势中，并且该股仍然像我在卖出前那样具有吸引力，那么我可能会加倍买入。底线是，在你第二次买入时，对于多买还是少买的问题，没有硬性规定。

可买入上涨跳空缺口

你如何判断出现跳空上涨缺口的股票是否值得买入？如果值得买入，你如何确定买入点？你是在开盘时买入，还是等待它交易一会儿才买入？你在当天前半个小时买入，还是在稍后的时间买入？我确信在确定何时买入跳空上涨缺口时，并没有硬性规定，但是我愿意从你那里得到一些诸如此类问题的概括性想法。

一般来说，如果出现跳空上涨缺口的股票具有优秀的基本面（卓越的收入、销售额、净资产回报、税前利润、产业板块、机构投资者持股等），以及技术面（在跳空上涨缺口交易日之前的量价行为具有建设性）良好，就值得买入。

至于如何确定自己的买入时间，你会遇到一个关键点；实际上，基于盘中和每日交易过程，在确定何时买入跳空上涨缺口这个问题上，没有硬性规定。你必须考虑（1）在跳空上涨缺口之前以及当天的大盘走势；（2）在跳空上涨缺口之前以及当天的股票行为；（3）该股票的基本面和技术面情况；（4）在该股票开盘后的成交量，例如，该股票在前5分钟、15分钟、30分钟等时间段内，达到了多大的成交量。

你可能会在开盘时就决定买入,只要你知道,该股票当天有可能超出你的最大风险容忍度,迫使你卖出该头寸,这种情况就没有什么不妥。你也可以在该交易日等待,观察之后该跳空上涨缺口可以在多大程度上得到维持,这种情况意味着,你或许会不得不支付更多一点的代价。

如果你在跳空上涨缺口当天买入,并且当天低点比你买入价低 7%~8%,那么你仍然在当天低点设定止损位吗?

如果你的最大风险容忍度是 7%~8%,那么你首先要坚持该规则,你可能会由于它超过了你的风险水平,不买入头寸。另外,在个别情况下,你也可以建立一个允许最大风险增加到 9%~10%的规则。这里,该股是一只在基本面和技术面上都极为出色的强势龙头股。

当该股跌破跳空上涨缺口当天低点时,你一定会卖出吗?

一般情况下,我们允许该股跌破跳空上涨缺口低点 1%~2%,也就是说,有 1%~2%的回旋空间,除非该股已经上涨了几个交易日,之后回撤到跳空上涨缺口当天的低点,而大盘仍然强势。在大盘强势走高后,龙头股不应该跌破跳空上涨缺口当天的低点。另外,如果大盘疲弱,那么 1%~2%回旋空间的止损位仍然适用。

止损和常用卖出规则

你如何决定卖出自己的头寸?

我们使用很多卖出指标,它们取决于头寸规则、大盘情况、股票自身的量价行为以及主要移动均线。由于这种情况,当我们使用移动均线背离作为卖出指标时,我们或许会早些或晚些卖出,这取决于其他的考虑因素。对变化的市场环境,采取灵活性操作,能够提升回报,但是,如果投资者让情绪掩盖了事实,那么它也会降低回报。卖出股票,一部分是艺术性的,一部分是科学性的,一部分是左脑分析,一部分是右脑分析。

我发现,难以理解的是,你到底多长时间使用一次 50 日移动均线背离。在

很多情况下，50日会让投资者付出其利润的 50%～60%，然而，我想保住大部分收益。你有没有基于股票获利比率的其他特殊规则？

实际上，如果该股是龙头股，那么它就处于某种上升趋势。过去几年中的百度公司（BIDU）、苹果公司（AAPL）、动态研究公司（RIMM）等股票就是这种情况。在该过程中，股价会有起伏，往往会背离10日移动均线，但不会背离50日移动均线。这种情况会让投资者保留头寸，并在口袋支点出现时加仓。如果股票稳定地位于50日移动均线之上，那么它可能会在至少七周内遵循10日移动均线，使用七周规则，一旦该股背离10日移动均线，就要兑现利润。然而，请注意，如果你的股票抛售严重，比如自价格顶部出现迷你跳空下跌缺口或者巨量逆转交易日，那么一定要减少50%以上的头寸。另外，如果大盘走势恶化，投资者就可以收紧止损位。

这就是说，对于龙头股，使用背离50日移动均线，而不顾大盘走势，从长远看，是保留该股头寸的最佳方法，因为最强势的股票在其价格上升趋势被彻底打破之前，不会背离50日移动均线。另外也要注意，当股票在上升趋势后出现盘整，等待50日移动均线跟上股价，即使在某段特定时间内稳定地在50日移动均线上方交易，其波动也会触及50日移动均线。然而，要是该股在酝酿高潮式上涨，就做好卖出准备。一般情况下，该股票已经连续上涨几个月之后，会出现高潮式上涨。

请谨记，一些投资者使用较短的时间段，或者更为保守，更愿意使用10日或20日移动均线，而不是50日移动均线。

我不太清楚如何设置止损。我知道一些关于股票遵循移动均线以及你在最近书中所提及的规则的观点，但是我不知道，你实际上是依据推移式止损、常规式止损，还是依据心理止损点交易。我听说过几种观点和理论。有些人说，不要使用机械式止损，因为计算机会看到它，并且抢走我的最后筹码（不管你是否相信，我确实感觉到很多这种情况）。另一些人似乎是使用心理止损点，但是，当你遇到美国证券交易委员会通知审计（GMCR）或者石油平台爆炸（BP）等事件……在心理止损之前，该股已经上涨了，你怎么办？其他一些时候，我已经

止损完毕,不料第二天股价大幅上涨。我真诚地希望,你可以提供给我一些深刻见解或资源,因为我无法理解这些充满矛盾的观点。

我们使用心理止损。当股价走高时,我们使用 10 日和 50 日移动均线,追踪心理止损。机械式止损容易被人为触发,不像心理止损那样理想,尽管它们仍然有效,事实上,除非你的头寸规模相对于该股成交量非常巨大,并且止损价与该股价非常接近,否则心理止损一般不会被人为触发。如果你输入 34 或 34.5 这样的数,它就有更大的被人为触发的机会,因为很多人会把卖出止损位设置在整数周围。通常情况下,最好是把止损价设置在整数位下方几美分,诸如 33.98 或 34.47。

一般来讲,在由于爆炸性新闻而产生跳空下跌缺口的情况下,该股会在该跳空下跌缺口前几个交易日或几周发出量价行为的警示性信号。这是我们两个在跨越 20 余年的职业生涯中没有遭受过几次严重跳空下跌缺口的原因。如果你面临巨大的跳空下跌缺口,就卖出该股票。在随后的日子中,你重新买入那些发出买入信号的股票,相比于出现跳空下跌缺口的股票,这些股票明显更稳健。出现跳空下跌缺口风险,就是你在某只股票中缓慢构建头寸的理由。随着在该股的利润增长,你可以通过口袋支点买入点增加头寸。当你止损卖出时,股价反转向上并持续走高,要接受现实。这就是交易,不会事事顺心如意。但是,如果你的止损规则是健康的,随着时间推移,它会为你节省很多钱,在此过程中,那些发挥作用的股票,不仅能弥补你所遭受的小幅损失,还能产生富余。

推移式止损与稳健式止损之间的区别是什么?

推移式止损是指随着股票走高,你在自己头寸交易价格下方设定某个价格。一般来讲,推移式止损会随着该股票的上涨而提高——其意图是设定一个保证你在该头寸中兑现利润的退出点。稳健式止损非常接近于你买入股票的价位,例如,你在 90 美元买入股票 XYZ,设定止损位在 88.28 美元,仅超过 2%,这就是一个非常稳健的止损。它意味着,如果该股票并没有出现想象中那样的走势,你就以极少的损失,及时止损。例如,我们试图预测 XYZ 突破,不是买入口袋支点或突破,会在初始头寸上建立稳健式止损。显然,如果该股确实出现了口袋支点或者新高突破买入点,就能很轻易地买到。

我使用止损指令,因为我无法持续地观察自己的股票价格。做市商为了震出带止损指令的头寸,这情况会有多么普遍? 我的头寸非常大,大约有 10 万美元。

如果你无法观察自己股票的实时行情,止损指令是很好的做法。考虑到 10 万美元的头寸规模,你的止损有可能被人为触发,我们的建议是,你的止损位或许应该在逻辑止损位上再增加 1%～2% 的回旋空间,以免被人为触发。

要是你持有的股票出现跳空下跌缺口,怎么办?

相对于整体图表,要当心带巨量大幅跳空下跌缺口。通常情况下,大多数这种跳空下跌缺口,都应该卖出。如果该股票有超过 15% 的跳空下跌缺口,那么心理上会倾向于持有,而不是接受如此大的损失。但是,统计研究表明,这种股票应该卖出,通常情况下,就在跳空下跌缺口当天开盘时卖出。如果你无法在首次跳空下跌缺口出现当天卖出,在随后交易日中,它跌破了跳空下跌缺口当天低点,就应该卖出。

如果跳空下跌缺口不太严重,那么,你或许不要卖出,或者只卖出部分头寸,之后,观察该股在该交易日的运行情况。有些股票可能会在跳空下跌缺口当天交易区间高点收盘。观察随后几天的量价行为,确保该股不违反自己的卖出规则。

用 20 日移动均线作为卖出指标,怎么样?

大多数情况下,不使用 20 日移动均线,尽管存在极少数的例外情况,例如,2010 年和 2011 年安硕白银信托(SLV),我们讨论的证券,无论是单只股票还是单一商品的 ETF,就像安硕白银信托一样,可能都会遵循 20 日移动均线。当观察到这种情况时,如果投资者选择使用 20 日移动均线,就可能得到一个主要的或次要的卖出指标。无论你选择使用哪一条移动均线,都要确定自己研究过它,足以创建关于它的规则,并且它也适合你的个人风险容忍度和投资风格。一些投资者有较长的投资期限,偏爱较低的换手率,比如,他们更愿意专门使用

50 日移动均线。另一些投资者是快速交易者,或许更愿意专门使用 10 日移动均线。我们通常将 10 日和 50 日移动均线作为卖出指标,这取决于该股的具体交易情况。重要的信息是,不管投资者选择哪一条移动均线或哪几条移动均线,他们都要知道和理解,特定股票围绕其移动均线的交易情况,他们要为自己的交易风格创建一套有效的、符合逻辑的规则。

你在电子邮件中提示,即将出现口袋支点后,我在 2010 年 8 月 26 日买入安移通(Arwba Networks,ARUN)。该股表现非常好,目前自口袋支点买入点已经上涨 27%。我的问题与欧奈尔规则相关,它规定自突破买入点产生 20%~25% 的利润时卖出,而如果在三周内获得该收益,就在该点位持股至少八周。如果你在突破之前的口袋支点买入点买入,你如何应用该规则? 该股仅仅在三周时间内就上涨了 20%~25%,但这是从口袋支点买入点,而不是从突破买入点计算的涨幅。

欧奈尔的 20%~25% 利润规则,旨在帮助投资者锁定股票收益,而且该股票不是板块中上涨最快的股票,同时,该规则是大多数龙头股都会上涨这么多,之后至少会经历构建新基部的过程,从理论上讲,股票突破新基部时,应该会出现新买入点,投资者也能够买回。尽管在 2004—2005 年市场处于横盘、令人难以忍受期间,这项规则非常有效,但是基于七周规则,我们并不是特别需要该规则。你可以继续在标准基部突破中应用该规则,但是我们不会在口袋支点买入点上应用该规则,我们宁愿使用 10 日和 50 日移动均线,并将其与七周规则结合在一起作为卖出指标。当然,要是受大盘恶化的影响,在该规则被打破之前,投资者或许就已经卖出了。

你们能说明一下,在退出交易之前如何制定计划吗? 当你的头寸很快就损失了大部分或全部资金时,会出现什么情况?

我们在准备一项交易之前会明确地决定,自己愿意承受多大的损失,之后计算出最大下跌百分比,在此点位,我们会止损退出。我们明确地计算出,在最坏的情况下,自己账户下跌的百分比和资金量。知道我们能够忍受的最坏情况,就能够让自己的利润头寸持续下去,理想的情况是,最坏的情况不要发生。如果最坏的情况出现了，我们知道，止损能让我们有机会在另外的交易日中交易。

常规问题

当你说自己因为股票表现滞后而卖出它时，这意味着你预计它上涨，但并没有像其他股票上涨一样快吗？

当我们说自己卖出了一只滞后股票时，我们预计，要么它不会像相同板块中的其他股票上涨一样快，要么不会像大盘上涨一样快，抑或可能出现价格下跌，滞后股票可能发出一种信号，弱势股票可能变得更加弱势。

如果你在行情良好的市场中拥有大量高质量可买入股票，在决定买入哪只股票时，你们最注重哪一个因素？

我们最注重表现最好的股票，首先通过量价行为判断。依据某种评级系统进行机械式排名，未必是有益的。至于机构投资者的资金必须流入的领域，经验做法是，了解在任何市场周期中持续推动板块上涨的龙头股。

在决策制定过程中你会考虑传闻和其他消息因素吗？

一旦股票显示自己是强势基本面龙头股，我们更愿意使用量价行为作为指导。消息和推测可能泛滥成灾，但到最后，日线或周线图上的量价行为会告诉你，在该股上的买入动力和卖出压力。周线图是一种很好的补充，它过滤了一些细枝末节以及曲解，那可能是由于消息的原因而每日出现。

我的股票没有与今天的强势市场同步走高。我应该卖出还是继续关注呢？

不要卖出。当大盘强势上涨时，龙头股往往会休整，这与龙头股强势上涨时，市场处于平稳或下跌状态的情况没有什么不同，这种情况在龙头股中经常出现。只要该股持续表现良好，没有触发任何一个卖出指标，就没有理由基于该股在大盘强势上涨时仍然保持平稳，卖出头寸。

algorithmic 电子交易系统，亦称为 algos，它能够通过做空某只股票，使其下跌 8%，挤出很多散户，之后再买入该股票，恢复原有价格——同时还知道投资者会因止损而卖出股票，《投资者商业日报》IBD50 指数所推荐的股票，也有

成为该系统攻击目标的情况,你发现过吗?

绝对没有——如果它们是强势机构投资者支持的龙头股,那么其他没有使用8⅛止损规则的机构,就会增加或保护其头寸,因此,"algos"如何能够保证,它们的卖空行为不会受到大机构的打击呢?与使用欧奈尔式止损规则的投资者群体相比,市场非常大。

我想知道,你是否使用某一个标准来判断自己要不要进行某项交易,比如说,有3:1的风险—回报率。例如,如果你使用10%止损,我假定,你只有在自己相信该股至少升值30%的情况下,才会交易。这给我带来两个相互关联的问题。

1. 你是不是使用目标价确定自己的风险—回报率,以便于你之后判断是否应该交易?如果是,你是不是有预测目标价的精确方法,也就是说,分析师的目标价?

2. 你是否使用某些指标判断某只股票是不稳健的还是定价过高的,如果这种情况出现,你会在有效的口袋支点控制买入头寸吗?

我们不使用机械式方法测量风险—回报。因为这意味着,投资者能够以确定性的方式测量回报,就好像投资者可以知道股票会上涨多少,事实上,无论投资者何时买入股票,都不可能知道这些情况。因此,我们有两个简单答案:(1)不。我们只与强势的量价行为相伴,直到它开始出现不利变化。(2)如果该股交易价格超过200日移动均线80%,买入就会具有较大风险。

大盘指数什么时候接近超卖或超买随机指标,你是否关注它?

在趋势市场中,超买会变得更加超买,因此,只是因为市场处于超买状态,就卖出或减少头寸,这是一种保守做法,可能会导致其回报低于平均水平,或者说,至少不会产生巨额回报。在横盘市场中,这类策略是有效的,因为市场在横盘通道内,会交替变成超买和超卖。但是,通过在趋势市场中持续做多,可以击出全垒打。相反的情况是,因为随机指标处于超卖状态而买入,这是一种危险尝试,处于高位超卖状态的市场,尤其是迅速变得严重超卖的市场,可能会处于快速、严重破位下跌的边缘。

你究竟如何找到自己最终买入的股票？到底是什么让你买入？

事实上，它并非像人们想象的那么复杂。实际情况是，投资者只需要坚持选择杰西·利维摩尔的"主题股票"。今天，这些股票被界定为牛市周期内的龙头股。在大多数情况下，投资者只需要一份可靠的龙头股列表，例如，投资者可以使用 HighGrowthStock 投资者 100（www. highgrowthstock. com），或者《投资者商业日报》IBD50，抑或是 85－85 指数列表（www. investors. com）。这些都是通过预先筛选的龙头股，具有价格大幅上涨所必需的强势基本面和技术面特征。我们还有其他更多的筛选方法，全天候使用这些方法筛选出理想的股票，但在大多数情况下，上述提及的列表，对于普通投资者已经绰绰有余。一旦我们创建了一份龙头股观察列表，就开始设定价格警示，以便让我们及时知道，股票会在什么时候触及可能构成口袋支点或基部突破的价格点位，进而买入或者金字塔式加码。

我的问题与股票选择和价格有关。你是否曾经认为某只股票过于昂贵？你是否仅仅因为高价而回避该股票？

"昂贵"是一个与股票真实价格毫不相关的词语。如果你买入股票，却出现大幅下跌，那么它就是昂贵的。否则，仅仅股票价格高，并不意味着它是昂贵的，因为它或许会走得更高。你在把消费者逻辑输入投资决策中，这是一种错误的做法。你不是股票的消费者，把低价看作"便宜"，把高价看作"昂贵"，因此，不要沦落为这种逻辑的牺牲品。它并不适用你。

如果我把期权作为股票替代品，那么应该如何应用 7%～8% 的止损规则？通常情况下，期权 7%～8% 的波动并不意味着是大幅波动。

如果你使用期权，那么它不是期权策略的波动，而是标的股票的波动。因此，你应该基于该股票 7%～8% 最大下跌幅度，计算最大下跌幅度，而不是基于期权计算。如果你买入股票 XYZ 的看涨期权，交易价格为 100 美元，之后，跌破 93 美元，你就卖出。期权只是股票的替代品，并且由于期权的波动基于股票的波动，因此投资者必须关注股票的波动情况，而不是期权的波动情况。

通道对日线图的影响，是否和周线图相同？

不同,通道是我们在周线图上所寻找的东西,而不是在日线图上。

作为投资新手,我愿意更好地了解一些基础知识,QE(量化宽松)如何运行,如何影响市场走向,以及如何扭曲/影响CANSLIM™规则。

量化宽松,或者通常称之为QE,是中央银行为了刺激经济,或者支撑由于极度缺乏流动性而面临崩溃风险的金融系统,所使用的一种金融工程形式。从本质上讲,就是中央银行印制钞票,在公开市场上购买债券,推升债券价格,降低收益率,增加市场资金供给。QE的影响是,自2009年3月以来,美国股票市场下跌,在大多数时间内,并不是非常严重,在股票市场稳定并走高之前,主要指标出现了5%～10%的温和调整。例外情况出现在2010年5月和2011年8月。以2010年5月为例,我们知道,这种情况可能是2010年4月QE1结束时流动性真空所造成的。在几个月后,QE2才开始生效,导致始于2010年9月新一轮牛市反弹。2011年8月,美国信用评级降级,美联储说不再推出QE,导致相同的市场快速修正。由于QE的影响,我们看到了缺乏信心的反弹,但是市场确实持续走高。尽管受到QE的影响,但仍然有可能找到产生强势上涨趋势的龙头股,比如像苹果公司(AAPL)、价格线网(PCLN)、直觉外科手术公司(ISRG)这样的龙头股,自2009年3月QE时代市场低点以来,都出现了强势上涨。

你会在多大程度上使用市场季节性?例如,我建立了一张自动载入市场数据的Excel表格。之后,我建立了一张主表。我发现,最近10年中的9年,在1月第三个星期是下跌的,尤其是科技股会在该周受到打击。2012年1月第三周,龙头股并没有上涨,自1月3日以来,它们本应该与市场同步,结合这一事实,利用这种知识,你会发现一个问题吗?还有一些其他不正确的信号,就像道琼斯工业指数以及大盘股启动等。你是怎么认为的?

在我们所考虑的因素中,季节性至多是一个次要指标和变量,仅仅由于市场或许会在1月出现一周这样的情况,就决定投资者是否卖出或买入某只龙头股,这样做并没有好处。龙头股可能随时出现,与季节性无关,这只是我们所使用众多次要变量中的一个。我们强调的是"次要"。不要让以往的数据影响当前市场向你传达的信息，因为当前未必准确地反映过去。在这方面的一个例子是，从季节性角度讲，感恩节后第一个周五总会出现上涨。但是，在2009年，来自外部的坏消息，导致市场当天出现巨大跳空下跌缺口。如果你仅仅依据这个季节性因素买入股票，就会付出高昂代价。

这只新股成长空间巨大。你或许想跟踪它。我建议你分析并跟踪 XYZ 资源公司，这是一家小型金属勘探公司。开始时，我看到了一轮经典的发展过程，重组、再融资，升级地质模型。它主要的矿物目标是元素铍。如果推测正确，这会是世纪性事件，能产生相当大的回报，并会拓展全球市场。它们还有高效的网站，全面描述风险以及当前的领导层。

该股票所在的交易所，以高价销售垃圾股而臭名昭著，这听起来像是在告诉我们另一只股票。在大多数情况下，取得一个公司壳，把一些企业置换到壳中，通常是一家资源公司，开采或寻找某些具有特殊用处的热门金属，等待开采的石油或页岩油，或者是一些即将改变世界的环境或水净化工艺。之后，他们推销该股票，当股票上涨1～2美元时，内部人就会卖出。这只股票的交易价格是1.24美元，但是你要考虑到，如果它是真正巨大的机会，那么该股票可能会被几家机构投资者持有，以一个高得多的价格交易。在我们看来，它是一只低价垃圾股，它所吸引的投资者，还在幻想着该公司在寻找元素铍这种稀有金属，据说拥有许多惊人的应用。不要在这些炒作概念的垃圾股上浪费时间。我们更喜欢在机构投资者跟踪的股票上建仓，它们拥有真实的产品、收入和销售增长。这就是随着时间推移，如何在股票中持续获得回报的原因。（作者提示：在这个案例中，我们采用了一些艺术化处理手法，在这里改变了该股票的名称，以保护那些无辜和不怎么无辜的人，但是，当我们收到这封电子邮件时，该股的交易价格是1.24美元，在本书写作的时候，可能是一年之后，该股的交易价格是3.5美分！）

这类事件让我们想起了一则最近看到的广告，它让读者看到诱人的标题，"如何发现'下一个'苹果……当它仍是低价股的时候！"我们发现这个说法令人感到吃惊，因为苹果公司从来没有成为低价股。苹果公司在2004年启动巨幅上涨时,正好是撰写本书的日子,其交易价格大约为每股40美元。它首次公开上市的交易价格为22美元,于1980年12月12日交易。因此,当股票还只是每股仅几美分的低价股时,就说投资者可以在其中发现下一个苹果,这是一种精心设计的误导信息,苹果公司本身从未成为一只低价股! 在股票市场中,优质股票就会有优质价格,同样,垃圾股也会有垃圾价格。

在我看来,股票 XYZ 可能在构建第四阶段的基部或者盘整。我的看法有错吗?

我们不会特别依赖基部预测,因为买入动力和卖出压力会在股票的量价行为中体现出来,足以让我们获利。在上涨过程中,一些龙头股可能形成5个、6个、7个,甚至更多的基部(见图8.3)。第四阶段以及整体后期基部更容易出现失败的情形,统计数据显示,形成四个或更多基部的股票,可能正在接近其长期趋势的终点。然而,最强势的股票可能会在后期基部产生高潮式上涨,你不要错过这种机会。因为不可能知道哪一只股票会产生这种令人激动的上涨,最终达到顶部,所以我们持续关注股票量价行为,以便自己持有或卖出该股票。我们不希望在某只股票的后期基部,由于恐惧而买入较少头寸。我们宁愿更加重视股票基本面和技术面的变量。

你会使用移动均线之外的指标吗? 比如量价指标(OBV 或筹码集中/分散度),以及震荡指标,比如相对强弱指标(RSI)或随机指标。

关键是知道并能够看到量价行为随时间推移而产生的形态,这是一种通过长期观察和亲身经历形成的技巧。你选择使用的任何指标,无论是不是移动均线、RSI、MACD 等指标,就其本身来说,都没有用,但是,如果你使用一个或两个指标,通过长时间使用,可能会注意到不同的形态,以及该指标和股票量价行为之间的关系,这些可能会帮助到你。对于初学者而言,我们总会建议,坚持学会如何读懂量价行为。我们发现,我们使用的指标越多,给我们造成的混乱也就越大! 实践中,只要给我们10日和50日移动均线、价格以及成交量,我们就会做得很好!

今天纳斯达克指数烛状图形态是吊线吗? 如果是,我们应该加以注意吗?

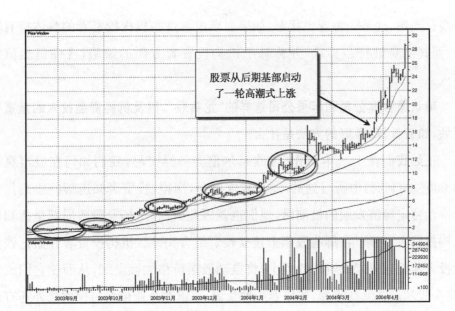

股票从后期基部启动了一轮高潮式上涨

HGS 软件公司供图,版权 2012。

注:该股票在一路上涨过程中形成了几个基部,最终从后期基部突破,出现一轮高潮式顶部上涨。在该股后期基部卖出,会导致投资者错过丰厚利润的股价大涨。

图 8.3　2004 年泰瑟国际公司(TASR)日线

正如你的判断,我知道这种烛状图是危险的！

不论你使用的烛状图——有些人发现它非常有用,还是我们使用的传统旧式条形图,都不建议过度关注一个交易日的行为。市场上的一天,仅仅是一个交易日,其行为所产生的信号,只有放到大盘的背景下,才能获得正确理解。

威廉·J. 欧奈尔在《笑傲股市》中提到,寻找机构投资者持有量在 30%～60% 的股票。你怎么看?

这里的基本思想是,你不想看到机构投资者持有过多的股票筹码,这种情况代表着过度持有,处于饱和状态。如果机构在股票产生巨幅上涨后买入,就增加了卖出的可能性,在最好的情况下,这会让该股票进一步上涨面临更多困难,在最坏的情况下,如果机构一次性全部抛出,就会导致价格急剧下跌。因此,我们支持——你想看到 A－或更好排名的基金,持有该股,并一直增加其持股量。我还会观察机构总体持有量,希望看到机构所持有的股价在整体上出现抬高。当然,这是一种理想状态,如果股票没有这些机构投资者的具体持有特征,而其他变量符合标准,并弥补了机构投资者方面的缺陷,或许仍然值得买入。

确认像百度公司和苹果公司这样的"龙头股",以及机构资金投入的最重要板块,如云计算,最好的方法是什么?

正如我们在上一本著作《像欧奈尔信徒一样交易:我们如何在股市赢得18 000％的利润》中所写到的,龙头股规则是,懂得"投资者知道哪些股票代表着推动特定经济发展的最前沿,他们也就因此明白,市场及股票周期是指知道机构投资者'必须'在哪些股票上建立投资组合头寸。机构投资者开始把钱大量投入他们'必须'投资的股票上,将推动股票价格大幅上涨,从而使它们成为'龙头股'"。这就意味着,要培养一种意识,了解在企业创新与探索之外还有什么,你需要阅读流行期刊、杂志、报纸,以及其他出版物。一般情况下,龙头股在其行业领域中具有"先发优势",或者控制着很大一部分市场,当然,它们必须具备强劲的基本面特征,包括销售额和收入大幅增长;具有不错的利润率以及创新性产品和服务。很显然,这意味着,你必须在自己常规性股票研究中,补充一定数量的阅读和分析记录,但是,这会产生回报,一旦该股显示出必需的技术面和基本面特征,就有助于你理解并坚定对股票的信心。通常情况下,了解公司背后的概念,会成为一种持有股票的影响因素,有助于你随时间推移获得巨大收益。同时,坚持了解业务关键优势的变化,无论是技术面还是其他方面,都可能有助于投资者判断,哪一家公司在引领前进方向上具有最好的机会。

你如何看待程式化交易或黑箱交易? 你是这样做的吗?

1998 年,卡彻博士和威廉·欧奈尔公司顶尖程序员一起编写出一套程序,可以确认基部形态、评估基部质量,并进行相应的操作。后来,该项目发展成为基部识别程序,其他数学家和程序员也参与其中。我们发现,尽管电脑擅长确认基部,但是,它们往往确认出太多基部,容易错过很多区分基部良莠的细节。事实上,我们不可能告诉电脑利用我们自己的基部认知能力,可以看到些什么,这不仅包括见解,而且包括来源于实践的判断。经验是无可取代的。经验提供给你深刻的认识和了解,让你知道何时出现例外情况。

在你的书中和网站上,经常会引用机会窗口概念。请对该概念进行如下详细说明:

1. 定义机会窗口(我假定它是指数的平稳反弹,但是请确认一下)。

2. 你如何在早期阶段知道机会窗口正在打开?

1. 机会窗口只是意味着,某个指数出现了具有建设性的反弹,能够让我们关注主要股指。

2. 在早期阶段,潜在龙头股和大盘指数出现具有建设性的量价行为,我们基于这种行为观察证据。通常来讲,市场导向模型大约会在这时发出买入信号。然而,可能存在买入信号出现稍晚的情况,当龙头股突破时,大盘还处于停滞状态,例如,在 1996 年 3 月末 4 月初,龙头股开始突破,然而该模型维持中性,并且主要股指在几周内保持稳定。在这种情况下,最好是让股票告诉你做什么,并开始着手买入。

然而,我们提醒你,不可能预测出,机会窗口持续多长时间。一般情况下,当窗口打开时,我们马上进行保证金交易,让该机会最大化。当窗口关闭时,如果我们不尽早采取行动,那么止损最终会让我们卖出头寸。我们所面临的挑战是,有时在窗口没有真正打开时,看起来像正在打开,我们可能会承受小幅损失。这就是投资者头寸中设定恰当止损位的原因,以防投资者判断失误造成损失,而这种情况可能经常出现。从本质上说,在较长时期内表现良好,我们的成功率不一定要超过 50%,通常情况下,即使我们赚到大钱,成功率也低于 50%。

理想情况下,当市场环境不是很理想时,交易者要学会远离市场,但是,无论是对于初学者来讲,还是对资深交易者来说,都是说起来容易,做起来难。

我读过几本你们推荐的书目,作者分别是尼古拉斯·达瓦斯、约翰·波伊克、杰西·利维摩尔和迈克尔·科弗(Michael Covel)。前三本书强化了很多你和威廉·J. 欧奈尔所遵循的思想。你和过去的市场赢家分享的思想多么丰富啊! 然而,在迈克尔·科弗的著作《趋势跟踪》(*Trend Following*)中,交易者是不同的。他们更喜欢的是技术性和程式化的黑箱方法,而不是基本面和相机抉择法,在股票选择和建仓中,你通常使用哪一种方法? 我是不是没有抓住要领? 你从科弗那里学到了些什么?

关于科弗的著作,我们很高兴地看到,在过去大多数市场周期以及完全不同的时代内,纯粹的程式化趋势跟踪系统能够适用于市场,因为市场喜欢趋势,在趋势环境中所获得的盈利,超过了无趋势环境中所遭受的众多小幅损失之和。我们更倾向于支持右脑思考,左脑分析。同时使用基本面和技术面,优于只使用其中一种,对我们来说,使用大脑的左右两边,也会优于只使用其中一边。

这就是说,市场导向模型是系统性的,但是,任何适用于该模型的新规则,都诞生于右脑的思考。虽然这极少会加入模型,但是它们反映了市场中已经发生改变的客观事物,诸如量化宽松,它始于 2009 年 3 月,一直持续到 2012 年本书写作之际。

卖 空

你如何筛选卖空机会?

卖空机会可能是最容易筛选的事情,主要是因为,你根本不必筛选。正如吉尔·莫拉雷斯与威廉·J. 欧奈尔合著的《如何在卖空中获利》(*How to Make Money Selling Stocks Short*,John Wiley Sons,2004)一书中所讨论的,熊市中,最佳卖空候选股票,恰恰就是那些在最近牛市阶段中上涨的股票。"有上涨就会有回落",是其背后的基本逻辑,因为随着机构投资者加入,一路吸筹股票,会推升股票价格,对于同一只股票,一旦该股票长期性见顶,机构投资者就会卖出。因此,我们做空的方法是,当牛市转为熊市时,投资者只需要注意龙头股。随着龙头股自其牛市价格顶部破位下跌,投资者应该把它置于卖空观察清单。之后,当它们形成真正的顶部形态时,比如说头肩顶、后期失败基部或其他卖空形态,就要监视其进展。通过这种方法,牛市期间在你买入清单上的股票,在它们破位下跌时(熊市或修正期间上涨的龙头股,还在你的买入清单上),一个接一个地进入卖空观察清单。

在做空股票时，你如何止损？

一般情况下，我们在做空头寸时使用 3%～5% 止损。另一种设定止损的方法是，将一些上方阻力区域作为止损区域，前提是它离你的买入价并不太远。由于做空时机非常关键，因此你也可以使用非常稳健的止损，例如，你在当天的盘中高点建立做空头寸。如果你做空头寸遇到反弹，就可以使用这种技术，具体取决于你的个人风险容忍度。还可以使用主要移动均线，例如 50 日或 200 日移动均线，作为预期的上涨阻力区域，允许有 2%～3% 的误差，因为股票常常略微跌穿其移动均线几个百分点，无论你何时做空股票，就像其他任何交易一样，都取决于你愿意承担多大损失，之后自该点开始，设定精确的上涨百分比水平。此外，头寸越集中，你会希望自己的止损越稳健，因为风险与头寸规模成正比。

从卖空止损风格来讲，你使用 50 日移动均线作为止损位，股价为 92.51 美元，那么你设定在 92.51 美元，还是 92.52 美元，抑或是其上方 1% 处？

所有这些均取决于，我们愿意承受多大损失。当股票反弹，出现不利于我们的情况时，我们会在做空时看到许多其他因素，诸如成交量。如果我们做空的股票出现不利于我们的反弹行情，这时，大盘在其图表中的某个位置找到了支撑，开始反弹，那么，我们很可能会割肉离场。然而，请谨记，你在哪里设定止损位，以及你如何处理自己的风险，完全取决于你自己的个人风险容忍度和偏好，还有你为本次交易设定的目标，在买入做空头寸之前，这些都应该事先确定好。在谈及止损时，没有"万全之策"，也不能绝对保证止损位具有神奇的魔法属性，因为如果该股的走势持续对你不利，那么只会让你止损卖出。有时，你被迫止损卖出，而该股马上就出现转向，回归到你最初希望的方向。

你在做空时如何决定重仓买入？

如果我们认为，市场正在迈出下跌的第一只脚，并且股票开始自真实的顶部形态（比如说头肩顶形态）破位下跌，那么我们或许会迅速增加做空头寸。这需要相当大的勇气，但有时，当市场和特定股票开始破位，或者反弹开始衰退且可以做空时，投资者能够感觉到它的节奏。但是，这些概念不能机械解释。它们大多源自实践,我们建议,在做空时,应该只使用自己总账户价值的 10%~20%。

与卖空相关的"巫毒日"(Voodoo day)是什么?

"巫毒日"是在楔形反弹末期的上涨交易日,其成交量迅速衰竭,通常情况下低于均值 45% 以上。总体而言,如果连续每天观察卖空候选清单,你可能会做空楔形反弹,因为当你看到上涨成交量极端衰竭时,它即将失去上涨动力。基本思路是,反弹末期,成交量衰竭表明买入兴趣在逐渐减小,因此,反弹可能让位于下跌,下跌趋势将重新恢复(见图 8.4)。名字没有什么特别之处,来自于术语"成交量衰竭"(Volume dry-up)或"VDU",把它改写为"voodoo"只是觉得很有趣。

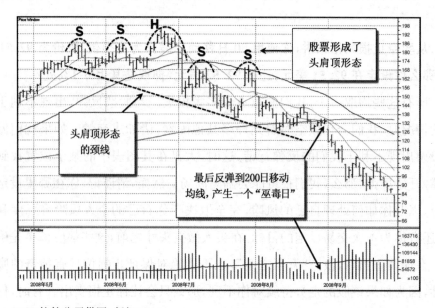

HGS 软件公司供图,版权 2012。

注:就在美国钢铁向下跌破头肩顶形态的颈线之前,它向上反弹,触及 200 日移动均线,成交量在此极端衰竭,产生了一个"巫毒日"。

图 8.4　2008 年美国钢铁(X)日线

当你引用分层式卖空头寸的观点时,这是否意味着你愿意使用卖空头寸的平均价格?这有没有违反你投资方法的基本原则,因为你不会向亏损头寸加仓?

因为我们经常做空反弹行情,当股票反弹到可能的阻力区域时,我们或许会将初始头寸分为三份或三份以上来执行。除非当你以这种方式做空股票时,能够在下跌趋势的反弹中确定出准确的拐点,否则谨慎的做法是,分批逐步买入头寸。在我们做空破位下跌的情况下,比如说 2011 年 9 月 15 日的奈飞公司(NFLX),我们的处理方式更像是我们在处理该股票的突破式上涨。

构建市场择时模型

我是否应该构建一个黑箱模型,让它完全自动工作? 市场导向模型的系统性部分是不是一个黑箱,因为它也是电脑编程的?

由于市场确实会随时间变化,因此黑箱模型必定会出现适应或者失败的情况。确认市场上出现的极为罕见的条件变化,比如说量化宽松(QE),2009 年年初我们就感觉到了它的影响,就此而言,市场导向模型是系统性的,也是相机抉择的。我们建立的一些规则,不是黑箱,而是服从于之前纳斯达克指数和标准普尔 500 指数的量价形态质量情况。尽管该规则对于系统性模型是硬性规定,但是仍然取决于量价形态质量特征。对量价行为和形态质量的判断能力基于我多年的市场经历,自 1989 年以来,我分析了数以百万计的图表。

在我们与威廉·欧奈尔一同工作期间,他在解释基部内在质量方面的能力,至今仍然是无与伦比的。我们把这种能力归因于,他几十年来分析成千上万幅图表的经历。例如,优秀基部、良好基部、一般基部之间的差异,以及其间所有不同层次,都有其背景因素,即便有可能利用编制电脑程序观察细微区别,也极具挑战性。

正确择时模型的优势是什么?

模型应该在很多市场周期内跑赢大盘,因此,在其背后至少应该有 20 年的回测或实时结果。如果模型回报在完全不同的时期,超越了市场,例如 20 世纪 20 年代和 30 年代,以及较近的市场周期,那么它就会得到进一步确认。通过现场测试并取得成功的模型,更有可能在未来取得成功,因为不太可能出现过度拟合曲线的情况。当然,如果市场出现长期的实质性变化,比如量化宽松——在 2008 年股市崩盘后,引入市场,那么该模型也应该能够适应这种变化。

就市场导向模型(MDM)来讲,历史已经证实四大优势:

1. 该模型在回溯 35 年以上的每个市场周期内,都远远跑赢了纳斯达克指数和标准普尔 500 指数。自 1974 年 7 月到 2012 年 5 月(本书英文版出版的日期),年回报率为＋32.55％。该模型在捕捉中期趋势时,无论是上涨还是下跌,都表现优异。自 1991 年以来,我们就已经在实时使用该模型了。

2. 该模型具有自我保护机制,目的是将跌幅控制到最低限度。尽管这种自我保护机制产生了更多错误信号,但是错误信号一般所带来的损失是基于指数波动的－1％～－1.5％——投资组合的实际结果依据所使用 ETF 的类型而出现变化,尤其是两倍或三倍杠杆的指数 ETF。在回溯测试过程中,这产生了极为有利的风险—回报率,自 1974 年开始的每个周期内,均远远跑赢了市场。在整个 35 年多的回溯测试期间,最严重下跌和实时结果是－15.7％。而同期纳斯达克指数最严重下跌是－78.4％。

3. 当该模型发出买入信号时,如果使用择时信号在口袋支点买入点和突破点买入基本面强势的潜在龙头股,就可以获得更好的结果。通过使用两倍或三倍杠杆 ETF,我们还可以提升回报。在这两种情况下,使用股票、杠杆化指数或 ETF 作为投资工具,配合该模型的信号,可能会迅速提升回报,但同时伴随的风险和波动性也会增大。

4. 作为一种不对称策略,该模型的优势是,当该模型发出卖出信号时,可以买入逆向的一倍、两倍和三倍指数或其他 ETF,这相当于做空指数。

在构建市场择时模型过程中,缺陷是什么？ 我如何从一些失败的市场择时网站学习呢？ 我应该注意些什么？

当分析择时网站上那些表面上令人印象深刻的回报时,你应该问一些非常关键的问题:

1. 自 2005 年 1 月以来,该网站的年化收益率情况如何？ 这里,几乎所有的网站都不符合标准。对大多数择时网站而言,过去几年充满挑战性。一些网站显示出很高的总体回报,这是由于在 2008 年获得非正常的巨额回报,而在 2005—2007 年仅获得了普通回报。2011 年尤其具有挑战性,它在本书中成为市场历史上最不稳定、无趋势的一个年份。这种不连续性回报容易引起道德风险!

2. 出现了多少次信号转换? 一些网站每年转换 75～100 余次。这会推升佣金成本。

3. 该网站中途转换过其策略吗? 阅读细则。一些网站报告出高额年化回报,之后显示,该策略在中途进行过优化。换句话说,它们在转换之前,只是理论上的,但是在报告中,回报就好像是整个存续期间的回报。

4. 总体回报是巨大的。不要看总体回报,这毫无意义。通常情况下,总体回报是巨大的,甚至令人难以置信。例如,自 1974 年 7 月以来,模型＋33.1% 的年化回报,可以产生的总回报为 2 560 467%。换句话说,1 美元会变成 25 605 美元。时间充足的话,复利的力量异常强大。

5. 网站是不是显示了回溯多年前的理论信号,但实时信号还不到一年时间? 做好尽职调查。查看模型创建者是否有之前的业绩跟踪记录,或者证明其具有高水平竞争力的资料。用谷歌搜索一下模型创建者的名字,可能是寻找其个人成就信息的好方法。谷歌是一种快速寻找信息的渠道,之后你可以综合所有与该人相关的链接,获得更加清晰的认识。

除此之外,请谨记,一些网站可能会吹嘘高额的长期理论回报。关键要知道,它们是否过度拟合了数据,才产生了这种高额回报。当过度关注历史数据,而未能考虑未来的预期价值时,就会出现过度拟合情况。这是一种常见的陷阱,影响了很多择时系统,这也是为何很多择时模型都不符合标准的原因。该系统或许会在过去 20 年间产生令人印象深刻的结果,因为参数被调整到了在该段时期内的最大利润状态。但是,面向未来,回报就会出现很大偏差,因为该系统是过度拟合的。

本质上,择时系统必须在启动时包含合理的内部逻辑。之后,该系统围绕这种内部逻辑构建起来。多年的市场经验是必要的,可以避免过度拟合数据的

"黑箱"问题。遗憾的是,网络上的很多择时系统缺乏内部逻辑,却基于过度拟合历史数据,想方设法吹嘘高额的理论回报。就这一点而言,我们在这次FAQs讨论最后,推荐读者参阅罗伯特·科佩尔(Robert Koppel)的著作《牛市、熊市和百万富豪》(*Bulls*, *Bears* & *Millionaires*, Dearborn Trade Publishing, 1997)。书中,他采访了大宗商品交易者迈克尔·德弗(Michael Dever),白兰地资产管理公司(Brandywine Asset Management)创始人,深度讨论了过度拟合数据的风险。